职业教育研究：
方法与案例

李英杰 著

中国石油大学出版社

山东·青岛

图书在版编目（CIP）数据

职业教育研究：方法与案例 / 李英杰著. -- 青岛：
中国石油大学出版社，2022.11
ISBN 978-7-5636-7739-9

Ⅰ．①职… Ⅱ．①李… Ⅲ．①职业教育－研究 Ⅳ．
①G71

中国版本图书馆 CIP 数据核字（2022）第 240586 号

书　　　名：职业教育研究：方法与案例
　　　　　　ZHIYE JIAOYU YANJIU：FANGFA YU ANLI
著　　　者：李英杰
责任编辑：付晓云（电话　0532-86981980）
封面设计：乐道视觉
出　版　者：中国石油大学出版社
　　　　　　（地址：山东省青岛市黄岛区长江西路 66 号　邮编：266580）
网　　　址：http://cbs.upc.edu.cn
电子邮箱：bjzx1130@sina.com
排　版　者：青岛天舒常青文化传媒有限公司
印　刷　者：青岛博优文化传媒有限公司
发　行　者：中国石油大学出版社（电话　0532-86983584，86983437）
开　　　本：710 mm×1 000 mm　1/16
印　　　张：14
字　　　数：293 千字
版 印 次：2022 年 11 月第 1 版　2022 年 11 月第 1 次印刷
书　　　号：ISBN 978-7-5636-7739-9
定　　　价：42.00 元

前 言
PREFACE

　　《职业教育研究：方法与案例》是为了满足广大职业教育教师和教育工作者教育研究需要，根据近年来职业教育的发展和教育研究实践情况以及作者多年的工作经验写成的。

　　本书主要突出了以下特点。

　　第一，职业教育特色。注重以职业教育实践为研究对象，研究的重点是以职业院校的教育现状为基础的教育研究方法。

　　第二，方法技术。在内容上注重突出职业教育研究的基本使用方法和应用技术，即注重基层、注重实务、突出实际科研能力。

　　第三，案例应用。本书在结构设计上增加了职业教育研究方法的案例介绍，给广大职业教育工作者提供了职业教育研究的借鉴。

　　本书共十章。第一章介绍职业教育研究的过程；第二章介绍选题；第三章介绍研究设计；第四章至第九章分别介绍查阅文献、行动研究、观察研究、调查研究、实验研究、个案研究等职业教育研究方法；第十章主要介绍职业教育科学研究成果的表述。

本书参阅了国内外学者的大量相关文献，引用了一些相关的内容和研究成果，在此向有关学者表示衷心的感谢！

由于本人水平有限，书中难免存在不妥之处，敬请读者不吝赐教。

李英杰

2022 年 3 月

目 录 CONTENTS

第一章　职业教育研究的过程

第一节　职业教育研究的过程

职业教育研究活动，是不断发现和解决职业教育问题的过程，其一般过程主要分为以下几个基本步骤。

一、确定研究问题

职业教育研究的第一步工作是选择研究问题，这是研究的初始活动。研究问题确定后，整个研究就有了方向。职业教育研究的问题，主要来自职业教育实践，例如，处于改革与发展中的教育面临许多新问题、新矛盾。当然，有些问题可以通过文献资料来查找，文献资料中有大量的研究问题会引起职业教育研究者的关注。确定了研究问题的来源，接下来必须确定的是问题的性质与范围。问题必须能体现出特定的意义。然后需要提出假设，假设是根据职业教育理论、已有的职业教育研究发现、研究者的经验或是逻辑的推理而针对问题提出的暂时性解答。一般情况下，在侧重统计分析的职业教育量化研究中，均有假设的呈现，而在侧重文字描述的质化研究中，并非一定要有研究假设。

二、查阅文献

查阅文献资料是研究者根据职业教育研究的需要，从数量庞大、种类繁多的文献中检索出有价值的情报资料。研究者对情报资料的数量及质量的掌握在一定程度上决定了研究的价值。研究者查阅文献资料、撰写文献综述，是为了了解所研究问题已有的研究成果、研究方法以及存在的问题和不足，以便在此基础上进行进一步的研究。

三、设计或选择研究方法

确立了研究问题与假设后，占有一定的文献资料，接下来需要明确所确定的研究问题需要使用何种研究方法。研究者要考虑研究工具如何设计与实施等，如果研究者所从事的是职业教育量化研究，还需要考虑各项研究假设该用何种统计公式进行分析。

四、收集整理资料

明确研究方法后，接下来要收集资料。资料的收集必须以研究问题或假设为引导，否则所收集到的资料将失去其意义与价值。如果论述中要包含数据，应该对数据进行说明。例如，在职业教育量化研究中，主要通过问卷、观察量表、测量等收集资料。如果正在进行一项实验，实验的处理或实施是在收集数据之前或之中。实际上，实验就是测量。再例如，所实施的职业教育调查研究，主要通过成就测验和问卷之类的方法来获取资料。资料来源的科学性与合理性直接影响到后期资料分析乃至研究结论的科学性。

五、分析

对收集到的研究资料进行整理、分析。资料分析一般有定性分析和定量分析两种方法。定性分析就是通过分类处理文字描述资料，分析研究对象是否具有某种性质，分析某种现象变化的原因及变化的过程，从而揭示教育现象和规律。定量分析就是将丰富的现象材料，用数量化的形式表现出来，借助教育统计方法进行处理，描述现象中存在的共同特征并对变量间的关系进行假设检验。

六、提出结论

在职业教育研究中，所提出的结论必须以所收集得来的资料作为依据，不可做出超越研究结果的结论。结论往往以科学研究成果的方式呈现，主要分为两类：一类是实证性的研究报告，其主要形式有实验报告、调查报告、观察报告等；另一类是理论性的学术论文，常见的形式有案例、综述、述评、理论性的论文等。

第二节　职业教育研究的分类

职业教育研究根据不同标准，有不同的分类，这是需要研究者从总体上把握的。下面主要介绍两种分类方法。一种是根据研究的目的划分，可以分为基础性研究和应用性研究；另一种是根据研究方法，可以分为定量研究和定性研究。

一、基础性研究和应用性研究

1.基础性研究

基础性研究的主要任务是扩展知识。它研究的主要是以研究教育现象及过程的基本规律，揭示职业院校学生身心发展以及影响因素间的本质联系，探索新的领域等为基本任务的问题。这类问题探索性强，自由度较大，不确定因素较多。例如，关于我国职业院校培养目标体系的研究，现代职业教育功能的研究，现代职业教育课程论的研究，职业教育评价理论的研究等，以揭示带有普遍意义的新理论、新知识为主要目的。

2.应用性研究

应用性研究的主要任务是解决当下的实际的问题。它研究的主要是为基础理论寻找各种实际应用可能性途径的问题，是以改造或直接改变教育现象和过程为主要目的的。例如，关于制定职业院校教育科研管理条例的研究，结合地区特点组织参加社会实践的研究，用心理疏导、行为矫正法矫正学生行为问题的研究，职业教育投资效益存在的问题及对策，大面积提高教学质量问题的研究等。

二、定量研究和定性研究

1.定量研究

主要用观察、实验、调查、统计等方法研究现象，对研究的严密性、客观性、价值中立都提出了严格的要求，以求得到客观事实。定量研究通常采用数据的形式对职业教育现象进行说明，通过演绎的方法来预见理论，并通过收集资料和证据来评估或验证在研究之前预想的模型、假设或理论。定量研究是基于一种称为"先在理论"的基础研究，这种理论以研究者的先验想法为开端，是一个自上而下的过程。

2.定性研究

大多是采用参与观察和深度访谈而获得第一手资料，具体的方法主要有参与观察、行动研究、历史研究法。其中参与观察是定性研究中经常用到的一种方法。参与观察的优势在于，不仅能观察到被观察者采取行动的原因、态度、努力程度、行动决策依据，研究者还能通过参与而全面地理解行动。然后通过对观察和访谈法等所获得的资料，采用归纳法，使其逐步由具体向抽象转化，以至形成理论。与定量研究相反，定性研究是以"有根据的理论"为基础的。这种方式形成的理论,是从收集到的许多不同的证据之间的相互联系中产生的,是一个自下而上的过程。

第三节　职业教育研究的主要原则

一、教育性原则

教育性原则是指职业教育研究要符合职业教育的要求。这是由教育的目的和任务所决定的。职业教育研究的方式方法、实施过程要有利于学生的身心健康和全面发展。也就是说,选择的研究方法和程序不能损害学生的身心健康,要符合道德要求,不能对学生的身心产生不良影响。总之,职业教育研究要把教育人、培养人、塑造人作为出发点和归宿,坚持把教育性原则贯彻于教育科学研究的全过程。

二、客观性原则

客观性原则是指在职业教育研究中坚持实事求是,一切以客观实际为准绳,根据客观事实加以考察,排除一切主观偏见。研究者要坚持实事求是的态度和作风。收集资料、分析资料要客观。一切以客观事实为依据。资料必须真实可靠,要严格地查证核实。研究的过程和结论要客观、科学。在科学研究的过程中,要运用科学的方法和程序去研究客观现实。也就是说,从课题的选择到材料的分析,从方法手段到研究的组织都必须客观、科学,才能取得理想的成果。同时研究的结论必须经过证实或实践检验,保证其客观性、科学性。

三、系统性原则

系统性原则是指用整体、系统的观点指导研究活动。职业教育研究必须注重事物之间的联系,要有整体、系统的观点,要考虑教育与社会的相互联系,分析家庭环境、系统环境的影响,还要重视总体的系统研究,全面地探讨职业教育实践中的问题。

四、创新性原则

在职业教育研究过程中,选题要新颖,要有创新点。在研究中,要善于发现新的问题,提出新的方法思路,要用全新的观点来探索职业教育未知领域。

五、理论联系实际原则

在职业教育研究过程中,要注重理论联系实际。对于某个要研究的问题,要能够通过实际的职业教育案例来进行解释,而不能盲目地相信理论。

六、伦理性原则

在职业教育研究过程中,问题的选择以及课题的选择不能违背伦理性原则。在研究过程中,不得损害被研究者身心。研究的方法也不可以违背伦理性原则。要审慎地解释研究成果,避免对研究者的伤害,要充分保障研究者的知情权。

七、操作性原则

操作性原则就是职业教育研究中要明确可操作的定义。

八、可检验性原则

可检验性原则是在职业教育研究过程中的可检验性过程。对于研究成果,可以通过其他研究者进行相同过程得出相近的结论。

第二章 选 题

职业教育研究遇到的首要问题是"如何选题"。选题是职业教育研究的起始环节,也是关键性的一步。

第一节 选题的来源

职业教育选题的主要来源,可概括为以下几个方面。

(1) 从社会发展需要出发提出问题。

主要是当前社会实践中迫切需要解决的重大问题,教育事业发展中急切需要解决的问题。如:关于我国职业教育发展战略的目标研究;我国职业教育层次结构、类别结构、形式结构、区域结构的研究;职业教育质量规格的指标体系、基本要求与地区差别的研究;农科教结合与区域经济社会发展关系的研究;关于教育经费占国民生产总值增长的速度比例、保障机制以及教育经费使用效率的研究;等等。

(2) 专业建设中提出的问题。

这往往是从职业教育理论发展方面提出的课题。不仅要揭示已有理论同经验事实的矛盾,还要揭示理论内部的逻辑矛盾;不仅包括学科专业系统规划建设中的若干未知的研究课题,还包括对已有教育理论传统观念和结论的批判怀疑,以及学术争论中提出的问题。以职业教育思想政治研究为例,围绕职业教育思想政治本质与功能问题,可以形成一系列研究问题。

(3) 教育实践中提出的实际问题,尤其是在职业教育改革中反映出来的种种矛盾。

一方面,要寻找丰富的教育教学经验事实之间的内在联系,揭示其内在规律性;另一方面,要从争论中发现问题。例如,如何大面积提高职业教育质量问题,现阶段各级职业院校学生思想品德状况、形成原因及对策研究,社会环境对职业院校学生影响的分析和对策研究,职业院校品德后进生转化教育的研究,职业院校学生就业创业工作实践与理论研究等。

(4)从日常观察中发现的问题。

对于广大的职业教育教师来说,这是提出研究课题的一个重要途径。例如职业教育专业认证、质量评价、专业预警调控机制研究,职业教育专业教学资源库和在线开放精品课程建设和使用研究,1+X证书制度和国家资历框架制度地方试点实践研究等。

(5)从当前国内外教育信息的分析总结中提出课题。

包括对世界职业教育科学发展潮流及趋势的分析以及引进国外先进的职业教育思想和理论。既有对某学派理论的系统研究,又有对职业课程理论等不同观点及研究方法的评价分析。

除以上几个主要途径外,还可以从职业教育课题指南或规划中选题。

2018年全国职业教育研究课题指南和2020年度中国职业技术教育学会重点课题指南如下。

2018 年全国职业教育研究课题指南

1. 职业院校对口帮扶机制建设、成效分析及考核机制研究

2. 高职本科课程衔接路径分析研究

3. 职业教育统筹管理制度创新研究

4. 职业院校学生核心素养发展研究

5. 职业院校学生实习安全保障机制研究

6. 技术技能人才社会评价及社会地位提升对策研究

7. 职业教育培养工匠精神、提高学生职业素养的路径研究

8. 吸收企业参加办学质量评估、健全职业院校质量保障体系研究

9. 职业院校参与新型农民培养和农村劳动力转移培训实践研究

10. 学生职业指导与就业服务及其生涯规划发展研究

11. 职业院校专业服务产业发展研究

12. 职业院校校园文化建设研究

13. 职业院校人才衔接培养模式研究

14. 职业教育产教融合与校企合作制度建设研究

15. 职业教育参与社区服务与教育机制研究

16. 职业院校学生创业创新实践研究

17. 现代职业教育制度建设研究

18. 现代职业教育体系构建与发展研究

19. 职业教育内涵发展研究

20. 终身教育视野下的职业教育发展研究

21. 职业院校校企合作体制机制建设研究

22. 职业教育与加快城镇化建设的实践研究

23. 创新职业教育模式、扩大职业院校办学自主权的研究

2020 年度中国职业技术教育学会重点课题指南

(一) 社会关注类选题(18 项)

1. 建立具有中国特色现代职业教育理论、制度、体系、体制、机制、模式研究

2. 国家治理体系和治理能力现代化与现代职业教育的作用、责任、使命研究

3. 应对百年变局现代职业教育历史作用与使命研究

4. 实现两个百年目标现代职业教育贡献研究

5. 数字经济时代技术技能人才供需精准对接机制研究

6. 教育现代化与职业教育类型理论和实践研究

7. 在传承创新中华文化中坚定职业教育文化自信研究

8. 系统培养和评价技术技能人才的制度、体系、模式和政策研究

9. 智能制造重塑、重构职业教育研究

10. 职业教育与国家区域发展战略研究

11. 现代职业教育人才培养对接现代产业图谱研究

12. 2025 中国制造技能人才需求后续研究

13. 新一代信息技术与技术技能人才培养研究

14. 职业教育在国家治理体系中的作用研究

15. 现代职业教育巩固提升脱贫成果机制研究

16. 职业教育与共同致富跨越"中等收入陷阱"研究

17. 职业技术教育的经济学意义

18. 生态文明建设的技术技能人才培养研究

(二) 教育关注类选题(26 项)

1. 教育现代化与职业教育类型理论研究

2. 职业教育结构调整及内涵提升研究

3. 1＋X 职业技能证书制度与新职业教育研究

4. 职业院校专业设置与课程建设研究

5. "十四五"规划职业教育服务国家战略需求规划研究

6. "十四五"职业教育资源的空间布局优化研究

7. 职业教育发展的法律问题研究

8. 本科层次职业教育和应用型本科转型改革发展研究

9. 系统培养新职业技术技能人才的体制机制模式研究

10. 职业教育改革发展的地方模式研究

11. 县域职业教育支撑乡村振兴战略研究

12. 构建服务全民的终身学习体系的职业教育使命研究

13. 快递"骑手"终身学习的教育支撑体系研究

14. 完善职业教育、高等教育、继续教育统筹协调机制研究

15. 职业院校中、专、本衔接研究

16. 高职"双高"质量提升策略研究

17. 职业院校治理能力建设

18. 新兴产业技能人才供需关系分析

19. 职业教育专业认证、质量评价、专业预警调控机制研究

20. 职业教育专业教学资源库和在线开放精品课程建设和使用研究

21. 1＋X证书制度和国家资历框架制度地方试点实践研究

22. 职业院校股份制、混合所有制改革研究

23. 产教融合型城市与产教融合企业建设研究

24. 职业技术师范院校师资培养培训体系研究

22. 职业教育的技术技能与基础教育的有效衔接研究

23. "职教高考"制度研究

24. 中国特色"双元制"模式建设实践研究

25. 实训基地对接新一代信息技术标准与建设研究

26. 中等职业学校生均财政拨款国家标准研究

(三)学校教师关注类选题(13项)

1. 职业院校办学自主权研究
2. 职业院校学生思想政治状况研究
3. 职业院校学生心理健康状况研究
4. 职业院校学生学习能力调查
5. 职业院校教师工作状况调查
6. 职业院校专业群建设的机理与逻辑
7. 职业院校"三教"改革推进策略研究
8. 职业教育五年制办学的实践研究
9. 职业院校教师能力标准和评价体系建设研究
10. 职业院校教师技术服务和社会服务支持政策研究
11. 职业院校教师绩效工资制度实施现状调查研究
12. 高职院校干部队伍建设研究

13.职业院校教育教学改革试验研究

（四）国际比较类选题（5 项）

1.国际职业教育改革动向和发展趋势研究

2.国际职业教育品牌本土化试验研究

3.现代职业教育中德合作进程研究

4.现代职业教育的中国实践和中国经验

5."鲁班工坊"建设经验与推广研究

第二节　职业教育研究选题的要求

一、选题应用价值要高

所选择的职业教育研究问题的意义是确立选题的重要依据，它制约着选题的根本方向。选定课题的意义主要体现在以下两个基本方面。一是所选择的研究课题要满足社会发展、职业教育事业发展的需要，要有利于提高教育质量，促进学生全面发展。这方面强调的是课题要具有重要的应用价值，选题范围要广，要从当前职业教育发展的实际出发，针对性要强，选取有代表性的、被普遍关注、争论较大的亟须解决的问题。二是所选择的研究课题要满足职业教育科学本身发展的需要，并满足检验、修正、创新和发展职业教育理论，建立科学的职业教育理论体系的需要。这方面课题一般具有重要的学术价值，在理论上要有所突破和建树，或有重要的补充和完善。职业教育研究的实际课题，有的强调应用价值，有的强调学术价值，有的二者兼而有之。但无论哪一种，都要选择那些最有意义的教育问题作为研究对象。例如，职业院校的生源质量较差，学生学习习惯和学习能力比较差，针对这个实际，提升职业院校学生的学习能力策略研究就非常有意义。

二、选题要体现现实性

选题的现实性，集中表现为选定的问题有科学性，指导思想及目的明确，立论根据充实、合理。选题的现实性表现在要有一定的事实依据，这就是选题的实践基础。研究课题是从职业教育实践中产生的，具有很强的针对性；职业教育实践经验同时为课题的形成提供了确定的依据。职业教育选题的现实性，还表现在以教育科学基本原理为依据，这就是选题的理论基础。教育科学理论将对选题起到定向、规范、选择和解释作用。没有一定的科学理论依据，选定的课题必然起点低、盲目性大。应该看到,职业教育选题的实践基础和理论基础制约着选题的全过程,影响着选题的方向和水平。为了保证职业教育选题有科学的现实性,还需要对选定的课题进行充分论证。例如,现代学徒制是中华人民共和国教育部于 2014 年提出的一项旨在深化产教融合、校企合作,进一步完善校企合作育人机制,培养创新技术技能人才的模式。对现代学徒制进行研究有利于促进行业、企业参与职业教育人才培养全过程,实现专业设置与产业需求对接,课程内容与职业标准对接,教学过程与生产过程对接,毕业证书与职业资格证书对接,有利于职业教育与终身学习对接,提高人才培养质量和针对性,具有很强的现实意义。

三、选题要明确具体

选定的职业教育问题一定要具体化,界限要清,范围宜小,不能太笼统。问题是否具体适度,往往影响全局的成败。那种大而空、笼统模糊,针对性不强的课题往往科学性差。只有对问题有清晰透彻的了解,才能为建构指导研究方向的参照系提供最重要的依据。因此不宜把课题选得太宽、太大、太复杂。例如,有的课题表述为"高职学生学业成绩与教学技术",问题表述就太宽泛,表述不明确、不具体,将其改为"3 种不同教学技术是否对高职学生的学业成绩产生不同影响"就明确、具体多了。

四、选题要有创新性

选定的职业教育问题应是前人未曾解决或尚未完全解决的问题,通过研究应有所创新,具备时代感。要做到选题新颖,就要把研究课题的选择放在总结和发展过去职业教育领域实践成果和理论思想的基础上,没有这个基础,任何新发展、新突破都是不可能的。应该看到,职业教育的任何重大成果,都是职业教育科研工作者在前人、别人工作成就的基础上一步步取得的,即使是被人认为非常新的、第一次开辟的新领域,也仍然是由前人的工作提供的条件。因此,要通过广泛深入的查阅文献资料和调查,搞清所要研究职业教育课题在当前国内外已达到的水平和已取得的成果,要了解是否有人已经或者正在或者将要研究类似的问题。如果要选择同一问题作为研究课题,这就要对已有工作进行认真审视,从理论本身的完备性、研究方法的科学性高度进行评判性分析,在此基础上,重新确定自己研究的着眼点。只有在原有研究成果基础上的突破和创新,才具有研究意义。例如,近几年,职业院校"排行榜"名目繁多,诸如"最美校园""科研实力""师资队伍""核心论文""校企合作""经费预算"等百强排名,唯独不见"投入产出比"排名。"投入产出比"排名的缺失,一方面反映出职业院校普遍缺乏"成本"意识、"经营"意识,另一方面凸显评价标准长期缺乏"绩效"意识、"激励"机制。研究者从职业院校"投入产出比"排名角度进行研究,选题具有创新性。

五、选题要有可操作性

所谓可操作性,指的是选择的职业教育问题是能被研究的,存在现实可能性。具体分析,可能性包含以下三方面的条件。

一是客观条件。除必要的资料、设备、时间、经费、技术、人力、理论准备等条件外,还有科学上的可能性。有的选题看起来似乎是从职业教育发展的需要出发,但不符合现实生活实际,违背了基本的科学原理,没有实现的可能。例如"高职生穿运动服或校服的比例和鞋子的选择与学习成绩的关系"虽然可以研究,但研究结果没有实际意义。

二是主观条件。指研究者本人原有知识、能力、基础、经验、专长,所掌握的有关这个课题的材料以及对此课题的兴趣。也就是说,要权衡自己的条件寻找结合点,选择能发挥自己优势、特长的课题。有的人擅长实践操作,就不一定非选理论研究课题;反过来,有的人擅长理论思维,就不一定非要选择实验研究课题。

三是时机问题。选题必须抓住关键性时期,什么时候提出该研究课题,要看有关理论、研究工具及条件的发展成熟程度。提出过早,问题会攻不下来。提出过晚,又会被认为是亦步亦趋,毫无新意。例如,中共中央办公厅、国务院办公厅联合印发《关于推动现代职业教育高质量发展的意见》,对贯彻落实全国职业教育大会精神、推动现代职业教育高质量发展,提出了纲领性的指导意见,作为职业教育工作者,抓住时机,对现代职业教育高质量发展进行研究,就非常及时。

第三节　研究问题的陈述

选择好了一个研究问题,必须给研究问题恰当的陈述。问题陈述得好,可以为研究者提供从事该研究计划的焦点和方向,以及资料的收集与分析方法等的相关信息。从对某一职业教育问题产生研究的动机,到根据各种标准衡量、选择研究问题,需要一个不断思考的过程。在研究的初始阶段可以先对问题粗略陈述一下,然后通过查阅文献或与他人探讨,对可能的问题进行全面的修改,完成一个陈述。例如,像以"高职生的创造能力"作为问题的陈述,无疑太宽泛了。通过不断思考,并随着文献查阅的进展,我们可能对创造能力的概念及其指标以及高职生中影响创造能力的可能特点有了更多的了解,再不断修改与确定,最后把问题陈述为"发散性思维的得分与所选择的高中低年级高职学生的特点之间的关系的研究"，就便于操作得多了。

在职业教育研究中，怎么才能对一个好的研究问题进行恰当的陈述呢？

一是明确问题研究的目标。问题研究预期的结果是什么，也就是要明确"通过这个研究我到底想了解什么？""我的研究结果可能对什么问题作出什么回答？""这项研究有什么意义？"等问题。对一个有价值研究的问题从范围、难度、目标等方面把握之后，就需要对研究问题进行恰当、准确、简明的表述。从总体要求来看，对研究问题的陈述应该简洁明了，并能确定研究活动的关键因素，还能清晰地反映研究范围和研究重点。例如"高职新手教师与成熟教师职业角色模糊的比较研究"。

二是对研究问题表述中重要的概念进行定义。确切说，要使问题研究表述中的概念在研究中具有可操作性，这也是课题中的变量定义。在每个课题表述所用的词或词组中，有一部分是研究中所有个体都具有的特征和条件，是一个不变的概念，如地名、校名、人名、具体的时间值等，我们称之为常量。它不需要加任何定义或解释就能确切地表达出所指的对象。还有一部分则是变量，即包含一个以上的概念，如性别、年龄以及一些抽象的概念。对这些变量需要加以定义。例如，"高职大学英语自学辅导程序教学的实验研究"就是一个较完整的陈述。其中研究对象是高职生，研究的问题或内容是大学英语自学辅导程序教学法，研究的方法是实验法。在具体研究中，变量又分为自变量和因变量，自变量是一个分类变量，它对研究个体进行分类；因变量是可以测量的变量。详细确定自变量和因变量，才能使问题变得清晰、具体、可操作。例如，"不同教育水平的师生课堂交流研究"，其中自变量为不同的教育水平，有 4 个类别：小学、初中、高中、大学；因变量为测量出的师生课堂交流各项指标的分数。再如，"男、女教师职业态度研究"，其中自变量为教师的性别，即男、女，因变量为职业态度各类指标分数。因此，变量是课题表述中的重要组成部分，它一方面使课题的研究在确定范围内展开，另一方面便于人们了解、理解和评价研究过程的合理性和研究结果的可信度。

三是要善于对问题进行分解。当一个问题涉及的范围比较大或足够复杂的时候，要将其按照内在逻辑体系分解成相互联系的许多问题，从而找到解决这个问题的步骤和相关的网络。也就是说，将所要研究的问题展开成一定层次结构的问题网络，从而能在问题具体化的基础上深入进行研究。例如，"3 种不同教学技术是否对高职学生的学业成绩产生不同影响"，就是将教学技术与学习成绩进行分解，使研究的教学技术和高职学生的学业成绩更加具体、明确，以便于开展研究。

四是重视概念的应用及假设的提出。在职业教育研究中，必须将概念转化为可以量度的变量。当一个概念可以用数值来量度时，这个数值就称为变量。

下面用具体的例子说明无法量化的和可以量化的概念。例如"这件衣服很好看""吃得不香""不喜欢这本书""他是一个好学生"，都是属于无法量化的概念；"这项职教措施很有效""这个职业学院教学质量高""这项职业院校学生管理举措很浪费时间"，则属于可以量化的概念。有时候，需要先从概念到指标再到变量。例如，"富有""学术成就"是两个概念。与它们相对应的指标有（富有）"收入""固定资产"，（学术成就）"学位""业绩""职位等级""研究成果""学界地位"等。与这些指标相对应的变量则是（富有）"年收入""房产""汽车""存款""投资""其他财产"，（学术成就）"学士/硕士/博士""所教课程""讲师/副教授/教授""发表文章数量/杂志影响因子/文献引用次数""学会/专业杂志中职务"等。

再如，某职业教育研究者对高职学生专业选择、职业期望与学习动机的关系问题很感兴趣。这个问题细分为如下方面：专业选择、职业期望的特征、形成过程、对学习动机的影响、职业期望态度、对专业选择、职业期望的处理模式及有效性等。然后他选择其中之一，以"专业选择、职业期望与学习动机相关"作为研究工作的首要方面。据此提出如下研究问题：专业选择与职业期望的相关程度；职业期望与学习动机的相关程度；专业选择以职业期望为中介效应对学习动机的影响。为实现这些研究目的，研究者需要考虑：是否对此问题的研究真正有兴趣、可利用的资源（如受试者、时间、财力）、研究时间、研究财力、技术专长。在这几点上都得到肯定之后，他便可以确立这项研究工作的研究问题。

第三章　研究设计

第一节　研究设计的要求

一、职业教育研究设计的任务

在职业教育研究中,研究设计的核心内容是保证回答研究的问题和达到研究目的。主要表现为两个方面。

1.要确保研究采用的方式方法合理、可靠、经济

(1)研究方式方法合理。指针对一定的假设或研究内容,采用的方式方法能够满足检验、论证和解释研究内容所需要的功能和潜在条件。

(2)研究方式方法可靠。指研究所采用的方式方法是可以信赖的,可以重复的,即使换了他人来做同样的工作也能得到基本相同的结果。

(3)研究方式方法经济。指对经费、人力、物力、时间的整体考虑和精打细算,既要力所能及,又要以较少的投入争取最大的效益。

2.构思、制定实现研究目的的操作程序和控制方案,要确保研究有效、客观、明确

(1)研究要有效。其一是指研究所使用的变量之间存在着真实的确定的关系,这种关系可能是因果关系,也可能是相关关系。例如,教学方法和学习成绩、社会责任感和学习能力。其二是这种关系的想象和构思是科学的,源于理论的支持、实践的启发以及灵感的萌动,对关系中的变量进行适当的操作化定义,能够有效控制和检验。其三是该研究具有统计意义,比如采用的数学推论工具和样本容量要适宜,以确保数据的质量达到需要的标准。其四是研究结果的适用范围。职业教育科学研究必须保证有一定的适用范围,如果仅是对某一个人适用,那么对于职业教育科学研究来说,其意义不大。

（2）研究要客观。指研究的程序和控制必须保证研究变量之间的影响能以真实关系发生变化，不能是虚构的或随心所欲的，收集的数据是反映真实关系的、准确的。例如，以教学方法与学习成绩作为两个研究变量，由于学生的学习成绩除了受教学方法的影响外，还可能会受请了专职家教进行个别辅导、得到某种社会或物质鼓励产生学习动机等多方面的影响，所以必须设计相应的操作程序和控制方案保证反映的是教学方法与学习成绩的真实关系。保证研究是明确的，指设计要使得研究所反映的关系能以比较突出和鲜明的形式表现出来，或者说，使得产生最大的反映关系量，同时，研究结果不能含糊不清或似是而非，而是以明白无误的、有说服力的、可靠的数据或材料表述出来。

二、职业教育研究设计的策略

职业教育研究是一项规划，也是一种策略。任何具有高水平的职业教育研究工作依赖研究的客观性、系统性和科学性，涉及理论构思与科学方法、周密规划与严谨实施等许多问题，需要进行研究设计。事先严密的职业教育研究设计，有助于使研究具有一定的效度和信度。研究的效度是指研究在揭示所研究内容的本质或其规律方面的准确、客观、科学程度，或者说研究结果符合客观实际的程度。研究的信度是指研究所得事实、数据的一致性和稳定性程度。效度与信度的高低是研究自身价值高低的反映。将研究设计作为一种策略考虑，要查阅有关的文献，分析、借鉴前人的研究工作，将其作为新研究或更深层次研究的条件，并对这样一些问题做出选择和决策。

（1）在其他研究中能否找到类似方法可借鉴？例如：是否有解决类似或相同问题的研究？即将研究的问题与其他领域的问题有哪些成分相似？

（2）过去的研究在解决此类问题上使用了哪些方法，这些方法的效果如何？例如：哪些可以借用？哪些可以修改或替代？哪些部分需要增加或删掉？研究步骤能否减少？研究中的变量能不能剔除或替换？

（3）可否从其他方面进行研究，问题能否重新形式化，如何变化才能更有效地达到目标？例如：哪些部分可以重新安排、推倒或重新组合？时间顺序可否重新安排？能不能再增加一些条件、假设？有没有办法获得更高水平的资料，使资料与未知事实更接近？是否遗漏了一些资料？

（4）是否与他人讨论过？征求过他人的意见？等。

三、职业教育研究目标的设计

职业教育研究目标设计的依据是研究假设。研究假设是一种理论构思。为验证假设，需要把它进一步转化分解成可以验证、可以操作和系统化的若干目标内容，即设计一定的研究目标。任何性质的研究假设都可以分成若干个相应的研究目标。不同的研究目标,所采用的研究类型也不同。例如,"进行两种不同的技能教学方法的教学对比实验"和"使用问卷方式调查高职学生对劳动课的态度"两项研究,由于其研究目标不同,因而在研究变量与指标、被试选择等方面也不同。同样,对于相关性的研究假设和因果性的研究假设,因其性质不同,故需要设计不同的研究目标,并用不同的研究方式加以验证。

一个好的职业教育研究目标设计,能够满足专门价值、研究实力、研究条件和研究兴趣四个方面的要求。专门价值是指它对假设证明的科学性、有效性、简明性和可重复性。研究实力涵盖三方面的内容:研究者的知识结构,包括知识的核心与边缘、可扩展的方向和可深化的层次;研究者的思维特征,包括思维品质特征和思维路线特征(演绎与归纳、积累与推测等);科研的经验,包括运用各种研究方法的熟练程度和相关经历。研究条件是实现研究目标所需要的人力、物力的大致估计和简单的筹划。研究兴趣指研究者在理智选择的基础上,按兴趣进行第二次选择,属于一种情感上的选择。研究活动是一种较其他实践活动更为需要发挥主体能动性、创造性的活动,选择了感兴趣的内容,必然能够使整个研究活动成为一种追求满足的过程,激发人的创造性思维。

研究目标直接关系到被试的选取、研究变量的确定、收集资料的具体方法与方式等的采用。例如,"使用任务驱动教学法能提高高职生的实践能力"这样一个假设,其研究目标可以设计为"按照对比实验方法进行新旧教学方法的教学、记录和测量"和"用统计方法分析测量数据,并用统计结论说明两种教学的效果"两项内容。根据研究目标可以界定、确认研究对象、研究变量,并选取相应的、具体的资料收集方式与方法等内容。因此,设计研究目标是选择假设证明方式和操作环节的前提条件。科学研究经验表明,假设最好以书面的、可以操作的形式对其进行陈述,而研究目标则必须是可以操作、可以检验(或测量)、可以重复的,并用书面形式简要说明。这样做的优点是:使研究者在思想上更明确,学术上更严密,并且帮助合作者或科研助手完整、深刻地了解研究课题,日后经过修改还可作为研究报告的前言。

四、研究方法的设计

在职业教育研究中,可供选择的搜集事实与数据的具体方法是多种多样的。一般来讲,职业教育研究常用的四种方法主要是调查研究、实验研究、文献研究、实地研究。

(1)调查研究是一种采用自填式问卷或结构式访问的方法,通过直接询问,从一个取自总体的样本那里收集系统的、量化的资料,并通过对这些资料的统计分析来认识职业教育现象及其规律的教育研究方式。这种研究方法在职业教育研究中运用较多。优点是能够获取大量的研究资料,缺点是对问题及变量要求较高。例如，发表于《中国职业技术教育》2021 年第 6 期佛朝晖、张宇泉的研究报告《职业院校劳动教育实施成效、问题与建议——来自 754 所职业院校的调研报告》对职业院校劳动教育实施情况进行了调查分析。

（2）实验研究是由研究者根据研究问题的本质内容设计实验，控制某些环境因素的变化，使得实验环境比现实相对简单，通过对可重复的实验现象进行观察，从中发现规律的研究方法。实验研究在职业教育研究中多用于研究个体行为方式和心理活动。缺点是研究对象的有意识回应容易造成研究结果失真。例如，陈彦发表在 2004 年第 5 期的《上海体育学院学报》的研究文章《篮球"多角色教学法"对高职大学生健康素质影响的实验研究》，采用测量、问卷调查、实验对比等研究方法，在篮球专选课教学中采用"多角色教学法"，对高职大学生健康素质的影响进行实验研究，结果显示：实验前，实验班与对照班在生理、心理、社会健康状况上不存在差异；实验后，实验班的总体健康素质显著或非常显著地优于对照班，提高了学生学习积极性和自学自练能力，提供宣泄自我、表现自我的空间，增强了学生的社会健康素质。

（3）文献研究是利用文献进行间接研究。主要有历史文献研究、统计资料文献研究、内容分析等。优点是研究成本低，不容易造成研究结果失真；缺点是容易脱离实际。例如，论文《试论高职 IT 职业教育实践教学体系的探索研究》就是属于文献研究方面的职业教育研究论文。

（4）实地研究是以观察、个案研究为主要研究方法的定性分析为主的研究。优点是研究具体深入，缺点是主观意识比较强。例如，《高职大学毕业生就业焦虑的个案报告》就是属于实地研究方面的职业教育研究论文。

在职业教育研究方法设计时，应根据研究的目标、研究对象的特点（例如学生与教师之间）、研究的主客观条件（如研究者的科研方法素养、研究的时间、人力、经费），各种方法的优缺点与适用条件，选用最适当的研究方法去解决研究课题所提出的具体问题。由于同一研究课题往往可以用多种方法搜集数据，而每种方法又有其优点与不足，因此，提倡在教育科学研究设计中，采用多种方法的综合运用，以取长补短，提高研究的整体信度、效度。

在确定研究方法时，需要对以下四个方面的问题综合加以考虑。

（1）研究被试的取样方法（明确研究的总体、样本的大小、取样的手段等）。

（2）研究的控制方法（操纵、控制变量的方式，实验处理，仪器的配备和程序的安排等）。

（3）收集研究资料的方法（确定测量指标、测定方法，设计量表，规定数据记录方式等）。

（4）资料的统计分析方法（根据资料特征，选择数据量化处理和检验假设的方式）。

五、研究计划的设计

（一）课题的表述

课题表述通常采用一个陈述性的表达，但也可以用疑问形式的表达。通过课题的表述，力图形成一个可操作的研究内容，以指导研究过程。它必须有足够的范围限制，以便得到一个确定的结论。外延大的表述可以统辖外延小的表述，课题领域并不是课题的表述，它仅仅是可以从中选择课题的宽广领域。一个好的研究课题表述暗含着一个具体的答案或结论。例如，"基于工作任务的职业教育项目课程研究""现代职业教育信息化的设计与实施""基于职业技能教学的数字化共享资源库研究与建设"等。

（二）课题的意义

归纳和表述研究的理论意义和应用价值，有助于人们正确判断研究价值，使研究项目得到必要的支持。职业教育课题的意义主要从以下三个方面考虑：一是对教育理论层面的影响，主要写该项研究对原有理论是补充，是创新，是佐证，还是完善；二是对教育实践层面的影响，主要写该项研究在教育实践方面有什么与众不同，这种不同带来的影响是什么，是丰富实践，是提供案例，还是创新方式；三是对教育政策层面的影响，主要写该项研究给教育行政决策带来哪些新建议，提供了哪些参考等。还要说明研究的价值，即课题的预期成果带来的效益。研究价值表述的常用引导词包括"有助于……""为……提供……""对……具有……""使……"等。

（三）定义、限制和界定有关内容

对于研究中的概念，应该用操作定义。例如，"学习能力"这个概念比较抽象，不可能作为一种标准加以使用，而用"10 分钟内阅读完 8 千字的实验报告，并简述主要内容，错误率低于 5%"作为"学习能力"的操作定义，使用了可以观察到的行为内容进行定义，使研究更加明确和容易实施。

限制指的是研究者控制之外的可以对研究结论和应用到其他情境给予限制的某些条件。界定指的是对研究内容或范围等提出限定的界限。对研究内容和范围等提出限定的界限，同时指出其研究条件的限制，有助于对研究的理解。由于行政管理上的原因，不能使用更多的班级做实验组，不能确定收集资料手段的信度，不能进行随机取样和随机分组等限制都要予以说明。

（四）相关文献的查阅和综述

高效的研究是建立在过去的知识和研究经验基础上的。这就需要总结概括权威专著和以前的研究结果,有针对性地了解现有的理论、研究的背景和问题的现状,弄清课题中哪些已知、哪些未知、哪些尚未检验。在检索有关文献时,研究者应该注意以下一些重要内容。

（1）与当前研究内容紧密相关的、已完成研究课题的报告。

（2）研究设计情况（包括程序和资料搜集手段）。

（3）选取的总体和使用的取样方法。

（4）给予定义的变量。

（5）可能影响研究结果的无关变量。

（6）有可能避免的错误。

（7）进一步研究的建议。

（五）假设

进行职业教育科学研究,通常要先形成一个恰当的假设,用来进一步明确课题的本质和启发研究的思路,并指导收集资料的过程。一般意义上,好的假设具有以下基本特征。

（1）它应该是合理的、符合一定逻辑关系的。

（2）它应该是与已知的事实或公理相一致的。

（3）它应该用这样一种方式加以表达,即它可以被设计成某种方式进行检验,以判断其真伪性。

（4）它应该尽可能用最简练的术语加以表达。

研究假设是一种理性猜测或预感,或是对一个悬而未决的有意义的问题所做的尝试性回答,研究假设建立在前人研究或一定理论基础上,并容易进行它的证实或证伪工作。通常,研究的过程方法（即从资料收集、资料分析到推出结果）也是一种证明假设的过程方法。

（六）方法说明

要重点说明两个内容:研究对象和研究程序。

研究对象部分要简要说明研究的总体和研究者抽取样本的方法,确定总体中抽取的被试数量和取样方式,并对研究中的研究变量和设计的控制方法进行归纳和完善。根据研究的一般类型,常见的变量包括年龄、年级、社会经济状况、性别、民族、智育（如果与平均数不同）、各科学业成绩水平等。

程序部分主要包括采用的研究方法的种类、多少和研究安排。它详细说明做什么,如何做,需要哪些数据,运用哪些资料收集手段和资料分析方法。这一部分的内容应尽量具体和详细,使人阅读后能准确了解研究的具体内容和过程,不留疑点。

（七）时间表

准备一个时间表，可以有效地预算研究的时间和内容。把项目划分为容易着手工作的部分，大致安排完成工作的时间，有利于系统安排工作，提高研究效率。

研究项目的某些工作具有较严格的秩序性，前面的工作完成后才能开始后续的工作。例如，在职业教育科学研究的进程中，有关文献综述部分通常在文献资料收集过程之后完成并定稿。如果着手的研究项目十分复杂，可以用流程图或时间任务图来描述工作顺序。

第二节 研究假设

能否提出一个好的研究假设，不仅关系到研究的科学化水平高低，还关系到能否制定好的研究方案和取得好的研究成果。

一、什么是研究假设

研究假设是研究者依据一定的科学理论、相关文献、实践经验，对研究问题的规律、原因做出的一种推测性论断和假定性解释，是在研究之前的预先设想的、暂时的结论，是研究者所希望得到的某种结果。假设的功能在于，它不仅是一种带有方向性的有待验证的想象，还影响着确定研究活动的过程组织、研究逻辑和选择研究途径。假设不是无目的的胡思乱想，而是把大脑思索的范围限制在所研究的问题上，从而使研究人员探索的目标更加有的放矢。一旦形成假设，研究人员可以根据确定的目标，在限定的范围内有计划地设计、进行一系列的研究活动。因此，假设是职业教育科学研究探索的必经阶段，是准确把握职业教育规律的正确途径和有效手段。

二、一个好的研究假设的特点

职业教育研究中，一个好的假设往往要具备下面一些特点。

首先，假设要有科学性。即假设的提出要合乎规律，合乎逻辑，它是建立在已有的科学理论或事实的基础上的，而不是毫无事实根据的推测和臆断。

其次，假设应当表明两个或多个变量之间的关系。在职业教育研究的过程中，变量之间的关系是十分复杂的，但作为一项研究，必须明确地表述所研究问题中的某些变量之间的关系，变量可以有不同的表述形式。

再次，假设要用明确的语言表述出来。陈述具有明确性。即假设要以清晰、简明、准确的陈述方式，说明两个或两个以上变量间的期望关系，切忌宽泛、冗长、模糊。

最后，假设所表明的内容应该是可以检验的。即对教育现象间的期望关系能为研究及以后的实践所证实，这是科学假设的必要条件。

为了使大家对好的假设有一个更直观的认识，下面给出几个假设的例子。

（1）通过主题鲜明的主题班会，培养高职学生良好的思想品质和行为习惯。

（2）教师以鼓励为主的方法评价学生，会增强高职学生的自信心，进而提高高职学生的学习成绩。

（3）建立教师与家长联系卡制度，可以改进高职后进生的学习习惯。

三、研究假设的作用

1. 为课题研究指明方向

研究假设使研究目的更明确，使研究范围更确定，使研究内容更具体，把研究数据的收集工作限定在一个更特定的方面和范围，因此，可以起到一种纲领性作用。

例如，学习策略是一个广泛的研究领域。斯诺曼认为，学习策略应由三部分组成。

（1）策略技能，包括有效分析学习情景中的各种变量及关系，制订学习计划。

（2）具体的策略技能，包括在有效的学习活动中熟练使用各种学习方法、监控学习进程和必要时修改先前的计划或方法。

（3）元认知，包括意识到自己是如何思考的，知道如何适当运用自己的思维过程以实现某一特定的学习目标，知道应用上面两个成分的必要性，知道为什么、何时和如何使用上述技能。

"学习策略应用研究"课题，通过论证将假设确立为：

（1）对每种学习形式来说，尽管有通用的学习策略，但每种学习形式都有与之相应的独特的学习策略。学生的学习策略和不同学习形式相适应，才能体现学习策略真正的价值。同时每一种组织形式下的学习策略也是相辅相成、互为补充的。

（2）在不同的学习形式中运用学习策略，可明显提高学习效率，因为学习策略使学习行为理性化、具有针对性，从而避免盲目性。

（3）学习策略研究要实现个性化、本土化。

（4）教师的教学策略和学生学习策略的整合是完善教学理论与实践的需要。

（5）学习策略的掌握和应用是进行终身学习的必要条件。

学习领域的研究是 21 世纪教育改革发展的热点之一，国内外相关研究成果丰硕。国内研究更多停留在理论领域,因而对学习应用性策略的研究较少。又基于学习策略的个性化、本土化等特点,急需应用性研究,所以,本课题的选题具有较高的价值。但如果将学习策略的所有理论成果全部应用于实践,又在实践中同时开发创新,那么时间、空间、人力和物力都不允许,也没必要。所以,本课题将研究领域和主题设定在目前人们普遍关注的学习方式范畴,又只关注通用学习策略、个性化、本土化学习策略以及学与教策略的整合等领域,避免了漫无目的平均用力造成时间和精力的浪费,保证课题研究朝成功的方向发展。(资料来源:http://www.doczj.com/doc/2edc5ec9bfd5b9f3f90f76c66137ee06eef94ede.html)

2.保证课题研究直指成果

课题研究的过程实质上就是检验假设的过程,课题研究的直接目的就是验证假设。同时,验证假设的结果可以证实,也可以证伪。例如,"两种教学方法对高职大学生学习成绩的影响",对这个课题可以提出三种假设:第一,接受教法一的高职学生学习成绩高于接受教法二的高职学生的学习成绩;第二,接受教法二的高职学生学习成绩高于接受教法一的高职学生的学习成绩;第三,接受两种教法的高职学生的学习成绩没有差异。无论是证实还是证伪,我们都可以从课题研究中得出研究结果,从中找到问题的答案。

3.使研究者能合理设计研究方案、选择研究方法

具体研究假设的提出,使研究者能够根据假设内容的性质,针对要收集的数据设计研究方案和选择检验方法。例如,因果性的研究假设要求采用严密的实验法加以检验,而对于相关性的研究假设,采用相关方法进行检验即可。

四、假设的分类

按照不同的分类标准,可将职业教育研究的假设分为不同的类型。这里介绍几种常见的分类法。

(一) 归纳假设与演绎假设

按假设的形成,可将假设分为归纳假设、演绎假设两种。

1.归纳假设

归纳假设是在观察基础上的概括,是人们通过对一些个别经验事实材料的观察得到启示进而概括、推论提出的经验定律。例如,职业教育劳动教育实施成效、问题与建议。

2.演绎假设

演绎假设是从教育科学的某一理论或一般性陈述出发推出新结论,推论出某特定假设。是根据不可直接观察的事物现象或属性之间的某种联系的普遍

性,通过理论综合和逻辑推演而提出的理论定律和原理的假设。例如,改善高职学生人际交往不良现状的团体辅导实验研究提出:人际交往团体辅导对减轻高职学生人际交往困扰,增强高职学生人际适应能力具有良好的效果。

(二) 定向假设、非定向假设与零假设

按假设中所预测的变量间有无相关的特点,可将假设分为定向假设、非定向假设和零假设。

定向假设和非定向假设都是在假定变量间存在相关的情况下做出的。其中定向假设指出了相关或差异的趋向。非定向假设则没有表明这种相关或差异的趋向,而只是指出在变量间可能存在差异和相关。例如,"思维能力上男高职生的推理能力强于女高职生",就是一个定向假设;而"思维能力上男高职生和女高职生有差异",则是一个非定向假设。零假设是一种假定变量间无差异或无关系的假设。例如,"运用方法 a 教得的高职一年级学生的平均阅读成绩等于通过方法 b 教得的",就是一个零假设。

假设是采用定向的形式还是非定向的形式呢?采用不同的形式会产生差别吗? 这首先取决于前期理论研究的结果。如果研究领域的文献表明,在所研究的问题上我们可以期望一个有方向的结果,那么我们应采用定向假设;而当我们对所研究对象的内在关系不甚了解,凭借已有知识经验只能肯定研究对象内在诸变量之间有相关,但不能肯定是何种相关时,则应采用非定向假设。

另外,采用何种假设形式还要考虑假设的检验问题。我们前面提到,假设的主要特点之一就是可检验性。对职业教育研究中的假设检验可以有多种形式,例如用描述性的、论述性的方式来说明是否达到了实验所设计的目的等。但从严格意义上讲,对假设的检验依赖于概率统计的原理。而在统计学中十分强调零假设的作用。因为假设检验的一个基本思路就是,若要检验一个假设是否成立,就要先建立一个"无差别假设",由这个假设出发,运用统计的方法,如果在逻辑上出现矛盾,那么就可以认为原来的假设是正确的。

对于一个具体问题,我们可以根据理论构思的结果,建立一个我们最可预期的假定作为原假设,它可能是一个定向假设,也可能是非定向假设乃至零假设,然后在除此之外的其他可能中建立选择性假设。这样,原假设加上选择性假设就涵盖了所有的可能。例如,如果我们最初假设"接受方法 a 教学的高职一年级学生比接受方法 b 教学的学生的阅读成绩要高",那么可能的选择性的假设是"接受方法 a 教学的高职一年级学生比接受方法 b 学生的阅读成绩要低"和"接受方法 a 和方法 b 教学的高职一年级学生阅读成绩相等",其中,最后一个选择性假设是零假设,这样所有可能的结果就都被覆盖了。

（三）描述性假设、解释性假设和预测性假设

依据假设的性质和复杂程度，可将研究假设分为描述性假设、解释性假设和预测性假设。

1. 描述性假设

在科学探索的最初阶段，常用到描述性假设。它可以向我们描述认识对象的结构，提供关于事物的外部联系和大致的数量关系的推测，使我们对研究对象的大致轮廓或外部表象有粗略的了解。

2. 解释性假设

解释性假设是揭示事物的内部联系，指出现象质的方面，说明事物原因的一种更复杂、更重要的假设。这是比描述性假设高一级的形式。在研究中，处于解释这个层次的假设，可从整体上揭示事物各部分相互作用的机制，揭示条件与结果、研究主体的最初状态与最终状态的因果关系原理。

3. 预测性假设

预测性假设是对事情未来的发展趋势的科学推测，是基于对现实事物的更深入、更全面的了解基础上提出的更复杂、更困难的一种假设。预测性假设主要用于全国范围内的、具有战略意义的某些综合性课题的研究，例如，"开发职业教育资源对我国的经济社会发展有何影响"。

（四）条件式、差异式和函数式假设

按照假设中变量关系变化的方向，可将研究假设分为条件式假设、差异式假设和函数式假设。

1. 条件式假设

条件式假设是假设两个变量有条件关系。即假如 a 成立，则 b 也成立。在表述上采用"如果……那么……"的句型。例如，"如果教师采用言语强化的方式来教学，那么高职学生的课堂行为就会改变"。

2. 差异式假设

差异式假设是假设两个变量之间在程度上存在差异关系。如，可假设 $a=b$，也可假设 $a\neq b$；可假设 $a>b$，也可假设 $a<b$。

① 讲授式教学方法的效果等于讨论式教学方法的效果。（$a=b$）
② 讲授式教学方法的效果不等于讨论式教学方法的效果。（$a\neq b$）
③ 讲授式教学方法的效果优于讨论式教学方法的效果。（$a>b$）
④ 讲授式教学方法的效果差于讨论式教学方法的效果。（$a<b$）

3. 函数式假设

函数式假设是假设两个变量之间存在因果共变关系，并且用数学形式表达。

如果 x 表示原因，y 表示结果，那么函数公式就是 $y = f(x)$，表示"y 随 x 的变化而变化"的函数关系。即，如果"x"是这个值，那么"y"是那个值。例如，"男高职生的性侵犯行为是女高职生性侵犯行为的二倍"。

第三节 研究取样的设计

一、总体、样本、取样的基本概念

（1）总体，即研究对象的全体。凡是在某一相同性质上结合起来的许多个别事物的集体，当它成为统计研究对象时，就叫作总体，是一定时空范围内研究对象的全部总和。

（2）样本，是从总体中抽取的、对总体有一定代表性的一部分个体，也称为样组。它是能够代表总体的一定数量的基本观测单位。样本中所包含的个体的数量称为样本容量。

（3）取样，是遵循一定的规则，从一个总体中抽取有代表性的一定数量的个体进行研究的过程。目的在于，用一个样本去得到关于这个总体的信息及一般性结论，从样本的特征推断总体，从而对相应的研究做出结论。

为什么要在一个总体中只抽取样本进行研究？这是由职业教育研究对象的特点和取样本身的基本特点所决定的。

职业教育科学研究对象是数以万计的职业院校的学生和教师。由于研究课题不同，被研究的师生范围也是不同的。如果你研究的是个别人或少数人，那么不存在取样问题，因为对象总体已成为你的研究直接对象。但是职业教育研究绝大多数课题涉及对象是比较广泛的，比如要研究高职生学习习惯的现状和特点，高职二年级学生技能掌握分化的原因等问题，限于研究者的时间、精力、人力和物力，要对上千万学生进行逐一研究然后得出结论是非常困难的，事实上也是不必要的。

取样，以概率论的大数定律作为理论基础，是根据部分样本的实际资料对全部总体的数量特征做出推论估计。由于是按随机原则从全部调查总体中抽选样本单位，而且抽样推断的抽样误差可以事先计算并加以控制，因此保证了研究结果的准确性和研究的可靠性，并使研究有一定的深度，提高了研究的效率。在职业教育研究实际工作中，没有掌握取样方法而造成人力、物力、时间的浪费以及数据资源的浪费，造成的对问卷调查泛滥的抵触情绪等，这种例子是很多的。有人误以为用行政命令手段，样本越大越好，但是如果一个研究只需选取 500 人作为样本就可以推断出总体情况，那么就不需要抽样上万人。人多固然可以使抽样误差减小,可是过失误差又增大了。

二、选择样本的基本要求

为了保证取样的水平,应遵循四个方面的基本要求。

1. 明确规定总体

要从内涵和外延两方面明确总体界限。研究的目的、课题性质决定总体的内涵。譬如"高职生学习现状调查与学习指导的研究",总体就是全国的所有高职学生;"中职生学习困难学生教育的研究",总体是全国中职生中学习困难的学生。当然还必须对"学习困难"的含义加以明确的界定。

研究目的决定了总体的范围。研究者准备将研究成果推广到什么样的范围,就应在该范围内抽样。从某一总体抽取的样本,经过研究获得的结果只能推广到这一总体中去。

2. 取样的随机性

要尽可能使每个被抽取的个体具有均等的机会,也就是说使被抽取的任何个体与个体之间是彼此独立的,在选择上没有联系。这里不存在任何选择的标准,不带有任何有意义的成分,从而尽可能使样本保持和总体有相同的结构。

3. 取样的代表性

要尽可能使抽取的样本能代表总体。如某省对高职学生学习方法现状进行调查研究,全省高职学生共 56 万,可以从中抽选 890 人来说明 56 万人的情况,因此这 890 人的代表性就非常重要了。只有样本具有代表性,由样本特征推断的总体特征才有一般性,对总体的研究成果才有推广价值。样本的代表性是由部分推断整体做法的理论根据。

取样的偏差将导致研究结论的无效。有人研究某职业院校学生的课余休闲和爱好,利用晚自习时间到图书馆发放问卷,问卷回收率 90% 以上,结论是:大学生晚上都是在图书馆度过的。这一结论由于取样的偏差带来 65% 的误差。

要使取样有代表性,还必须对取样误差进行正确估计。取样误差是指样本的指标数值与总体的指标数值之间所存在的离差。这种差异值越小,越能说明抽取的样本比较正确地反映总体。因此,为了保证取样的代表性,研究者要分析影响误差大小的因素,通过计算取样的标准误差值测定出来,并努力使误差控制在最低的程度。

4. 合理的样本容量

要科学地确定样本的大小,既要满足统计学上的要求,又要考虑实际上收集资料的可能性,并使误差减少到最低限度。一般来说,样本容量与样本代表性呈现正相关,大的样本更具有代表性,研究结果可能更有一般性。

样本大小取决于以下诸方面因素：① 研究的不同类型；② 预定分析的精确程度；③ 允许误差的大小；④ 总体的同质性；⑤ 研究者的时间、人力和物力；⑥ 取样的方法；等。在研究中，如果要求的精确度高，允许的误差值小，总体的异质性很大，许多未控制因素会混淆研究结果，或研究的因变量在测量上的信度较低，那么就要考虑使用较大的样本。

根据以上分析，结合长期教育研究的实践经验，提供以下取样大小的参考值。

描述研究、调查研究：总体的 10%。除少数情况，调查研究的样本容量一般不能少于 100。

相关、比较研究的满意样本每组至少 30。

实验研究：条件控制较严密的研究，如心理学实验，每组 15 人；条件控制不严密的教育实验，最好是一个自然教学班，不少于 30 人。

必须指出的是，不能绝对地理解"总体愈大，样本容量就愈大"。不是绝对地按比例取样。

另外，要避免取样的偏见。取样偏见来自研究者的失误，一是志愿者的使用，二是近便组的使用。这些应在研究报告中写明。

抽取的样本是否有代表性，最后还要通过对结果的检验来证明。由样本得到的结果必须做统计学上的显著性检验。例如，在某种实验研究中，实验班成绩高于对比班成绩，那么这种差异是否真实呢？这就必须做实验结果的显著性检验，目的是说明由实验样本所取得的结论。如果样本具有代表性，那么这种结论适用于总体，因而具有一般性。而某种统计量的计算和各种不同的显著性检验，如平均数、标准差、相关系数以及 u 检验、t 检验、卡方检验等，都有各自的标准来估计样本可能产生的误差，样本容量大小将会影响上述误差和由样本估计总体的真实价值。

三、取样的基本方法

取样的方法很多，对不同的研究内容、研究条件，大都可以提供适合其需要的方法。本节介绍四种主要的随机取样方法：简单随机取样、系统随机取样、分层随机取样、整群随机取样。

1. 简单随机取样

按照概率论的原理，抽样时要尽可能使总体中的每一个基本观测单位都有均等的机会，有被抽中的可能。简单随机取样的优点是：可以保证全部标识的代表性；能够确定抽样误差的理论值，并且简便易行。这是在总体异质性不是很大而且所抽取样本较小时经常采用的一种形式。简单随机取样的局限是：当样本规模小时，样本的代表性差。

简单随机取样有两种具体方式。

（1）抽签。把总体的每个观测单位依次编上号码并做成签,放进一个器皿并充分混合后,每次从中抽取一个,记下号码,然后把抽取的签再放回器皿中,再次摇动和抽取,如此反复,直到取够样本所需数目为止。

（2）随机数目表。随机数目表是一种经严格制作的由许多数目字组成的表,数字随机排列。操作时,首先随机确定一个表上取数的"起点",然后按表上所示的数号取样。

2. 系统随机取样

系统随机取样,也叫等距抽样、机械抽样。先将总体各个观测单位按某一标志顺序排列编号并分成数量相等的组,使组数与取样数相同。然后从每组中依事先规定的机械次序抽取对象。系统随机取样,由于它能在总体的整个范围内有系统地抽取样本,因此与简单随机取样相比较,抽样误差要小一些。如果把其总体的每个观测单位按照某种性质特征的变异度大小或增减程度依次编号,进行系统抽样,那么其结果常与分层抽样差别不大,但它又有比分层抽样设计更简单的优点。所以系统随机取样在抽样调查中常被采用。

采用系统随机抽样,要考虑研究总体的情况。如果总体存在周期性变化,如考试试卷,男生单号,女生双号,那么很可能出现样本的系统误差,抽取的样本只有一个性别。

3. 分层随机取样

分层抽样也叫类型抽样、配额抽样,即将总体按一定标准,即单位属性特征（变异度的大小）分成若干层次或类别,然后再根据事先确定的样本大小及其各层或各类在总体中所占的比例提取一定数目的样本单位。即按总体中具有各类特征的对象所占的比例,在总体中随机抽取同样比例的样本的取样方法。

适用条件及特点:当已知研究总体由不同性质的几个部分组成时,要使抽取的样本能客观反映总体的结构特征,就可以采用类型取样。这种取样方法兼顾了总体的各个层面、不同类型的观测单位,因而获取的样本更具有代表性。分几层,如何分层,要根据已有研究进行。如文理科有差异,与中间学科无差异,则分两层。关键是一定要根据总体情况。因此,分层是以客观事物的实际状况为依据的。

采用分层取样的步骤如下。

（1）了解总体中各特征的差别,按特征差异分组,计算每一类别在总体中占的比例。

（2）根据各组在总体中所占比例,分配各组中每一类别的人数。

（3）从总体的不同类别的对象中按规定人数在各组中随机抽取样本。分层抽样是将已知的将会直接影响研究结果的特征,如分数、智力等,按不同的水平分层，然后进行类型取样。

4.整群随机取样

把一个个整体，如学校或班级编号后用随机、机械或类型取样方法进行抽取，它不是从整体中逐个地抽取对象，而是抽取一个或几个单位整群作为样本。

职业教育实验中，考虑到教师学生的配合等问题，有意地选定研究班级而不打乱原教学单位，所以它是常用的方法。但是必须看到，整群取样所获得的样本，由于样本分布不均匀，比如存在学习成绩、智力水平、性别等差异，一般来说，代表性不如个别取样，所以在统计推论上存在一定缺陷。因此我们在选定研究学校和班级时，必须十分谨慎。比如，优质学校的班级，对一般学校的班级是不具代表性的，因此，在这样的班级中获得的研究结果，对类似学校、类似班来说是适用的，但要向一般学校班级推广就会遇到困难。

有意抽样法（按目的抽样），如研究特殊学生（聋哑、盲弱视、智力障碍者）的学习特点，或超常学生的学习特点，那就必须以特殊学生或超常学生作为抽样对象（叫有偏取样）。

抽样的标准、方法以及抽样大小是否适合，关系到研究工作的进程。特别是研究方法的准确性、科学性，是研究工作开始时必须妥善解决的一个重要问题。另外，还应该根据研究课题性质特点选择不同取样方法。无论何种取样的方法，都会产生一定的抽样误差，研究人员要尽量排除主观因素干扰，保证样本能客观、全面地反映总体，并能通过一定的计算检验样本的代表性程度。

职业教育研究属于社会科学研究，我国学者在对取样方法进行研究时还提出了"随机取样"与"非随机取样"，"概率抽样设计"与"非概率抽样设计"的分类法，并对非随机取样、非概率抽样进行了具体分析，为我们掌握科学的抽样方法提供了新的思路。

第四节　操作设计

一、信度

研究的信度是指研究所得事实、数据的一致性和稳定性程度。通常，研究的信度高低说明研究和研究结果是否可重复，是否具有前后一贯性，或研究的前后是否具有一致性以及研究能在多大程度上重复。所以，正确的职业教育科学研究的结果必定是稳定、一致的，否则便是不可信的。研究结果的稳定性和一致性是保证研究科学性的重要先决条件。

1.研究的信度分为内在信度和外在信度

内在信度指在给定的相同条件下,资料收集、分析和解释能在多大程度上保持一致。例如,使用多个人收集的资料,内在信度的问题是:研究的材料收集人之间能达成一致吗? 如果对学习者进行行为研究,使用课堂观察方法收集资料,那么内在信度的问题便是:两个或更多的观察者在看待同一学习者的表现时,能产生相同的看法和观点吗? 观察者之间的协同程度如何? 如果缺乏内在信度,资料仅是收集者个人意义上的一种看法,那么资料不能客观地反映真实发生的情况。

外在信度涉及的是研究者能否在相同或相似的背景下重复同样的研究,如果能的话,那么结果是否总能够保持一致? 如果研究者在相同方法、相同条件下可以多次得到与先前研究相同的结果,则该研究是可信的;反之,则说明外在信度差。

影响研究信度的随机因素主要有:被试方面的因素(身心健康状况、动机、注意力、持久性、对待研究的态度等)、主试方面的因素(不按规定程序实施研究、制造紧张气氛、给予特别关注、评判主观等)、研究设计方面的因素(研究材料取样不当、问题陈述不清等)和研究实施方面的因素(研究环境的各种难以控制的变化条件等)。在职业教育科学研究中,提高研究的信度,就必须注意对上述各种因素的控制。

要保证研究的信度,研究工具首先必须准确、可靠,即具有较高的信度。无论何种研究工具和仪器,如果其自身信度较低,那么就谈不上研究的信度的高低。当然,研究工具的信度高,并不一定能保证研究结果的信度高,因为研究结果的稳定性、一致性还会受到研究实施过程中各种因素的影响。

2.判定信度的方法

判定研究工具或研究结果信度的方法主要有三种。

(1)重复法。

采用相同条件、相同方法进行重复测量、重复研究(两次以上)的方法。考察研究能否被自己和他人重复进行? 若能被重复进行,每次研究结果的一致性程度如何,能否取得相同结果? 可以对研究过程、研究工具、研究结果的信度水平做出直观的判定。因此,它是判定研究信度的基本方法。

(2)相似法。

选择同质的、类似的或同类的研究活动,然后对这些活动的研究工作和研究结果进行分析比较,考察判断它们的一致性程度,以判定研究工具、研究过程和研究结果的可靠性的方法。实际上,由于种种原因,许多职业教育科学领域的具体研究活动没有被人们重复进行,在这种情况下,相似法(例如,将某一特定研究的结果与国内外同类研究的结果进行比较)被作为判定研究信度的一种常用方法。

（3）独立评判法。

这是对研究的操作者之间一致性的判定方法。让参与研究活动的多名研究者同时对某一研究工具或研究内容（例如，一组被试的行为、操作水平等各种表现）进行独立判断或评价，然后对评价结果的一致性程度进行分析比较，从而判定研究者之间是否一致性的方法。在使用观察法、问卷法、访谈法、测验法、实验法等研究方法进行的研究中，都可以使用此种方法评判观察者、评定者或记分者之间的信度。

二、效度

研究的效度是指研究在揭示所研究内容的本质或其规律方面的准确、客观、科学程度，或者说研究结果符合客观实际的程度。研究必须有效才有意义，所以，职业教育科学研究设计要以研究的效度为前提，并作为评价研究设计与结果的基本标准。

1.内部效度

研究的内部效度是指在研究的自变量与因变量之间存在一定关系的明确程度。如果自变量和因变量之间关系并不会由于其他变量的存在而受到影响，从而变得模糊不清或复杂化，那么这项研究就具有内部效度。它所涉及的问题是：

（1）所研究的两个或多个变量之间是否存在一定的关系？

（2）是否确实是自变量的变化引起了因变量的变化？

研究设计要对可能涉及的各种变量进行有效的控制与消除，使与研究目标无关的变量对研究结果的影响很小或没有影响，因而，研究变量（如自变量与因变量）之间的关系是确定的和真实的，意味着一项研究的内部效度高。

影响内部效度的因素比较多，归纳起来，主要有历史、研究被试、研究手段方法和程序、统计回归效应四方面因素。这些因素，都是在研究中应特别注意控制的，最有效的途径是采用随机化程序。对于职业教育科学研究的各种具体情况（例如不同的研究活动），影响内部效度的因素种类、数量、作用大小会有一定的差别，应该根据具体情况加以分析、预估、识别，并采取适当措施予以控制或消除，以提高研究的内部效度。内部效度的获得，主要是通过研究设计，认真细致地选择变量，切实控制好各种变量，保证研究变量之间的确定关系，消除与研究目标无关的变量对研究结果的影响。

2.外部效度

研究的外部效度是指研究结果能够一般化和普遍适用到样本来自的总体和到其他的总体中的程度，即研究结果和变量条件、时间和背景的代表性和普遍适用性。外部效度可以细分为总体效度和生态效度两类。

（1）总体效度指研究结果能够适应于研究样本来自的总体的程度与能力，或说对总体的普遍意义。要使研究结果适用于总体，就必须从总体中随机选取样本，使样本对总体具有代表性。如果研究所选样本有偏差或数量太小，不足以代表总体，其结果就难以对总体特征进行概括。

（2）生态效度是指研究结果可以被概括化和适应于其他研究条件和情景的程度和能力。要使研究结果能够适用于其他研究条件和情景（例如，自变量与因变量、研究程序、研究背景、研究时间和研究者等方面的不同），就必须特别设计研究条件与情景，保证对其他条件、情景有代表性。

一般认为，内部效度是外部效度的必要条件，但不是充分条件。内部效度低的研究结果就谈不上对其他情景的普遍意义；可是内部效度高的研究，其结果却不一定能够一般化到其他总体和背景中去。职业教育科学研究的重要意义是要发现教育活动的普遍规律，指导教育工作的开展。因此，提高研究结果的外部效度十分重要。一项研究的内部效度再高，如果其结果仅适应于特定的范围、特定的测量工具、特定研究程序和特定的研究条件等，那么，从获取一般知识和揭示普遍规律的角度来看，其价值、意义不大。因此，研究的外部效度与内部效度在重要性上毫不逊色。

影响外部效度的因素主要有四个方面：研究被试方面、变量的定义和测试方面、研究手段和程序方面、实验者方面。上述四方面因素，有时单独存在，有时同时存在若干方面的影响。要提高研究的外部效度，必须注意在研究中消除和控制上述各种影响因素。外部效度的要求是研究能够符合客观情况，适用于更大的总体。其中，关键的一环就是做好取样工作。取样工作不但包括被试的取样，而且包括有代表性的研究背景（工作场所、学校、家庭、实验室）、研究工具、研究程序和时间等的选择。取样的背景与实际情景越接近，研究结果的可用性、适用性、推广性就越强。一般来说，随机取样，提高模拟现实情景的程度，采用多种相关的研究方法，变化研究条件寻求具有普遍意义的结论，是获得外部效度、提高研究结果可应用性的重要条件。

3. 统计结论效度

统计结论效度是关于研究的数据分析处理程序的效度检验，或者说，它是检验研究结果的数据分析程序与方法的有效性的指标。统计结论效度的基本问题是研究误差、变异来源与如何适当地运用统计显著性检验，它不涉及系统性偏差的来源问题，而是研究误差变异情况和如何适当运用统计显著性检验的问题。例如，采用小样本的研究数据时，由于样本成分与测量数据波动比较大，稳定性差，所以依赖统计显著性水平做出推论是不可靠的。在这种情况下，应该运用功效分析，看看一定的样本范围、变异程度和 α 水平上能够检验出多大的效应。这就是统计结论效度所考虑的问题。

影响统计结论效度的因素主要有三个方面：统计功效低、违反统计方法的使用条件、测量信度低。研究的统计结论效度主要取决于两个方面的条件：一是数据的质量，数据分析程序的效度是以数据的质量作为基础的，数据质量差的研究是谈不上统计结论效度的；二是统计检验方法，数据分析中所采用的各种统计方法，都有其明确的统计检验条件的要求，一项研究中统计检验条件不明确或者被违反，就会显著降低统计结论效度。

4. 构思效度

研究的构思效度是指理论构思或假设的合理性、科学性，及其转换为研究目标的恰当程度和可操作性。它涉及建立研究方案和测量指标的理论构思（或观察指标的理论设想）及其操作化等方面的问题，即理论构思及其转换的有效性。为了使研究具有较高的构思效度，研究的理论构思首先要结构严谨、层次分明，形成某种构思网络，其次对研究内容做出严格的抽象与操作性定义（如针对研究构思的特点，给予明确的操作定义）。

影响构思效度的因素主要有三个方面：研究构思方面、研究手段和程序方面、实验者的主观期望和被试者对研究的猜测。使研究具有较高的构思效度，应该满足以下四个条件。

（1）理论构思要结构严谨、符合逻辑、层次分明，形成某种构思网络。例如，将高职学生的自我意识发展分为自我认识、自我体验和自我控制三方面，而自我认识进一步细分为对生理自我的认识、对心理自我的认识和对社会自我的认识。这样的理论构思，就比较严谨、完整，有层次，并且形成一种"网络"，便于理解和研究。

（2）清晰、准确地界定研究的环境条件和变量。例如，"高职学生性行为问题研究"这样一个课题，对研究被试的年龄段，生理智力发展，学习、生活、社会环境等需要明确界定范围，用文字和语言两种形式完整、准确地表述研究变量。

（3）对研究变量做出准确、严格的操作定义，并选择对应、客观的观测指标。

（4）避免采用单一方法或单一指标去代表或分析多维的、多层次的、多侧面的事物和活动，尽可能采用多种方法、多种指标，从不同角度分析研究相同的理论构思。

职业教育科学研究常常包含着复杂的、多维度的理论构思，如何提高研究的构思效度是进行研究设计时需要加以特别重视的问题，也是提高职业教育科学研究水平的重要内容。

5. 研究信度与研究效度的关系

信度和效度是任何一种教育科学研究的两个相互关联的重要标准。信度是研究结果所显示的一致性、稳定性程度，也是对研究结果一致性和稳定性的评价标准。一个具有信度的研究程序，不论其过程由谁操作，或进行多少次同样的操作,其结果总是非常一致的。效度是一个研究程序的性质和功能,也是对研究结果正确性的评价标准,一个有效度的研究程序,不仅能够明确地回答研究的问题和解释研究结果,还能够保证研究结果在一定规模的领域中推广。把两者的作用结合起来看,信度和效度是一项教育科学研究的活动和结果具有科学价值和意义的保证。研究的信度是研究的效度的一个必要的前提,没有信度,效度不可能单独存在,也就是说,一项研究不可能没有信度却具有效度。

信度对于效度是必要条件,但不是充分条件,有信度不保证一定有效度,一个可靠的研究程序并不证明内容一定有效,而一个有效度的研究一定是一个有信度的研究。有效度必定有信度,效度高,信度必定也高,因为不可能存在唯有效度而没有信度的情况。信度是为效度服务的,因而效度是信度的目的;效度不能脱离信度单独存在,所以信度是效度的基础。

明确研究变量、拟定具体的研究指标、选择指标的测量水平,直接关系到研究的信度、内部效度和外部效度,需要在进行研究设计时予以认真、周密的考虑和采取相应的措施。

三、研究变量的设计

1. 研究变量

研究的变量是指某一群体,其组成成分间在性质、数量上可以变化,可操纵或测量的条件、现象或事物的特征。如一群学生,可以有学业、成绩、智力、动机、兴趣等不同的特征,这些特征就是变量(或称维度、因子、分类标准)。

一个具体的职业教育研究课题,往往涉及多个变量及其相互关系,即多因多果。因此,在确定研究计划时必须依据研究目的,详细列出研究所涉及的所有变量,并加以具体确定和认真选择。变量依其相互关系可分为自变量、因变量和控制变量。

(1)自变量是由研究者主动操纵而变化的变量,是能独立地变化并引起因变量变化的条件、因素或条件的组合。比如在学习内容、教学方法、惩罚方式、学习次数、活动方式等方面研究者采取的变革措施。

(2)因变量是由自变量的变化引起被试行为或者有关因素、特征的相应反应的变量,它是研究中需要观测的指标。

(3)控制变量是与某特定研究目标无关的非研究变量,也叫无关变量。由于它对研究结果将产生影响,所以需要在研究过程中加以控制。

研究者在考虑研究计划时,首先要对该研究中自变量和因变量将呈现什么样的关系进行初步判断。要根据研究目的确定研究的变量,考虑研究变量的性质特点和相互关系。

第一种是相关关系。是正相关,还是负相关,还是零相关(自变量单位的每一次增进都不伴随反应数量的恒定变化）。

第二种是因果关系。

第三种是预测关系。即依据已知的客观事实、科学理论、科学方法，能探索和推测未来的发展趋势。

2.选择自变量

根据研究类型确定操纵性自变量和非操纵性自变量，并确定自变量数目和水平。

所谓操纵性自变量，是指研究者可以主动加以操作的变量；而非操纵性自变量则是研究者无法主动加以操作的变量，如被试的年龄、性别、社会经济地位、家庭结构、父母职业等。对二者加以区分的重要意义在于：研究者必须明确所要操纵的自变量，即要变革的措施，它反映的正是一个教育研究的性质特点。选择和操纵自变量，主要问题还在于要防止自变量的混淆以及保持自变量的单纯性。也就是说，在研究中，自变量变化时，不能改变其自身的性质，如果与无关变量混淆，那么就会使观测的因变量变化不可靠，得不到科学的研究结论。例如，进行一种专业教材实验，必须让实验班自始至终坚持使用实验教材，对比班要坚持使用对比教材，不能使二者混淆或穿插使用其他教材。因为如果混合了教材进行实验，其结果将无法说明实验教材的优劣。这里需要说明的，是在教育实验中的复合自变量问题。有时研究者有意使用一个复合的自变量，其中包括许多彼此不同自变量。如某职业学院发现本校化工专业学生操作技能低于国家规定的技能标准，因此进行了一项研究，对这个专业的一半学生继续按过去的方法进行教学，对另一半学生用新方法教学，如使用新教材、奖励进步、采用新教法及程序学习机器等，然后对结果进行对比分析。如果这套措施影响了学生技能水平，显然不能鉴别出在几个自变量中，究竟是哪一个起主要作用，也不能估计"霍桑效应"。

在这一研究中，使用的是一个复合的自变量。对于解决实际问题可能有用，也可能有助于在教育问题上采取某些措施，它仍然是教育研究，因为是研究者有意选用的，不能斥为不合规格。如果长远目标是要进行科学分析研究，那么就要精心设计研究程序，逐个地、单独地考察每一个认定的自变量所起的作用，辨别什么是关键性的成分，把复杂的动因中的每一个可分的自变量验明出来，同时分析各因素的组合优化问题。

3.确定因变量

研究中由于自变量的变化引起相应的变化因素可能是很多的，因此，在研究中要确定哪些是我们感兴趣的因变量的变化。例如，关于发展高职生主体性的研究，因变量内容可涉及高职生主体性的发展、教师教育观念的转变、优化育人环境、构建主体性发展理论等。考虑时尽可能全面、完整且有重点。选择、确定研究变量的工作,主要包括以下几个方面。

第一,分析、确定研究的变量的性质和特点。例如,通过分析,确定研究变量之间是因果关系还是相关关系,它们分别是主体变量还是客体变量,是直接测量变量还是间接测量变量,等等。

第二,辨明无关变量。明确研究变量的过程也是辨明无关变量的过程。对于无关变量,不仅要认真分析,考虑哪些无变量可能对研究结果无影响,哪些可能有影响,而且对那些有影响的,还需要考虑如何在研究过程中加以控制的措施。

第三,确定研究变量的数目。不同的教育科学研究所含的变量数目是不同的,一般来说,问卷法、观察法、访谈法所探讨的变量数目比实验研究的多。但是,即使在实验研究中,也包含了多种变量和有关的因素。选择研究变量时,需要根据研究目标和研究条件,客观地确定研究变量的数目,并列出研究变量表。

第四,考虑变量的测量水平。研究变量的测量可在不同水平进行。对于不同的研究变量,其测量水平可能是不同的。有的在多级水平上进行测量,有的却只能在某一水平上进行测量。考虑研究变量的测量水平,应该将研究变量的性质、可以选用的测量工具的性质、拟采用的分析数据的统计方法等结合做整体的考虑。

四、研究指标的设计

设计研究指标应当注意遵循下述原则。

1. 以理论假设为指导

设计研究指标,收集有关数据与资料,目的在于检验研究提出的理论假设,因此,研究指标必须支持理论假设的内容。在研究中,应当重视理论对设计研究指标的指导作用,克服主观、随意罗列指标的做法。指标设计工作常采用演绎方法,由理论假设到研究目标,从研究目标到研究变量,再由研究变量到研究指标。研究指标设计的过程,实际上是一个由"研究假设→研究目标→研究变量→研究指标"的分解过程。设计时,应首先明确理论构思与假设,然后确定研究目标,弄清所涉及的各种研究变量,最后根据这些变量的客观要求,来制定收集实际数据与资料的指标,并由此构成一个有内在逻辑联系的、完整的研究指标体系。

2. 完整性

在职业教育科学研究中,设计研究指标时,要注意使指标能全面、完整地反映理论假设与研究变量的主要维度。比如,用自陈问卷法了解被试自尊心的强弱,所选的几个指标(即项目)应当能较全面地代表研究对象在实际生活中自尊心的一般、典型、有代表性的表现情况。了解学习环境或状况,所设计项目应当能反映实际学习环境的各种状况。贯彻整性原则的方法是,注意从理论和实际两个方面分析研究变量的各个测量维度,检查所设计指标是否具有完备性、互斥性,保证既完备无残缺、没有遗漏,又不互相交叉、不互相重复。

3.简明、可行性

研究指标不是越多越好,更不是越复杂越好。复杂、繁多的研究指标,不但增加数据收集与分析的工作量,而且还可能影响研究完成的质量。在设计研究指标时,应尽可能删去一切不必要的多余指标,注意使研究指标简化。在实际研究过程中,所设计指标的可行性,是特别需要考虑的问题。有的研究指标虽然简单、明了,但被试由于种种原因可能不知道如何准确回答,或不愿意如实回答。在这种情况下如强求被试回答,所得结果可能是不真实的。在实际研究工作中,研究者可通过理论分析、自己或他人以前的有关研究、日常生活经验、预试等方法来制定所设计的研究指标的可行性。

4.使用操作定义

使用操作定义明确的表述研究指标,保证它能够被观察、测量和重复操作。

五、操作定义设计的基本方法

1.方法与程序描述法

方法与程序描述法是通过描述特定的方法或操作程序来定义变量的方法。在职业教育科学研究中,特别是在实验研究中,研究者常常要采用一定方法或程序去引起拟研究现象或状态的发生。如通过一定方法或程序使被试产生挫折、紧张、焦虑状态。在这种情况下,设计操作定义的关键不是对挫折、紧张、焦虑等心理状态本身做出描述,而是要创造或找到一种能引起上述状态的特定方法或程序。也就是说,按照特定方法或程序去操作,就可以保证某种拟研究现象或状态的产生和存在。例如,“挫折”在操作上可以定义为:通过阻碍一个人达到其渴望的、近在咫尺的目标,而使该个体所发生的一种心理状态;“饥饿”在操作上可以定义为:剥夺个体进食 24 小时后个体存在的状态。

2.动态特征描述法

动态特征描述法是通过描述客体或事物所具有的动态特征,来给变量下操作定义的一种方法。在职业教育科学研究中,作为主要研究对象的人,具有许许多多的动态特征,并通过行为客观地表现出来,因此,动态特征描述法在设计操作定义时应用得比较普通。例如,按照此方法,“一个体格健壮的人”的操作定义为“举起 100 千克杠铃、连续长跑 15 千米、跳高 1.7 米、游泳横穿长江、一年四季从不生病……”的人。在研究师生关系时,要回答“学生是喜爱命令型教师,还是喜欢非命令型教师”的问题,就需要用动态特征描述法给“命令型教师”与“非命令型教师”两个概念做出明确的操作定义,具体说明这两种类型的教师在实际教育工作中的各种行为表现。

3.静态特征描述法

静态特征描述法是通过描述客体或事物所具有的静态特征,来给变量下操作定义的一种方法。在职业教育科学研究中,研究者常采用静态特征描述法,通过描述客体或事物的静态构造性质、内在品质和特征等,来给变量下操作定义。该方法与动态特征描述法的区别在于,动态特征描述法主要描述客体或事物所具有的能动的、动态的行为表现,侧重过程,而静态特征描述法则主要描述客体或事物所已经具备的静态特征和内在性质,侧重结果。例如,按照此方法,在操作上可将"一个聪明的人"定义为知识渊博、词汇丰富、运算技能熟练、记忆东西多的人,或用思维品质的深刻性、独创性、批判性、新颖性、敏捷性、灵活性来定义。静态特征描述法适用于采用问卷、测验等方法进行的研究中,可以用来定义各种类型的变量。许多测验量表、研究问卷中的具体问题、项目的陈述,都是按照这种方法设计的。

六、无关变量的控制

1.无关变量的两种影响

无关变量可以引起"研究结果不准确、研究结果的不一致",二者通称为研究误差。误差分为随机误差和系统误差。

随机误差又叫可变误差,是由偶然、随机的无关变量引起的。因为其方向和大小的变化完全是随机的、无规律的,所以较难控制。它可以造成对同一事物、现象或特征的多次测量与研究的结果不一致。随机误差同时影响研究结果的准确性和研究结果的一致性,所以既影响研究的效度,又影响信度。

系统误差又叫常定误差,是由常定的、有规律的无关变量引起的。它稳定地存在于每一次测量和研究结果之中,可以造成对同一事物、现象或特征的多次测量与研究的结果虽然一致却不准确,其方向和大小的变化是恒定而有规律的。系统误差只影响研究结果的准确性,但不影响研究结果的一致性,所以只影响研究的效度,但不影响信度。

2.控制无关变量的方法

控制无关变量的方法,主要有三种:消除法、恒定法、平衡法。

消除法是通过采取一定措施,将影响研究结果的各种无关变量消除掉。它是控制无关变量的理想方法和基本方法。消除无关变量的方法多种多样,根据无关变量产生的原因的不同而有所不同。恒定法是采取一定措施,使某些无关变量在整个研究过程中保持恒定不变。它也是一种基本方法。平衡法就是对某些不能被消除,又不能或不便被恒定的无关变量,通过采取某些综合平衡的措施或方式,使其影响通过平衡而抵消,达到控制它们的方法。平衡法主要采用对比组方法和循环法。

第四章 查阅文献

查阅文献主要指收集和分析研究各种现存的有关职业教育文献资料,从中选取信息,以达到某种调查研究目的。

第一节 查阅文献的意义和特点

一、查阅文献的意义

(1) 有利于选定研究课题和确定研究方向。查阅文献有利于全面、正确地掌握所要研究问题的情况、现状,最大限度地利用已有的知识经验和科研成果,帮助职业教育研究者选定研究课题和确定研究方向。

(2) 有利于提高研究效益。对一个研究问题,前人可能已有深入探讨。只有通过对相关文献的充分阅览,才能了解研究问题的发展动态,把握需要研究的内容,吸取前人研究的经验教训,避免重复前人已经做过的研究,避免重蹈前人失败的覆辙。

(3) 可以澄清研究问题并界定变量。一个研究问题可能会涉及许多可供探讨的变量,但不是所有的变量都值得研究。如果研究者广泛阅览有关文献,那么就能从理论或实践的角度,审视各个变量的价值,从而做出取舍。文献检索可以了解问题的分歧所在,进一步确定研究问题的性质和研究范围。检索阅览文献除了可以借鉴他人的研究成果,获得研究问题的背景外,还可以在有关文献中找到研究变量的参考定义,发现变量之间的联系,澄清研究问题。

(4) 有利于节约工作时间。有调查显示,科研人员的一半以上时间精力都用在资料、文献检索方面。美国科学基金会凯斯工学院基金委员会与日本国家统计局对研究人员的全部工作时间分配有个统计数据,一个科研人员的时间分配为:查找资料 50.9%,实验 32.1%,计划思考 7.7%,数据处理 9.3%。

二、文献的概念

文献是记录有知识的一切载体。知识、载体和记录构成了文献的三个要素。知识是"人们在社会实践中积累起来的经验",反映文献的信息内容,它是文献的组成部分;载体是文献的外部形式,它是知识的包装或运载方式,是通过记录形成的物质实体;记录是文献的一种人工编码,通过书写、刻印及光电、磁等技术手段生成各种含文献内容的标识符号,形成多种媒体的文献类型。

三、职业教育文献的种类

职业教育研究文献的内容多种多样,按其性质、内容加工方式、用途大致可分为零次文献、一次文献、二次文献和三次文献,或称为零级、一级、二级、三级文献等多种类型。

(1)零次文献。零次文献即曾经历过特别事件或行为的人撰写的目击描述或使用其他方式的实况记录,是未经发表和有意识处理的最原始的资料。也可视为第一手文献,这类职业教育研究文献包括未发表付印的书信、手稿、草稿和各种原始记录。

(2)一次文献。一次文献也称原始文献,一般指直接记录事件经过、研究成果、新知识、新技术的专著、论文、调查报告等文献。

(3)二次文献。二次文献又称检索性文献,是指对一次文献进行加工整理,包括著录其文献特征、摘录其内容要点,并按照一定方法编排成系统的便于查找的文献。

(4)三次文献。三次文献也称参考性文献。三次文献是在利用二次文献检索的基础上,对一次文献进行系统的整理并概括论述的文献。此类文献不同于一次文献的原始性,也不同于二次文献的客观报道性,但具有主观综合的性质。

四、职业教育文献发展的特点

(1)数量大。据统计,目前全世界每年出版各种文献总量约 12 000 万(1.2 亿)册,平均每天出版文献约 32 万件。职业教育发展很快,职业教育文献数量巨大。

(2)类型多。职业教育文献除传统的印刷型以外,还有声像型、缩微型、电子型等。特别是随着信息技术的发展,职业教育文献向电子化、网络化和数字化方向发展。数字图书馆是一种新型的知识和信息存储、使用、运行模式。与传统的图书馆藏书不同,它将浩如烟海的各种形式的文献资料加以数字化处理,并使之流动于全球信息网络;它与网络上的信息资源有区别,即经过分类编辑、整理、加工成有序的文献资源。到目前为止,科技文献涉及的文种约有 80 余个。其中,以英文文献为主,英文文献占全世界文献量的 2/3,德、俄、法、日、西班牙及中文文献各占有一定的比例。

（3）内容散。现代科学的综合交叉与彼此渗透使得职业教育文献重复发表的现象越来越多。一是同一内容的文献以不同形式出版；二是文献的分布呈现出既集中又分散的不均匀现象,即相当数量的专业论文相对集中刊载在少量的专业期刊中,其余数量的专业论文却高度分散刊载在大量的非专业期刊中。

（4）更新快。职业教育文献信息更新周期缩短,交流传播速度加快。20 世纪 90 年代以来,以计算机网络为媒介的电子信息传播交流速度之快更是惊人。可以说,从网络上获取文献信息,几乎没有时间和地域的差别。西方学术界普遍认为,80%～95% 的科技文献的使用寿命为 5～7 年。我国研究认为,中文文献平均半衰期（注：半衰期是一种表示文献老化速度的概念,指某学科的文献从出版到有 50% 的内容因老化而失去参考价值所经历的时间）为 4.8～7.7 年,最短的只有 3 年。

第二节　文献的收集与整理

一、文献的收集

1.收集文献的渠道

收集研究文献的渠道多种多样,文献的类别不同,其所需的收集渠道也不尽相同。收集职业教育科学研究文献的主要渠道有图书馆,档案馆,博物馆,社会、科学、教育事业单位或机构,学术会议、个人交往和计算机互联网。

2.收集文献的方式

文献法的实际运用通常是在选定课题方向或选定课题后,根据需要进行检索确定查找文献的范围和深度。收集研究文献的方式主要有两种：检索工具查找方式和参考文献查找方式。检索工具查找方式指利用现成（或已有）的检索工具查找文献资料。现成的工具可以分为手工检索工具和计算机检索工具两种。手工检索工具主要有目录卡片、目录索引和文摘。参考文献查找方式又称追溯查找方式,即根据作者文章和书后所列的参考文献目录去追踪查找有关文献。每一个研究课题都需要汇集、积累一定的文献资料,而每一个课题的研究过程同时是一个新文献资料的积累过程。随着信息技术的发展,计算机检索成为主要的检索方式。

3.积累文献的一般过程

一般情况下,积累文献可先从那些就近的、容易找到的材料着手,再根据研究的需要,陆续寻找那些分散在各处、不易得到的资料。积累文献是一个较为漫长的过程,为了使整个过程进行得更有效,可以根据实际情况分为若干阶段进行整理。每一阶段,把手头积累到的文献做一些初步的整理,分门别类,以提高下一阶段收集文献的指向性和效率。此外,还可以使用现代教育情报系统的检索方法,在具有相应条件的环境中,快速查找、获取所需要的文献资料。积累文献,不只是在有了具体的研究任务以后才需要做,更重要的是在平时经常注意积累和收集各种文献资料,养成习惯,持之以恒。

4.积累文献的方式

可以通过做卡片、写读书摘要、做笔记等方式,有重点地采集文献中与自己研究课题相关的部分。常用的卡片有目录卡、内容提要卡、文摘卡三种形式。写读书摘记与读书笔记既是积累文献的方法,又在某种意义上是制作文献的方法。在读书摘记和笔记中渗透了更多的制作者的思维活动,它有时是第二手文献的构成部分,有时又是新的第一手文献的创造过程,在研究过程中形成的"半成品"。读书摘记以摘记文献资料的主要观点为任务。因不受篇幅限制,它比卡片式的内容提要详细得多。研究者在读到一些较有价值的文献,或者读到一些在主要观点和总体结构上很有启发的资料时,就可采用读书摘记的方式,把其主要观点和结构的框架摘记下来。总起来说,摘记的重点在"摘记",不在于"评价"。与摘记不同,读书笔记的重点在"评"。评论的方式有总评、分章节评和重点选评。写得好的读书笔记,即能提出新思想和新观点的读书笔记,本身就是一种科研成果。

二、文献的整理

文献的整理是文献法的重要环节和内容。它包括对文献的阅读、记录、鉴别、分类处理和制定文献综述。

1.研究文献的阅读方法

阅读研究文献的方法一般有浏览、粗读和精读三种。这三种阅读方法各有所长和不足,对于职业教育研究工作者阅读分析文献来说,均为非常有用的方法,都应当很好地掌握,并善于在研究过程中综合、灵活地运用。

2.文献的记录

记录就是把通过阅读找到的有价值的资料保留下来,以供进一步分析研究之用。记录可以帮助记忆、锻炼思维、提高文字表达能力,有利于研究新问题。记录研究文献的方法和形式主要有标记与批语式、抄录式、提要式、札记式、综述式。

3.文献的鉴别

鉴别文献真伪的方式分为外审和内审两类。

（1）外审的四种方法：辨别版本真伪、分析该书的语言风格、分析文献的体例、分析文献中的基本观点、思想。外审还可以通过对文献物质载体的物理性质的技术测定来判断文献形成的年代。

（2）内审的四种方法：文字性文献的互证，用真品实物来验证文字性文献，产生文献的历史背景，研究作者的生平、立场与基本思想。

综上所述，无论是外审还是内审，都是通过比较的方法来实现鉴别，目标都是去伪存真，以提高收集到的文献的质量。

4.文献的分类整理

（1）定性分类整理。常用的分类划分方式有三种：一次划分、连续划分、二分法。

（2）分类整理的要求。一是不能以今天的观点甚至理想来美化或苛求历史性文献中的内容；二是不能随意剪裁史料，来满足预先编制的结论或现成的结论。

三、文献综述

1.文献综述的特征和意义

文献综述是文献综合评述的简称，指在全面收集有关文献资料的基础上，经过归纳整理、分析鉴别，对一定时期内某个学科专业或专题的研究成果和进展进行系统、全面的叙述和评论。综述分为综合性的和专题性的两种形式。综合性的综述是针对某个学科或专业的，而专题性的综述则是针对某个研究问题或研究方法、手段的。文献综述的特征是依据对过去和现在研究成果的深入分析，指出目前的水平、动态、应当解决的问题和未来的发展方向，提出自己的观点、意见和建议。并依据有关理论、研究条件和实际需要等，对各种研究成果进行评述，为当前的研究提供基础或条件。对于职业教育具体科研工作而言，一个成功的文献综述，能够以其严密的分析评价和有根据的趋势预测，为新课题的确立提供强有力的支持和论证。在某种意义上，它起着总结过去、指导提出新课题和推动理论与实践新发展的作用。文献综述具有内容浓缩化、集中化和系统化的特点，可以节省职业教育工作者阅读专业文献资料的时间和精力，帮助他们迅速地了解到有关专题的历史、进展、存在问题，做好科研定向工作。

2.文献综述的形式与结构

文献综述的内容决定文献的形式和结构。由于课题、材料的占有和资料结构等方面的情况多种多样,很难完全统一或限定各类文献综述的形式和结构。但总体上,文献综述的形式和结构一般可粗略分五个部分:绪言、历史发展、现状分析、趋向预测和建议、参考文献目录。

3.文献综述的基本要求

(1)搜集文献应当客观、全面。

(2)材料与评论要协调、一致。

(3)针对性强。

(4)提纲挈领,突出重点。

(5)适当使用统计图表。

(6)不能混淆文献中的观点和作者个人的思想。

四、文献检索方法举例

1.如何使用图书馆检索出与你的研究直接相关的文献

(1)将论文的标题作为筛选的首选。在文献资料库中或论文本身的开始部分可以找到论文标题,仅仅依靠这些标题,可以排除没有直接关系的大约90%的论文。

(2)使用论文摘要作为第二个筛选工具。通过阅读摘要来确定论文本身是不是真的与题目有关。

(3)如果在查看了标题和摘要之后,还对一篇论文感兴趣,那就要去相应的杂志上找到这篇论文。建议找回杂志查看具体的论文时,浏览一下杂志上的其他材料,这也常常是有用的。有时整个一本杂志可能都是关于一个特定主题的。在找到的那篇论文的前后或许还会有许多相关的作品。杂志社还常常会在一本杂志上刊出关于某一主题的一系列文章。一旦找到了想要的文章,首先略读一下,特别是要看一下它的引言部分和讨论部分。

(4)仔细阅读论文。在阅读一篇研究论文时,需要留意,一篇论文会习惯性地被编排成标准的、不同的几个部分。

引言。在标题、作者姓名和所属机构、摘要的后面,紧接着的就是论文的第一个主要部分——引言(Introduction)。引言是对这个研究所要调查的问题、研究设想由何而来(是建立在以前文献基础之上的)以及研究的预期(假设)的陈述。引言可以帮助确定这篇文章在研究设想形成方面是否有用。此外,它呈现出来的文献回顾也会提供另外的资源。需要说明的是,引言部分不只是被标为"引言"的部分,还包括指摘要与"方法"之间的部分。

方法。论文的第二个主要部分是方法部分。这一部分详细地告诉你研究是如何做的,它包括哪些人参加了研究、使用了什么材料,接着是确切的研究程序。

可以在以后利用论文的方法部分帮助形成自己研究的方法。

结果。研究论文的第三个主要部分是结果部分。这部分会告诉你研究中发现了什么，常常包含一些统计分析的结果和结果图表。

讨论。研究论文的最后部分是讨论部分。这部分会说明作者对结果所指含义的思考。在这里，作者常常还会讨论其他一些方面的内容，包括其他一些研究的设想或建议，你很可能会从这些建议中得到有关于某一研究主题的研究设想。

参考文献。论文的最后是论文引用的出版物的完整表列，这个表列是按照第一作者的后一个名的字母编排的，它包括作者、题目、发表日期，以及发表这篇文章的杂志或书籍的完整信息。参考文献部分可以较好地为文献检索提供新的关键词或作者姓名。

利用已经查到的论文的参考文献来扩展你的文献检索。尽管这些参考文献列表包括的都是比这一论文发表还要早的"过去的"研究，但它们之中肯定有一些是与个人研究设想有直接关系的，在这种情形下，就可以找到这些有关的文章，并把它们加到收集到的文献列表中去。另外，可以使用文章标题中的新的关键词在文献资料库中进行搜索，而且参考文献中的作者姓名也构成了所愿意研究的那个主题领域中的一个研究者集合，可以在文献据库中输入这些人的名字，查找他们最近发表的研究报告。如果某些人是在5年以前进行这一主题的研究，那么今天他们在继续从事有关研究的概率就比较大。总之，"旧的"参考文献是新的研究的很好的资源。从理论上讲，应该使用过去的参考文献继续追踪新的材料，直到找不到新的研究时为止。

① 分析研究课题。0分析研究课题的主题内容、所属学科，从而析出主题概念，然后确定课题所需查找文献的时间范围、国家范围和文献类型范围。

② 制定检索策略。在分析检索提问的基础上，确定检索的数据库、检索的用词，并明确检索词之间的逻辑关系和查找步骤的科学安排。

③ 选择检索工具。检索工具包括综合性检索工具、专科性检索工具、专题性检索工具、全面性检索工具、单一性检索工具。

④ 确定检索途径。各检索系统都具有许多索引体系（即检索途径），应根据课题需要选择自己熟悉的检索途径。可多途径配合使用。

⑤ 调整检索策略。根据检索过程中出现的各种问题及时调整方案，扩大或缩小检索范围。

⑥ 索取原文。索取原文的方法有选择全文数据库进行查询，含有全文的电子期刊网，图书馆互借、复印等。

2. 以中国知网为例介绍文献查找的过程

（1）使用中国知网的"高级搜索"。

（2）确定关键词。例如"新型职业农民培育"，我们先看它的关键词"职业农民"。

（3）在搜集出来的文献中，根据文献的研究对象及研究问题的明确性、具体性等进行筛选。比如，是选择期刊文献，还是学位论文、会议论文、报纸、文献等其他类别。如果选期刊论文，是默认所有类型，还是选核心期刊；如果是自然科学的，是否保留 SCI，如果是人文社会科学的，是否只保留 CSSCI 这一类等。

（4）根据保留下来的文献进行选题。首先，从期刊论文、学位论文、会议论文等不同类型的论文上来讲，首先我们要保留期刊论文。先看核心期刊里的论文，如果核心期刊里的论文数量不够，那么再去关注普通期刊里的论文；学位论文中要先看博士论文，如果期刊论文加上博士论文的数量还不够，那么再去关注硕士论文。如果期刊论文的数量不够，那么再去关注其他类型的论文，比如我们检索出来的期刊论文只有一两篇，这时可以考虑学位论文和会议论文，考虑专业数据库里的一些内容，甚至是一些政策文件，包括一些印刷版的资料等。另外，我们要搜索篇名，不要搜索主题，如果不够，那么可以再往回倒，比如：搜索篇名之后出来文献很少怎么办？扩大范围，检索主题，再少怎么办？再检索关键词，关键词再少就检索摘要或全文，检索的范围越大，出来的文献就越多，从最少的开始检索，想尽一切办法缩小文献的搜索范围。例如，首先我们要确定它的关键词一定是"职业农民"。通过检索，一共检索出 58 条文献。一般来讲，按照我们讲的步骤，如果用一个关键词检索，检索出的文献在 50 条左右，我们就可以直接分析文献了。如果在这种情况下，检索出来的文献还是好几百条，甚至是上千条，那么只能通过调整关键词来缩小文献范围。因为文献筛选这个过程本身就是你的研究对象、研究问题逐步聚焦的过程。例如，把"新型"加上。加上"新型"后，文献一下就少了 10 条。文献数量控制好之后，就要开始分析和筛选文献了，这时我们要剔除某一类文献，最后保留少量的文献备用。比如《粮食安全视阈下农业适度规模经营与新型职业农民——耦合机制、国际经验与启示》《新常态下新型职业农民培育机理：一个理论分析框架》《农村人口老龄化背景下新型职业农民培育问题研究》等，这些都剔除。那么，根据什么标准、什么原则去筛选文献？根据这些论文的标题所呈现出来的研究对象和研究问题的明确性和具体性，保留文献。比如，《美国培养新型职业农民政策》，这个是比较具体的，因为它的研究对象是一个政策。《我国新型职业农民培育的方向和支持体系建构》，"方向"和"体系"这两个词都太大，不够明确具体，所以我们不要它。《农村合作社组织中新型职业农民胜任素质科学培育机制探究——以黑龙江省为例》，"机制"这个词太大，我们不要它。《精准瞄准 分类培训 按需供给——四川省新津县新型职业农民培训的探索与实践》，四川省一个县的研究范围过小，也不要。另外，像"生存环境""培育机理""职业教育责任""教育管理探索"等都太大，我们也不保留这些文献。《新型职业农民：现状特征、成长路径与政策需求——基于浙江、湖南、四川和安徽的调查》，这篇保留，因为这类文献能够对了解新型职业农民的现状提供一些数据，它是有价值的。《新兴职业农民与家庭农场》，研究对象不明确，也不要它。《我国新型职业农民最有队伍总量与结构的需求估算研究》，这篇保留，它一看就是一篇质量比较高的文献，可以对我们了解新型农民的发展做一个判断。《农科类大学生能成为新型职业农民的主力军吗?》，这属于假问题，属于没事找事型的，因为农科类大学生显然不可能成为新型职业农民的主力军，不保留。《新型职业农民培育的理论阐释、他国经验与创新路径》，这篇保留，因为它既可以给我们提供理论基础，又可以给我们提供国外的一些经验性的材料。《现代农业园区培养新型职业农民的实践与启示》，研究对象不明确，不保留。《中国新型职业农民短缺及其原因分析——基于安徽省寿县的调查》，这篇可留可不留，因为它里面提了一个问题，中国新型职业农民短缺的问题，但是它的调查范围太受限了，只是一个安徽省寿县的调查。《新型职业农民培育：地方政府的角色、困境及出路》，这篇范围太大，新型职业农民培训的需求肯定是假的，因为农民培训本来就是政府提出来的事情，不是农民自己需要的，所以我们判断它是个假问题。《粮食安全视阈下农业适度规模经营与新型职业农民——耦合机制、国际经验与启示》，可要可不要，因为它属于"某某下"的一类文献，不过它的研究问题虽然跟我们的研究问题不完全重合，但是它里面可能有一些国外的资料可供我们参考。为什么一看到国外的东西，我就倾向于把它保留下来？因为我们查的是中文数据库，所以在这种情况下，要特别注意，有国外经验的这种文献能够在一定程度上进行弥补。《城镇化视阈下新型职业农民素质模型构建》，这篇保留，因为它是朝着一个新型职业农民，进一步把自己的研究对象缩小的方向去努力的。通过分析，保留下来的文献只有 7 篇，保留文献的数量要控制在 10 篇，甚至是 5 篇以内，接下来就要根据保留的文献进行选题。现在保留的文献一共有 7 篇，其中有两篇是可要可不要的，所以现在到这一步保留下来的文献都是科学合理的，比较符合文献查找的基本要求，文献查找最明显的一个基本要求就是筛选出来的文献量不能很大，如果文献量很大，那么后面的每一步都很难。

（资料来源：周传虎《高效查找文献的四个步骤》，http://www.360doc.com/content/21/1108/23/60921723_1003356686.shtml)

附录 1

参考文献标准格式

论文发表都要选择学术期刊,学术期刊对论文的格式要求比较严格,特别是参考文献,都有固定的格式。

一、参考文献的类型——详细国家标准

参考文献(即引文出处)的类型以单字母方式标识,具体如下:

M——专著。

C——论文集。

N——报纸文章。

J——期刊文章。

D——学位论文。

R——报告。

对于不属于上述的文献类型,采用字母"Z"标识。

对于英文参考文献,还应注意以下两点。

(1)作者姓名采用"姓在前名在后"原则,具体格式是:姓,名字的首字母. 如:Malcolm Richard Cowley 应为 Cowley, M. R. ,如果有两位作者,第一位作者方式不变,& 之后第二位作者名字的首字母放在前面,姓放在后面,如:Frank Norris 与 Irving Gordon 应为 Norris, F. & I. Gordon. 。

(2)书名、报刊名使用斜体字,如:*Mastering English Literature*,*English Weekly*。

二、参考文献的格式及举例

1. 期刊类

【格式】

[序号]作者.篇名[J].刊名,出版年份,卷号(期号):起止页码.

【举例】

[1]王海粟.浅议会计信息披露模式[J].财政研究,2004,21(1):56-58.

[2]夏鲁惠.高等学校毕业论文教学情况调研报告[J].高等理科教育,2004(1):46-52.

[3] Heider，E. R. & D. C. Oliver. The structure of color space in naming and memory of two languages [J]. *Foreign Language Teaching and Research*，1999，(3)：62-67.

2.图书类

【格式】

[序号]作者.书名[M].出版地：出版社，出版年份：起止页码.

【举例】

[4]葛家澍，林志军.现代西方财务会计理论[M].厦门：厦门大学出版社，2001：42.

[5] Gill，R. Mastering English Literature [M]. *London：Macmillan*，1985：42-45.

3.报纸类

【格式】

[序号]作者.篇名[N].报纸名，出版日期(版次).

【举例】

[6]李大伦.经济全球化的重要性[N].光明日报，1998-12-27(3).

[7] French，W. Between Silences：A Voice from China[N]. *Atlantic Weekly*，1987-8-15(33).

4.论文集

【格式】

[序号]作者.篇名[C].出版地：出版者，出版年份：起始页码.

【举例】

[8]伍蠡甫.西方文论选[C].上海：上海译文出版社，1979：12-17.

[9] Spivak，G. "Can the Subaltern Speak?"[A]. In C. Nelson & L. Grossberg(eds.). Victory in Limbo：Imigism [C]. *Urbana：University of Illinois Press*，1988：271-313.

[10] Almarza，G. G. Student foreign language teacher's knowledge growth [A]. In D. Freeman and J. C. Richards(eds.). Teacher Learning in Language Teaching [C]. *New York：Cambridge University Press*. 1996：50-78.

5.学位论文

【格式】

[序号]作者.篇名[D].出版地：保存者，出版年份：起始页码.

【举例】

[11]张筑生.微分半动力系统的不变集[D].北京：北京大学数学系数学研

究所,1983:1-7.

6.研究报告

【格式】

［序号］作者.篇名［R］.出版地:出版者,出版年份:起始页码.

【举例】

［12］冯西桥.核反应堆压力管道与压力容器的 LBB 分析［R］.北京:清华大学核能技术设计研究院,1997:9-10.

7.条例

【格式】

［序号］颁布单位.条例名称.发布日期.

【举例】

［13］中华人民共和国科学技术委员会.科学技术期刊管理办法［Z］.1991-06-05.

8.译著

【格式】

［序号］原著作者.书名［M］.译者,译.出版地:出版社,出版年份:起止页码.

附录2

职业教育科研工作者常用文献数据库简介

一、常用文献数据库

1. Web of Science

全球领先的跨学科引文数据库,也是 SCI 查询网站。在这个网站可以查询所有被 SCI 收录的期刊、文章等。

网址:

http://apps. webofknowledge. com/UA_GeneralSearch_input. do;jsession-id＝424C6F21B9987BECD575520E09E90412？ product＝UA&search_mode＝GeneralSearch&SID＝5F9YkFWtuhW9MTdkpAq&preferencesSaved＝

2. 学术搜索

号称"站在巨人的肩膀上",将 Google 学术、百度学术、微软学术、Sci-hub、

CNKI、SJR、CINII 等十七种学术搜索网站汇总，点击任意一个网站名称就能跳转至该网站。

网址：https://scholar.chongbuluo.com/

3. Engineering Village

该网站是最权威的工程、应用科学领域文献检索平台。它为科研工作者提供最专业、内容最丰富的工程科学数据库和相应的科技文献检索，以及全球优秀工程科学期刊的全文在线访问服务，它拥有著名的工程索引（Engineering Index）功能。

网址：https://www.engineeringvillage.com/search/quick.url

4. NAMINER

此网站可以进行以主题为目标的搜索。可以通过社交网络、数据挖掘统计出想搜索的话题下面的专家和文章。

网址：https://www.aminer.cn/

5. Semantic scholar

由微软联合创始人 Paul Allen 投资开发的学术搜索引擎，可以智能查找引用。

网址：https://www.semanticscholar.org/

6. 中国知网

主要用于搜索中文文献，中国绝大部分期刊文和博硕士论文能在上面找到。

网址：http://www.cnki.net/

二、ISI 数据库

网址：http://www.isinet.com/journals/

其中 SCI 分为两个版本，其来源期刊的网址分别为：

SCI（Science Citation Index）：

网址：http://www.isinet.com/cgi-bin/jrnlst/jloptions.cgi？PC＝K

SCI-E（Science Citation IndexExpanded）：

网址：http://www.isinet.com/cgi-bin/jrnlst/jloptions.cgi？PC＝D

三、查找期刊影响因子

ISI 提供的 JCR——Journal Citation Reports（期刊引证报告）是期刊评价的重要工具之一，是查找期刊影响因子的权威工具，其包括 5 000 多种国际性自然科学期刊和 1 600 多种国际性社会科学期刊，可以查找每种期刊影响因子

（Impact Factor）、被引总次数（Total Cites）、立即影响指数（Immediacy Index）、文献总数（Articles）、被引半衰期（CitedHalf-life）的数据及排序情况。

网址：http://isi3.isiknowledge.com/portal.cgi

四、检索论文引用情况

（1）在国外期刊上发表论文的被引用情况可以通过美国 ISI 的 Web of Science(SCI 的网络版)检索。其提供每篇文献所引用的所有的参考文献，并提供了引文检索和引文分析评价的功能。

网址：http://isi3.isiknowledge.com

（2）在国内期刊上发表论文的被引情况可以通过"中国科学引文数据库（CSCD）"检索。

网址：http://sdb.csdl.ac.cn/

五、常用于科研评价的国外数据库

常用于科研评价的国外数据库包括：SCI（科学引文索引）、EI（工程索引）、ISTP（科技会议录索引），也被称为三大检索工具。

（1）SCI——Web of Science

网址：http://isi3.isiknowledge.com

（2）EI——Engineering Village2

网址：http://www.engineeringvillage2.org.cn

（3）ISTP——ISI proceedings

网址：http://isi3.isiknowledge.com/portal.cgi

六、常用于科研评价的国内数据库

目前常用来进行科研评价的国内数据库是主要是引文数据库。

（1）中国科学引文数据库（CSCD）

网址：http://www.cscd.ac.cn

（2）中国科技论文与引文数据库（CSTPCD）

网址：http://www.periodicals.net.cn/

（3）中国社会科学引文数据库（CSSCI）

网址：http://cssci.nju.edu.cn/

七、国外学术论文查询

查询国外学位论文可使用 PQDD-BUMI 博硕士论文数据库，利用该网站可查询到最早 1861 年的文献。

网址：http://wwwlib. umi. com/

八、国内学术论文查询

（1）目前可以查询国内博硕士论文摘要的数据库。

① 国家科技图书文献中心的学位论文数据库

网址：http://www. nstl. gov. cn/nstl/

② CALIS 高校学位论文库

网址：http://opac. calis. edu. cn

③ 清华同方—中国优秀博硕士学位论文全文数据库

网址：http://epub. cnki. brief/result. aspx？dbPrefix＝CDMD

（2）可以查询国内博硕士论文全文的数据库。

① 清华同方—中国优秀博硕士学位论文全文数据库

网址：http://www. cnki. net

② 中国科技信息所万永数据集团—中国学位论文库（该数据库主要以科技理工类硕士论文为主）

网址：http://c. wanfangdata. com. cn/Thesis. aspx

第五章　行动研究

行动研究概述

一、行动研究的定义

行动研究作为一个专业术语、一种研究类型,是 20 世纪 40 年代在美国的社会科学研究中开始出现的,由美国社会工作者约翰·考尔和社会心理学家库尔勒·勒温等人提出,50 年代被应用于教育研究之中,后来受到职业教育研究工作者的欢迎,目前已经成为广大职业教育实践工作者从事教育研究的重要形式。

1. 国外学者对行动研究的表述

美国学者库尔勒·勒温:行动研究是将科学研究者与实际工作者之智慧与能力结合起来以解决某一事实的一种方法。

英国著名教育家约翰·埃里奥特:行动研究是对社会情境(包括教育情境)的研究,是从改善社会情境中行动质量的角度来进行研究的一种研究取向。

澳大利亚学者凯米斯:行动研究是由社会情境(包括教育情境)的参加者,为提高对所从事的社会或教育实践的理性认识,为加深对实践活动及其依赖的背景的理解,而进行的反思研究。

英国学者艾略特将其定义为:行动研究是对社会情境的研究,是从改善社会情境中行动质量的角度来进行研究的一种研究取向。

《国际教育百科全书》将"行动研究"定义为:由社会情境(教育情境)的参与者为提高对所从事的社会或教育实践的理性认识,为加深对实践活动及其依赖的背景的理解所进行的反思研究。

2. 我国学者对行动研究的表述

(1) 行动研究是指在自然、真实的教育环境中,教育实际工作者按照一定的操作程序,综合运用多种研究方法与技术,以解决教育实际问题为首要目标的一种研究模式。

(2)行动研究是指职业教育工作者在教育教学实践中基于实际问题解决的需要,与专家合作,将问题发展成研究主题进行系统的研究,以解决问题为目的的一种研究方法。

(3)行动研究泛指以实践中的实践者为主体,以实践者在实践中遇到的问题为课题,并在实践中解决实践问题的一种研究活动。

3.行动研究内涵

(1)行动研究以提高行动质量、改进实际工作、解决实际问题为首要目标。

(2)行动研究要求行动者与研究者积极反思,研究者要深入实际,参与实践,要求行动者与参与者在研究和实际工作中的相互协作。

(3)行动研究强调行动与研究结合,强调行动过程与研究过程的结合。

(4)行动研究所处的环境是自然、真实、动态的工作环境。

(5)行动研究的结果主要是解决问题,使现状得以改进,使实际工作人员的工作水平得以提高。

(6)行动研究讲究根据问题的需要,综合运用研究方法,得出研究结论。

无论学者对行动研究的表述如何,行动研究是一种适应小范围内教育改革的探索性的研究方法,其目的不在于建立理论、归纳规律,而是针对教育活动和教育实践中的问题,在行动研究中不断地探索、改进和解决教育实际问题。职业院校科研的主要类型应该是基于行动研究的研究。这与以知识生产和创新为主要目的的研究型大学有着根本不同。由于职业教育行动研究的主体是教师,因而行动研究能够将改革行动与研究工作相结合,与职业教育实践的具体改革行动紧密相连。

二、行动研究的特点

1.实践性

行动研究的目的是解决职业教育教学实践中所存在的实际问题。行动研究所关注的主要是教育决策者、学校校长、教师们所面临的亟待解决的决策、管理、教学实际问题,比如教学改革、教学方法、课堂教学、学习策略、评价方法、教师培训等。将各种职业教育实际问题发展成研究课题,主动吸收并利用各种有利于解决问题的经验、知识、方法、技术,通过实施行动研究干预,使问题得到解决。

2.合作性

行动研究针对的是实践的活动,倡导理论研究人员与职业院校教师的合作,或教师群体内部的合作。理论研究者要深入实践第一线,作为教育实践者,教师同时成为自己实践情境的研究者。因此,行动研究是理论与实践的结合,是行动与研究的结合,是研究者与实践者的结合。所以,只有实践者或实践者群体才能进入行动研究过程。它要求实际工作者参与研究,要求理论研究者参与实践,使实际工作过程成为研究过程。行动研究在解决问题的过程中,为实践者与理论研究者共同参与研究和工作,并实现彼此的结合提供了结合点。这自然就需要实践者的密切配合、自由交流与共同协作。这样做,有利于完成各自的角色转换,共同组织起来,相互尊重,民主合作,成为一个优势互补、协调合作的科学研究群体,能够发挥出群体的整体效应。

3. 反思性

行动研究缘起于教育实践中的某一实际问题,终止于该问题的解决。在研究实施的过程中,研究的参与者需要通过信息反馈,不断调整研究计划,改进行动措施,直至符合实际情境需要,达成实际问题解决。实际上,任何一个实际问题的解决,通常都不会是一步行动所能完成的,往往要经过计划的不断修改和行动的逐步改善。这才是行动研究中"行动"的意义。

4. 自然情境

行动研究的环境是自然、真实的、动态的工作情境。自然情境是行动研究的对象,一所学校、一个班级便是它的"实验室",它所解决的是这个环境中的问题,并力求改善这个环境。行动研究必须且只能在问题产生的自然情境中进行。只有如此,才能通过现场的研究发现问题,诊断问题,提出解决问题的改革措施并付诸行动,才能不断地通过多种方式手段来监察行动的效果,也才能通过及时反馈对行动和计划做出调整,以达到改革的目标。所以,有人将行动研究叫作现场研究。

行动研究的上述特点,使它在职业教育的研究中显现出独特的价值,成为适用范围十分广泛的研究方法。应该强调的是,在我们对行动研究进行考察、研究和运用时,必须持有一种历史的、发展的、变化的观点,坚持科学的态度,既善于学习已有的科学方法和方法论思想,又决不把任何一种方法和方法论思想绝对化。行动研究在其发展过程中也表现出自己的局限性,值得反思与检讨。人们对行动研究局限性的批评,概括起来有以下几点。

(1) 行动研究的研究质量不高,难以将研究结果推广应用。理由是:研究中容易忽视计划性、系统性和控制变量的作用。

(2) 行动研究参与者以实际工作者为主体,这些人在思想观念、研究能力以及研究的时间等多方面受到限制。

(3) 行动研究的对象不是完全可控的,它是在行动中研究"行动",常常要随着行动的变化而不断地调整方案,因而难度大,研究者不易把握研究进程和研究方向。

（4）行动研究的效果是由参与者自己评价判断，因而难于客观地诊断问题。

三、行动研究的类型和适用范围

（一）行动研究的类型

行动研究的类型主要有两种，一种是独立进行的行动研究，另一种是联合性的行动研究。分为三个层次，分别为个体研究、小组研究、群体研究。

1. 个体研究

这种类型是指某一位教师或行政人员针对自己在职业教育工作中所遇到的亟须解决的问题而展开的教育研究。其中，参加的研究人员是个人，所研究的实践问题仅限于个人工作的实际范围，如某学科教学方法的改革，或将自己的新的教学观点付诸行动等。这种研究类型便于职业教育实际工作者紧密结合实际，及时开展有针对性的研究，并取得职业教育教学改革的实效。

2. 小组研究

这种类型的研究是指学校内若干教师或行政人员自愿组成研究小组，围绕实际工作中共同关心的问题开展研究与改革的探索。这种研究强调小组成员之间的合作与协调，注重发挥小组的集体力量和智慧，也可以请专家进行指导，以克服个人研究的局限性。

3. 群体研究

这种类型的研究是由一定的地区或学校的领导、教师和教育研究的专家共同组成研究队伍，根据教育实际开展专题或综合性的合作研究。这是行动研究中较为理想的研究类型，对教育改革具有重要的意义。群体研究有利于把具有不同能力、不同素养、不同专业、不同知识和不同经验背景的教师、行政人员和专家组成一个有机整体；有利于形成浓厚的研究氛围，促进专家和教育实际工作者的广泛合作；有利于群体围绕共同关心的问题，从多角度进行探索；有利于教育理论与教育实践的结合。当然，群体研究问题常会遇到一些困难，如主攻方向不易明确，宏观调控比较困难，成员之间的关系需要协调等。解决这些问题的关键在于科学研究群体的优化组合。

（二）行动研究的适用范围

行动研究主要适用于职业教育实际问题而不是理论问题的研究，适用于中小规模而不是宏观的实际研究。具体表现为：课堂教学研究将改革措施实施于教学过程；对课程进行中小规模的改革研究；为教师职业技能训练提供新的技术和方法；学校管理评价；对已确诊的问题施行改革措施，如困难学生的教育措施、不良心理行为的矫正、环境因素的变革等。职业院校开展科研的主要目的不在于创造知识、创新技术,而是为教学服务、为管理服务。行动研究是一种适应小范围内教育改革的探索性的研究方法,其目的不在于建立理论、归纳规律,而是针对教育活动和教育实践中的问题,在行动研究中不断地探索、改进和解决教育实际问题。行动研究将改革行动与研究工作相结合,与教育实践的具体改革行动紧密相连。高等职业教育人才培养目标决定其必须在开放的环境下进行。加强与企业、行业、社区等的联系,并与它们展开合作,共同培养特定工作岗位和职业群需要的应用型人才是高等职业教育的内在要求。在这一人才培养过程中,不断提高社会服务质量,是高职院校提升自身吸引力、与外界增加联系以及整合社会资源的重要手段。这些社会服务包括企业员工的职前和在职培训、对中小企业提供技术咨询服务以及与部分企业合作建立研发基地等。

第二节 行动研究的实施模式与基本步骤

一、实施模式

关于行动研究程序的建议,卢因提出的"螺旋循环"模式影响最大。

1.卢因模式

卢因行动研究模式如图 5-1 所示。

图 5-1 卢因行动研究模式

2.循环模式

循环模式如图 5-2 所示。

3.埃巴特的教育行动研究模式

埃巴特认为,循环模式没有能够把行动研究的整个过程如实地、恰当地表现出来。埃巴特的一般操作程序又有三个方面的发展。第一,允许基本设想的游移变更。即研究者不仅可以逐步深入地认识到实际情况,修改总体计划,而且可以更改研究的课题。第二,监督行动的全过程。为了更准确、及时地掌握有关行动的信息,以便为反思和评价提供更丰富的第一手资料,行动研究逐渐从强调观察行动的后果,推延到重视监督行动的全过程,监督的内容包括行动者主观态

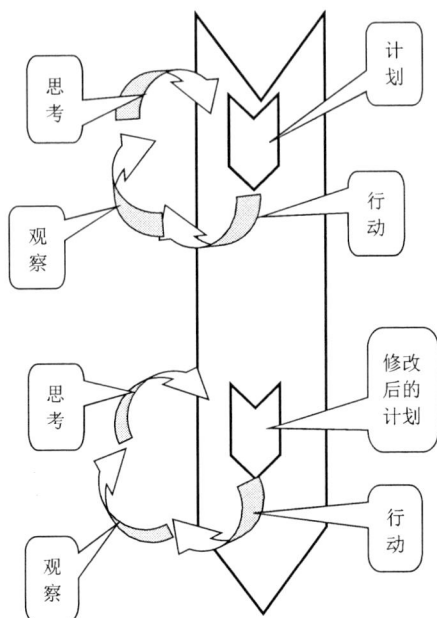

图 5-2　循环模式

度、努力程度的变化,行动者在遇到意外阻力、困难时表现出的机智和采取的应急措施,以及行动对象和背景的在行动作用下的变化和反作用。第三,反馈和开放性。一些行动研究者提出,行动研究过程不同于物理、生物过程,往往不能简单地、集中地表现出计划与结果、计划与行动、一行动与另一行动之间的"必然的""线性的"规律性关系。应该强调的是行动研究的一般操作程序有利于各个环节间的及时反馈和依据反馈调整行动。埃巴特的教育行动研究模式如图 5-3所示。

二、基本步骤

1.计划

(1) 计划始于解决问题的需要,它要求研究者从现状调研、问题诊断入手,弄清楚以下问题:① 现状如何? 为什么如此? ② 存在哪些问题? 从什么意义上讲有问题? ③ 关键问题是什么? 它的解决受哪些因素制约? ④ 众多的制约因素中,哪些虽然重要但一时解决不了? 哪些虽然可以改变,但不重要? 哪些是重要的,而且可以创造条件改变? ⑤ 创造怎样条件,采用哪些方法才能改进? ⑥ 什么样的设想是最佳的?

初步设想的起点是这样的:

我要改进……

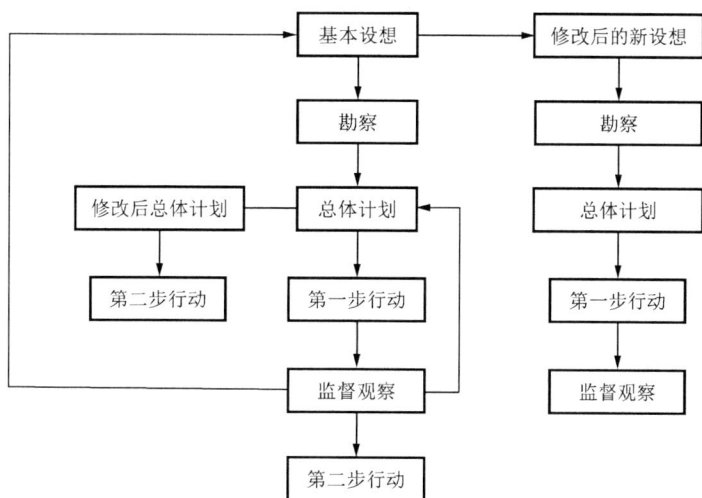

图 5-3　埃巴特的教育行动研究模式

人们对……不满；

我对……不满；

问题的根源在……我能做什么；

我有个想法，想在课堂上试一试；

怎样才能把……应用于……

在……方面我能做些什么。

（2）对即将采取行动的大致范围开展准备性调查。

① 调查的基本内容：教育情境的现状如何？为什么现状会这样？实施行动的机会如何？行动目标和可能性如何？怎样做才更实际？实施行动将对周围环境或其他人产生哪些影响？

② 运用多种方式开展调查，如文献调查、专家访谈、座谈讨论、问卷、测验等。

③ 进行专题研讨，广泛听取意见。

（3）制订总的行动计划，划分行动步骤。

你现在正在做些什么？试图改变什么？它们的理论基础是什么？哪些现况你不准备改变？你最可能采取的策略行动将会是怎样的形式？

（4）制订第一行动计划，内容包括：行动的具体目标、行动的根据、预期的结果、人员安排、资料设备要求、可能的制约因素和问题等。

（5）对行动步骤的监察方法的设计。

① 监察的内容有：所实施的策略行动的过程、结果和环境条件的变化情况。

② 信息的来源，包括教师、教育管理人员、专家、学生、家长等。

③ 监察的手段，包括日记、工作记录、事例记录、现状记录、照片、幻灯片、学

生行为测验等。

2.行动

行动即实施计划。这里的行动不是原先行动的简单重复,而是在计划指导下,在研究人员、行动人员的共同协助下,在对原行动计划加以干预控制的基础上,代之以研究所形成的行动的过程。行动的执行不是为了检验某一设想或计划,而是为了解决实际问题。

(1)行动是在获得了关于背景和行动本身的反馈信息,经过思考并有一定程度的理解后的有目的、负责任、按计划采取的实际步骤。这样的行动,具有贯彻计划和逼近解决问题的性质。

(2)实际工作者和研究者一同行动,在教育研究中,家长、社会人士和学生均可作为合作的对象。要协调各方面的力量,保证实施到位。

(3)重视实际情况变化,随着对行动及背景认识的逐步加深,及各方面参与者的监督观察和评价建议,不断调整行动,所以它又是灵活的、能动的。

3.考察

教育活动受到实际环境中多种因素的影响和制约,许多因素不可能事先确定和预测,更不可能全部控制,因而考察在行动研究中的地位就显得十分重要。考察是反思、修正行动计划,确定下一步行动的前提条件。

(1)考察的内容:① 行动背景因素及其制约因素。② 行动过程,包括什么样的人以什么样的方式参与了计划的实施,使用了哪些材料,安排了哪些主要活动,有无意外的变化、干扰,如何排除等。③ 行动结果,包括预期的与非预期的,积极的和消极的。背景资料是分析计划设想的有效性的基础材料;过程资料是判断效果是不是由方案带来的和怎样带来的观察依据;结果资料是分析方案带来什么样的效果的直接依据,此类材料对于效果分析来讲是缺一不可的。

(2)考察的视角:为了全面而深刻地认识行动的过程,需要进行多视角的观察。考察既可以是行动者本人,也可以是实践对象或其他人。

(3)考察的手段:考察主要指对行动过程、结果、背景以及行动者特点进行考察。为了使考察系统、全面、客观,鼓励行动研究者使用各种有效的技术手段和方法,而不拘泥于特定的程序和技术。

4.反思

反思是一个螺旋圈的终结,又是过渡到另一个螺旋圈的过渡,此环节包括:

(1)整理和描述。即对观察和感受到的与制订和实施计划有关的各种现象加以归纳整理,描述出本循环过程和结果,勾画出多侧面的生动的行动过程。

(2)评价和解释。即对行动的过程和结果做出判断评价,对有关的现象和原因做出分析解释,找出计划与结果的不一致性,从而形成是否需要修正计划的判断和构想。

对研究成果的评价,并非以解释的完善与否为标准,而是以实际问题的解决程度为依据,每一步行动结果的评价对整个研究进程都会产生影响,如果评价结果反馈的信息是可行的信息,则进入第二步具体的行动计划;如果评价结果反馈出不可行的信息,则总体计划甚至基本设想都可能需要修改,整个研究进程将在修改后新计划的基础上进行。

（3）写出研究报告。根据研究过程和研究结果,写出研究报告。

第三节　行动研究案例

案例 1　职业院校英语教学的行动研究

一、研究背景:某职业院校一年级英语课程。

二、项目时间:2019 年 3 月至 2019 年 11 月。

三、发现问题:学生抱怨他们的英语词汇量有限,影响阅读理解和阅读速度。

四、提出假设:（1）教材中生词太多,词组和句子结构对于学生来说太难。（2）学生缺乏词汇学习的策略,例如结合上下文猜词义或运用构词法知识帮助猜词。（3）学生对英语课的认识不正确,认为泛读课应该与精读课一样重视讲解和记忆单词。

初步调查:教师采访了一些同学,并请学生记泛读学习日志,了解学生对英语课程和词汇学习的真实感受。

五、调查结果:（1）大部分学生认为泛读教材从内容到难度都比较合适。（2）学生表示他们开始对泛读课有不清楚的理解,但是经过几个星期的学习,他们知道英语课中词汇的学习主要靠多读和自学。但是有不少同学都反映不知道如何自学才比较有效。（3）从学生日志中发现很多学生也尝试采用不同的词汇学习策略,但都觉得效果不明显,对词汇策略的运用还没有明确的意识,没有找到规律。

重新认识问题:学生的英语词汇学习的策略缺乏,影响词汇学习的效果和阅读理解。

六、教师反思:我提出的三个假设中,有两个被否定了,我从这次调查中学到了很多东西,很多我"想当然"的原因并不是真正的原因。通过调查,我找到了问题的根源,对学生的采访和学生日志都表明,学生对词汇学习策略不了解,尽管有些学生不自觉地运用了一些策略,但是效率不高。学生还没有策略运用的意识，还没有形成能力。我应该帮助学生发展词汇学习的策略，提高学习的效率。

七、行动方案设计：(1)课堂上利用专门时间向学生展示多种词汇学习的方法和策略。① 设计和使用根据上下文猜测词汇意思的练习。② 设计和使用根据构词法猜词、造句练习。③ 运用同义词和语义关联扩大学生词汇量和加深对词汇的理解。(2)对学生进行每周词汇小测试。(3)扩大阅读量，推荐阅读书目，增加词汇的循环。(4)引导学生自主计划和学习词汇，如建立词汇本，经常复习。

实施计划如下。(基于行动方案设计的具体而有详尽的实施)

数据收集方式：问卷调查、采访、学生日志、两个词汇测验。

结果分析：问卷调查、采访、学生日志都表明，学生对英语课满意程度达到90％。对词汇学习的有效程度和对阅读理解能力的提高的评价达到了85％和90％。81％的学生认为词汇测验在一定程度上促进了他们的词汇学习。两次水平相当的词汇测试结果表明，学生在词汇学习上取得了可喜的进步。

八、教师反思：行动研究对我的教育很大，对我今后的发展具有非常重要的意义。它不仅促进了我的思考，促进了学生的学习方式的改变，提高了学生学习英语词汇的能力，还对我在理解教学中教师角色的问题产生了很大的影响，我的教学能力得到了很大的提高，为未来的教师职业发展奠定了良好的基础。

案例分析：研究的课题是教师在教学中发现的，来自学生对教学某个方面的不满。教师利用采访和学生日志的方式进行了调查，确认问题出在词汇学习的策略上。教师设计行动方案围绕词汇策略的培养进行教学，指导学生发展自主学习词汇策略，教师对自己的解决方案进行了比较充分的论证。该教师没有设计实施工作计划，所以我们不很清楚具体计划的实施过程。报告对于实施过程的描述不够具体，数据分析中对于采访和日志的分析都还不够具体，例证不充分，研究的最后没有提出新问题。

案例2　职业学校"三教七管"教学模式的行动研究

一、问题与假设

(一) 问题

笔者作为职业学校《计算机应用基础》课程的教师，希望通过教学，使学生能获得解决问题的综合能力，于是笔者做了三方面努力：一是在自己的课堂上不断改进教学方式和手段，摸索提高课堂教学有效性的方法；二是向有经验的教师学习，有时间就去观摩其他教师上课；三是购买职业教育理论书籍认真研读。笔者很快发现项目教学法是使用率最高的一种教学方法，特别是在开设公开课的时候。教学的流程也基本遵循了行动导向的信息、计划、决策、实施、检查、评估6

个环节。可是,困扰笔者的问题仍然存在:一是学生习惯了教师"一言堂"式的教学方式,对项目学习一开始需要自己收集资料、自己制订计划,最后对自己的作品进行评价,这种学习方式显得不是很适应。二是教学的 6 个环节本应是学生全程参与的,但教学实施下来,还是教师起主控作用,学生只是在教师的安排下完成预先设定好的任务,这种形式主义的项目教学与传统的讲授式教学法本质上没什么区别。三是课堂教学往往是止于学生完成作品,作品做好了,课也就结束了。教学的评价环节由于时间来不及,有时走一个过场,有时干脆没有。这样的教学,缺少了教师对学生自主学习的有效引导,学生学习的积极性没有被充分调动起来,教学过程刻板或是不完整也使学生很难理解和把握解决一个问题的完整过程,自然学生也就不会获得多少解决问题的能力。因此,笔者感到教师在进行课堂教学时,应研究行动导向的教学理论,对行动导向的 6 个教学环节进行本土化的再创造,使之适应学生的心理特征,优化课堂教学过程,构建本土化的课堂教学模式,提高教学的有效性。

(二) 问题的研究进展

笔者对文献资料的研究经历了两个阶段。第一阶段是对中职、普教各类"教学模式"文章的检索研究,仔细比较各种教学模式操作流程的异同之处,提炼教学模式的发展趋势。后来发现,支撑教学模式的是其背后所依据的教学理论和教学思想,操作流程只是教学模式的显性表现,并不是教学模式的本质所在。教学模式只是规范"教"与"学",使教师教学更加贴近教育的本质与规律。教师一开始使用模式,当模式烂熟于心时,就可以抛开模式。好的教学不能止于模式、技术与方法,重要的是模式背后的教学思想以及教师教学的一切努力是否服务于学生的"学"。

因此,笔者反思要遵从的教学思想是什么。折回研究起点,发现要解决的教学问题很符合行动导向的教学理念。于是,笔者的文献研究进入第二个阶段。一是阅读职业教育教学理论书籍,了解行动导向教学观的理论基础;二是以"行动导向"及"教学"为关键词,在维普中文科技期刊数据库等数据库中进行跨库检索,得到了与行动导向教学相关的 2 405 篇文章,然后再以"计算机应用基础"为关键词,在所得的结果内再次检索,最后精选 30 篇文章。

对这些研究的分析表明,行动导向教学在德国流行多年,已成为德国职业教育的一种教学范式。对行动导向内涵的理解应是:行动导向是一种教学引导思想,并不是一种具体的教学方法,它是一个完整的行动过程,并不是一个动作或者单纯的行为,行动导向本质上以工作过程为导向。行动导向的教学方法有上百种,每种教学方法都有其特有的内涵、功能和适用范围,而笔者常用的项目教学法只是其中的一种。行动导向的教学过程有 6 个基本环节——资讯、计划、决策、实施、检查、评估。行动导向教学在我国职业教育教学改革中占有重要地位,大家纷纷尝试践行，但这种实践似乎还处在初识、效仿阶段。况且，有些人对行动导向的理解也有误区，教学上对行动导向6个环节的应用，要么只有形式，没有质的改变；要么不完整，不规范。严格意义上说还不能称其为行动导向教学。与《计算机应用基础》课程教学联系起来看，教材选取是关键。如果教材的知识点还是按照学科知识体系来编排，那么在教学中实施行动导向教学的难度就会很大。从这些文献来看，对《计算机应用基础》教学内容、情境创设、实施环节、评价都做了相应的调整，都努力遵循于行动导向教学的6个教学环节，但笔者个人认为对行动导向教学的本土化改造还不够。

（三）假设

《计算机应用基础》课程是职业学校开设的一门公共基础课程，主要培养学生应用计算机解决工作与生活中实际问题的能力，为其职业生涯发展和终身学习打好基础。但是，信息技术日新月异，今天所学的知识，明天将迅速被淘汰，因此让学生学会学习，培养学生解决问题的综合实践能力显得尤其重要。

根据以上理论分析，笔者假设现阶段学生利用计算机解决问题的能力较弱，并预测授课班级经过对《计算机应用基础》课程两学期的完整学习，能提高学生应用计算机解决工作与生活中实际问题的能力。初步假设如下：在行动导向理论的指导下，基于《计算机应用基础》课程，通过确定能力本位的教学目标，选取工作过程为导向的教学内容，构建体现行动导向理念的教学模式——"三教七管"教学模式；创设一种开放的、合作的教学情境，主要体现在学生学习方式的转变、教学情境的重新创设和学生在学习中心地位的转变上，并通过实施"三教七管"教学模式，验证教学的有效性。

"三教七管"教学模式的操作流程拟设计如下：学习准备—学习关联—明确任务（第一教）—体会新知（第二教）——组织活动—检验结果（第三教）—回顾提高。其中，"明确任务"是教师第一教，是教师帮助学生正确理解学习目标，明确任务；"体会新知"是第二教，意在学生尝试操作之后，教师有针对性地答疑；"检验结果"是第三教，是指教师通过任务规范评估，引导学生学习。以上"三教"主要体现教师的指导作用，"七管"主要是指教师对以上7个环节的管理。

二、研究过程与方法

（一）研究对象与环境

1. 研究对象

以KS市某中专新入校的两个计算机专业班的64位学生为研究对象，对《计算机应用基础》课程采用"三教七管"教学模式进行教学。

2.实施环境

硬件环境:多媒体网络机房,师生每人一台电脑。软件环境:应用软件、课件、学习素材、参考样文、阅读资料等。

该课程的课堂教学场所在多媒体网络机房进行,机房设备可满足教学班级学生对计算机的使用需求。为便于教师进行课堂教学,在网络机房中配有多媒体教学软件——极域科技电子教室,可控制所有的学生电脑,实现广播教学、语音教学、学生演示、屏幕监看、屏幕录制、联机讨论、分组教学、文件分发、视频直播、在线测验等教学功能,学生也可以通过电子举手,以发送消息的形式请求帮助。这样的教学环境既能让学生都参与到学习活动中来,调动学生的学习主动性,又能充分发挥教师的指导作用。

(二)研究方法

1.调查、测试

在新生入校时,笔者做了三件事:一是调查学生通过 SZ 市计算机应用能力的中级考试情况;二是对学生进行项目任务测试,了解学生对常用办公软件的使用情况;三是与个别教师访谈,了解学生以往计算机课的学习情况。

2.选择教材

选择江苏教育出版社出版的中职国家规划教材《计算机应用基础》(马成荣主编)为课程教学用书,该教材分为 6 个学习领域,37 个学习项目,实现了对学生学习、生活和职业生涯的多维关照,是典型的项目式教材。教材本身就要求教学活动的设计要符合行动导向教学的理念。因此,笔者的研究重点是教学活动的设计,"三教七管"教学模式的优化和改进。

3.深入研究

采用课例研究方式,深入开展研究工作。课例研究的主要步骤是:设计研究课—实施研究课—讨论研究课—重新设计课—实施经过重新设计的课(2～3次)—交流总结。

4.开发项目

开发《计算机应用基础》课程社会实践项目,组织学生参加社会实践活动,要求学生利用课程所学内容自制宣传展板及宣传单,开展主题宣传活动。拓展学习渠道,让学生在真实的项目中提高解决问题的综合实践能力。

5.寻找策略

通过个人访谈,分析、研究、探索"三教七管"教学模式的构建方法、流程、原则等,寻找提高学生解决问题综合能力的方法和对策,为他们日后的发展打好基础。

（三）行动研究的过程

1. 构建"三教七管"教学模式

对于行动导向的 6 个教学环节,笔者后来在研读职业教育理论书籍时发现应是 7 个环节,依次是信息、计划、决策、实施、检查、评价、反思控制,这与企业 ISO9000 质量管理体系的 PDCA 过程管理很相似,P 是策划,D 是实施,C 是检查,A 是处置,采取措施,持续改进过程业绩。这样一个基于工作过程导向的教学流程,总感觉过于"刚性",不适合中职生的课堂教学,必须根据学生的认知规律和心理特点进行再创造。

"三教七管"教学模式的构建主要借鉴了行动导向的 7 个教学环节,考虑到《计算机应用基础》课程的学习符合信息加工的学习理论,遵循信息加工和认知心理学的一般规律,同时也参考了加涅教学设计的 9 个阶段:引起注意—告知目标—提示回忆原有知识—呈现教材—提供学习指导—引出作业—提供反馈—评估作业—促进保持与迁移。于是构建了如下"三教七管"教学模式的操作流程。

（1）学习准备,引发动机。师生为即将开始的学习共同营造学习氛围,排除干扰,调整情绪,建立融洽、平等、信任的合作伙伴关系,共同思考学什么。

（2）情境关联,渐进状态。教师创设情境,关联项目内容,帮助学生回忆原有的知识经验,学生小组研讨可利用的学习资源,预见将要开始的学习。

（3）明确任务,分析要求。这一步是教师的第一教,教师要帮助学生正确理解学习目标,明确学习任务,鼓励学生分析任务要求,制订完成项目任务的行动计划。

（4）尝试操作,体会新知。这一步是学生学习新知识、新技能的关键步骤,是学生尝试活动的主体,强调学生的体验学习。教师要巡视,以便及时掌握学生尝试学习的反馈信息,找准学生的"疑难杂症"在哪里,为后续教师第二教的讲解提供有效信息。教师第二教的讲解要分小步、分类型进行,要精准、不啰唆。

（5）组织活动,经验分享。为加深对知识技能的理解和掌握,组织变式活动。如变换学习方式、分享同伴学习经验等,拓展学习思维,提高学习效率。

（6）观察作品,评定结果。这一步是教师的第三教,教师科学制定出作品评价标准,引导学生正确评价作品,规范学生的学习。展开学生自评、互评、教师点评活动。

（7）回顾反思,巩固拓展。在学习进入尾声时,学生对当堂内容进行强化记忆,反思修正,巩固所学。同时教师拓展项目,提高要求,进入下一个学习的高级阶段。

"三教七管"教学模式的构建基于两点考虑:一是教学过程要突出学生的主体地位,要体现学生的自主学习意识和自我管理意识。二是把教师的作用体现在指导的"精""少""准"上。"精"指教师讲解精练、言简意赅;"少"指教师讲解时间短、不啰唆;"准"指教师讲解科学、规范。

2.践行"三教七管"教学模式

教学研究是没有止境的,对"三教七管"教学模式的研究到目前经历了以下阶段。

第一阶段,最初认为"三教七管"是指教师"教"的行为与"管"的行为在整个教学实施过程中各自所占的比重,即"教"的行为占整个教学过程的30%,而"管"的行为占整个教学过程的70%。"教"的行为是指教师传授知识、技能的行为,"管"的行为是指教师对教学过程的教学需求、过程设计、教学实施以及效果评价等要素的组织、调控、管理行为。此时,大家对"七管"的定位分歧比较大。观点一:"三教七管"是否可以改为"三教七学",这个"学"是学生的自主学习,不是跟着教师"学","七管"应是学生的"七学"。观点二:"三七"太明确,"三教"是教师,"七管"也是教师,"管"与"教"是什么关系?是边"教"边"管",还是先"学"后"教"?观点三:职业学校的学生主要是"管",管理是组织和调控,"管"有育人之意,是非智力因素的开发。笔者认为,与其进行概念的纷争,不如理清思路,明确具体要做哪几件事情,先针对一个具体的课程进行实验研究。

第二阶段,确定笔者执教的《计算机应用基础》国家规划课程为实验课程,理由是该课程使用的教材是典型的项目式教材,完全符合行动导向的教学理念。根据行动导向的7个教学环节及课程特点,构建"三教七管"教学模式操作流程为:"学习准备—学习关联—明确任务(第一教)—体会新知(第二教)—组织活动—检验结果(第三教)—回顾提高"。至此明确了"三教"是什么,"七管"是什么。

第三阶段,在利用"三教七管"模式进行教学实验的过程中,涉及了以下几个方面,并做了调整。

首先,学生"学"的方面。一开始学生不适应"先学后教"这种学习方式,教师要"忍住"不讲,要训练学生习惯这种先尝试、多思考的学习方式。但是,尝试的时间不能太长,要及时给予反馈。

其次,项目要向"小任务"方向分解,分层次完成。这样更符合学生循序渐进的认知规律,容易使学生建立自信心。

再次,在时间分布上,笔者一次课是两个课时,90分钟,"学习准备"与"学习关联"两环节用时要少,基本在5～10分钟结束。"检验结果"环节容易走过场,是时间掌控不好的缘故,这个环节理想的时间安排大约是20分钟。其他教学环节在15分钟左右。

最后,对教师而言,"三教"实现了确定教学内容—讲解教学内容—评价教学效果的过渡,教师通过"三教"掌控着课堂教学的节奏和质量。

第四阶段，在"三教七管"教学模式的实施过程中，最难把握的就是 7 个环节之间的过渡。如何时从上一个任务转向下一个任务的学习，又在何时开始进行学生作品的评价等，因为学生的学习进度不同而不同。困惑之后，笔者觉得"三教七管"的"七管"应定位在学生对自我学习的过程管理上，"七管"应从最初的教师管理转向学生的自我管理。因此，笔者做了一个大胆的尝试，自主开发《计算机应用基础》课程社会实践项目，成立学生燎原社团，组织社团学生参加社会实践活动，要求学生利用课程所学内容自制宣传展板及宣传单，开展两次低碳环保主题宣传活动，在真实的项目中践行"三教七管"教学模式中学生的自我管理。首先组织学生参观 KS 市可再生能源特色产业基地，学生现场拍摄照片，记下可再生能源基地展馆讲解员的介绍；指导学生积累宣传素材，自主制作宣传作品；与 KS 市慈善总会及镁铝铝业公司等单位联合举办"播种环保梦想，收获绿色未来"公益活动。在活动中，学生展示了自己制作的"倡低碳生活，做环保达人"宣传展板，并散发了环保低碳宣传单。宣传单中切实可行的低碳环保妙招吸引了很多市民朋友的关注，特别是小学生的喜爱。值得一提的是，在整个项目的实施过程中，学生始终处于自主学习、自我管理、自主创新中。学生收获的不仅是专业知识与色彩搭配、语言文字表达等跨学科知识的综合运用能力的提高，还有自我反思、与他人合作、为社会做贡献的意识及社会责任感的增强。

三、研究结果

最初，学生入校时，SZ 市计算机应用能力中级考试的通过率为 33％，新入校学生的第一次项目任务测试，完成率不到 10％，完成质量也不容乐观。与个别学生访谈时了解到，学生在初中时计算机课要么是游戏课，要么多次被语、数、外课占用。有的学校不参加 SZ 市的计算机应用能力中级考试，而有的学校只有在参加计算机统考时，才临时突击上几天计算机课。从课堂现象上看，大部分学生希望教师以边讲解示范、学生边模仿操作的方式来学习。

当经过一年多的"三教七管"教学模式的实践研究后，学生的学习成绩、学习兴趣、学习行为发生了一些变化。第一个变化是学习成绩的变化。学生参加全国计算机等级一级 B 考试的通过率为 97％，比其他班级高出近 20 个百分点。第二个变化是学生学习兴趣的变化。一开始学生只是服从着项目学习的要求，经过大约两个月以后，学生的学习积极性明显增强，绝大多数学生都喜欢上《计算机应用基础》课。学生尤其喜欢"组织活动，经验分享"与"观察作品，评定结果"两个互动环节，因为学生可以展现自我，表达自己的观点，还可以向他人学习，分享他人经验，开阔思维空间，获得启示，提高知识应用水平。第三个变化是学生学习行为的变化。学生普遍形成了尝试操作、自主探究的学习习惯，在项目完成过程中不希望别人打搅，特别是教师中途的第二教，部分学生认为已无必要，他们认为自己可以通过尝试操作或阅读课本解决。

在研究过程中,也出现了一个现象:尖子学生进步最快,基本是自主学习,教师很少辅导,中等学生也能及时跟进,只是还需要教师的指导。但是,每个班(32人)都出现了1～2个学生(占6%)完全跟不上学习进度的现象。如何让这样的学生也能适应"三教七管"教学模式的学习,还需要进一步的思考和研究。

"三教七管"教学模式的7个操作流程较适合新授课型,属于基本类型,它还应有变式。如学生在完成项目时,前期是如何准备和策划更能考量学生的分析和解决问题的能力,是一个不可忽视的重点,教学模式应对这部分有一个细致的研究。另外,针对评价环节,模式也应有一个变式,因为师生思想的交流和碰撞是非常重要的。再者,"七管"提出的由教师的管理向学生的自我管理转变只是在社会实践项目中得到了验证,在日常的课堂教学中还要深入研究下去。最后,对整个研究过程的资料收集、分析等方面还可以更加翔实、规范一些。

四、结论与反思

职业学校的办学能力很大程度体现在专业建设能力上,专业建设的核心是课程体系,课程体系的一个重要表现形式是教法研究,没有好的教法就不能实现教与学之间的衔接,教法直接影响着学校教学质量的高低。因此,"教学有效性"是"三教七管"教学模式追求的目标,其中"三教"旨在规范教师的"教",保证教师"教"的正确规范;"七管"意在科学规范的秩序中,让学生获得真正的成长,这里的"管"代表着一种教育理念,代表着"育",也代表着一种"艺术",教育的艺术,不是刻板也不是墨守成规,它的理想状态应该是将教师的管理转变为学生的自我管理和学生的自主学习。从教育的角度看管理,管理是一种秩序,从管理的角度看教育,教育是一种艺术。不管是教育,还是管理,都离不开一个"爱",教师要爱学生。

（资料来源:岳煜群,《江苏教育研究》2013 年第 36 期）

第六章　观察研究

观察是人类科学认识中的重要实践活动。作为一种科学方法,其手段和功能都是随着科学的发展而发展的。观察法在职业教育技术研究中占有无可替代的重要地位。因此,深刻认识观察的意义、特点、类型和方法,对于提高职业教育技术研究水平具有重要意义。

一、观察法的特点与类型

观察法是研究者通过感官或借助于一定的科学仪器,在一定时间内有目的、有计划地考察和描述教育现象中人的各种活动和行为表现并收集研究资料的一种方法。

(一)观察法的特点

(1)观察是一种有目的、有意识地收集资料的活动。

(2)观察是在客观条件下进行的,具有真实性。

(3)观察的对象是当前正在发生的事实现象,具有直接性。

(4)观察是在一定的心理学理论的指导下进行的,对结果的解释也是以有关理论为前提的。

(5)观察总是借助于一定的观察工具,包括人的感官和仪器、设备。

(二)观察法的主要类型

1.自然观察与实验观察

以观察对象是否受控制为标准来划分。自然观察主张在自然发生的条件下,即在对观察对象不加干预和控制的状态下进行观察;而实验观察则通过人为地改变和控制一定的条件,有目的地引起被研究对象的某些心理行为反应,进而在最有利的条件下进行观察。自然观察能收集到研究对象在日常生活中的真实、典型的行为表现,但研究者处于被动状态,难以揭示那些较少在自然状态下表现出来的心理特点;实验观察能使研究者获得更全面、更精确、更深入的事实和资料,但要求较高,难度较大。

2. 直接观察与间接观察

以是否通过中介物为标准来划分。直接观察和间接观察的区别在于前者通过人的感官进行直接观察,后者则借助于各种仪器或装置(如录音机、录像机、摄像仪、照相设备等)进行观察和记录,或根据事发后留下的痕迹(如照片、录像)进行观察。由于人类感官的局限和科学技术的进步,从凭借感官进行直接观察到通过仪器来进行观察,是观察法发展的必然趋势。

3. 参与观察与非参与观察

以是否参与被观察者的活动为标准来划分。参与观察即局内观察,指观察者参与被观察者的实际环境之中,并通过与被观察者的共同活动,从内部进行观察。根据参与程度的不同,参与观察可分为完全参与观察和不完全参与观察。

非参与观察即局外观察,指观察者完全以局外人或旁观者的身份进行观察。参与观察能收集到较为完整且具有深度的资料,但易带主观情感成分,而且比较费时,难度较大。

4. 有结构观察与无结构观察

根据观察内容是否有统一设计的、有一定结构的观察项目和要求,观察法可划分为有结构观察和无结构观察。较之无结构观察,有结构观察能获得大量确定、翔实的资料,并可进行定量和对比分析,但缺乏弹性,比较费时。

5. 叙述观察、取样观察与评价观察

叙述观察、取样观察与评价观察是根据观察内容是否连续、完整以及观察记录方式的不同来划分的。其中,叙述观察指详细观察和记录被观察对象连续、完整的心理活动和行为,日记描述法、轶事记录法、连续记录法等属于这种方法;取样观察指依据一定的标准,选取被观察对象的某些心理活动和行为表现来进行观察,或选择在特定的时间内进行观察;评价观察指按照事先制定好的对行为的评价量表进行观察并做出评价。

6. 时间取样、个人取样、事件取样

以取样方式为标准来划分。个人取样指单个被试连续取样,规定时间内其行为、事件的表现。事件取样是对预定的行为或现象进行观察和记录,包括起因、经过、结果、持续时间,即事件的过程和规律。时间取样是在选定的时间内对观察对象的各种行为做观察和记录。

7. 常观察（随机观察）和科学观察

根据观察是否有科学性（是否有计划、有目的）来划分。前者自发、偶然和随意的观察，不系统、不深入，科学性差；后者有目的性、计划性、系统性，是科学的观察。

二、观察法的步骤和主要准备工作

一次完整的观察，一般应包括以下主要步骤。

制订观察计划，确定观察的目的、内容、方式、设备和记录手段；

做好观察前的准备工作，如人员培训、准备观察工具、设计、印制观察记录表等；

进入观察场所，获得被观察对象的信任；

进行观察并做记录（摄像、完成观察表、做笔记等）；

整理观察结果；

分析资料并撰写观察报告。

在进行观察之前，除了明确观察目的外，还必须做好各项技术准备工作。

1. 确定观察内容

观察记录总的要求是记录实验变量引起的反应变量及观察到的明显的行为变化。但由于研究主题不同，观察记录的内容也有所不同，通常具体包括以下几种。

语言行为。即观察对象在受到条件刺激后所表现的对事物的语言反应及其表达词语。

非语言行为。即被观察对象在受到条件刺激后的表现，指形体为主的动作行为。如学生在教学过程中是否积极举手发言，是否乐意与其他同学合作等。

特别语言行为。即被观察对象在受到条件刺激后所表现的语言的音调、音量、持续时间、节奏及特殊发音与词汇。

关系分布行为。即被观察对象在受到条件刺激后所表现的学生与学生、学生与教师之间的距离关系。

应对观察内容下操作性定义，如对高职一年级学生的课堂"主动学习"这一抽象概念下具体的定义：能积极主动回答问题；敢于主动提出不懂的问题，表达自己的意见；积极主动参与小组学习和讨论等。

2. 确定观察范围

进行观察时，不可能包罗万象，面面俱到。除了通过抽样选择观察对象外，还要在时间、内容上加以取样，限制一定的范围。表 6-1 列出了几种不同的取样方法。

表 6-1 观察取样方法及其特点

取样方法	特　　　　点
时间取样	考察在特定时间内所发生的事件和行为(事件的有无、多少)
事件取样	对预定的行为和现象进行观察和记录(事件的过程和规律)
个人取样	选择某一特定对象在一段时间内的表现进行有重点的考察

3.准备观察仪器

职业教育研究中,要充分发挥现代教育技术手段的作用,常常使用现代化的观察仪器,主要有录音机、光学照相机和数码照相机、电视摄像机、录像机、闭路电视装置等,还有进行图像和声音处理的多媒体计算机等。观察之前,不仅要备齐必要的设备,而且要检查其完好率,了解机件的性能功效,掌握操作方法,保证其精确度,以免在使用时产生故障或失真。

4.设计观察记录表

一个完整的观察研究必须进行观察并做记录,然后整理观察结果,包括数字统计与文字加工,使材料系统化、精确化、本质化,为进一步分析研究做准备。

设计的关键,就是要根据观察的目的,确定要记录哪些行为和现象,以及如何对这些现象和行为编码。可以在表上留下空间,以记录原来没有想到的行为和现象。有了这样较为周密的量表,在观察时,既可以做出合适的详尽记录,又简单易行,有的只要填写数目或符号就行,这样,让观察者有边观察边思考的余地。

例:事件取样观察表见表 6-2。

表 6-2 学生在自由活动时间的自发争执事件

性别、年级、姓名	持续时间	发生背景	行为性质	做什么	结　果	影　响

三、观察技巧

(1)选择合适的观察时间和场合。具有代表性的时间和场合。

(2)安排好观察顺序。按照主次或空间方位顺序等。

(3)减少观察误差。尽可能使用仪器和记录设备;重复观察(多人同步观察、反复观察）。

四、观察法的优点和局限性

观察法在职业教育研究中是研究主体获得感性经验和事实的根本途径，也是检验和发展假说的实践基础。

观察法的优点如下。

1.直接性和客观性

能够得到不能直接报告或可能失实的资料，可避免由被研究者自陈方式带来的研究偏差。因为观察者与被观察的客观事物直接接触，中间不需要其他中间环节，观察到的结果、所获得的信息资料，具有真实可靠性，是第一手资料。

2.自然性

在自然情况下了解事物的发展过程。

3.及时性

研究资料是在现象或行为发生的当时就收集到的，因此所获信息资料及时、新鲜。

4.普适性

即使研究对象不配合，也能收集资料，所以观察适用范围较为普遍，不但自然科学研究与社会科学研究普遍适用，而且在职业教育研究中，不少方法如调查法、实验法等也与观察法有密切关系。

5.简便性

可以对同一人或同一现象做较长时间的跟踪研究。

观察法的局限性是：观察到的现象可能带有偶然性或表面性，资料的质量受观察者本身因素影响大，有些课题不太适合，较为费时费力，设计要求较高等。总结如下。

1.受观察对象的限制

观察法适宜于对外部现象及事物的外部联系的研究，而不适宜于对内部核心问题及事物内部联系的研究。另外，对有些较为隐蔽的事物也不大好用观察法。例如研究高职生的网上不良活动问题就不好用观察法。

2.受观察者本人的限制

人的感觉器官本身有不精确性。人的感官都有一定的生理限度，超出这个限度，很难直接观察，所以观察往往难以精确化。人的观察受主观意识的影响，不同的人有不同的意识背景与理论框架，因此，对同一事物的观察，往往带有各自的主观性，难以做到客观化。

3.受观察范围的限制

观察涉及对象的有限性,特别是在同一时期内观察的对象是不多的,这种小样本,不适用于大面积研究。

4.受无关变量的干扰,缺乏控制

自然状态下的观察由于缺乏控制,因变量混杂在无关变量之中,没有纯化和凸现,从而使观察结果缺乏科学性。

第二节　职业教育观察的各种记录方法

在职业教育研究中,观察法是一种重要的研究方法,在研究中运用合适的观察记录方法至关重要。职业教育观察研究的种类可以分为描述记叙法、取样观察法、等级评定法、间接观察法四种,四种不同的研究种类有各自不同的记录方法。

一、描述记叙法

这种观察方法运用最多,所获资料可长久保留而不失其价值,通常是现场实况详录。有日记描述法、系统记录法、轶事记录法、持续记录法。

（1）日记描述法是研究职业院校学生行为的一种方法,研究者要在较长的时间里,对同一个或同一组学生的行为追踪观察,持续地记录变化,记录其新的发展和新的行为。它方便易行,把职业院校学生的发展置于真实的生活情景中,能了解职业院校学生行为的连续性。但是日记描述法往往用于对个别（或少数）对象的日常观察,故只能说明职业院校学生的特点与情况,缺乏代表性,难于做出有意义的概括。

（2）系统记录法是指对职业院校学生的行为进行有计划、有组织的观察记录方法。

（3）轶事记录法着重记录观察者认为有价值、有意义的资料和信息,一般是观察对象的典型行为或异常行为。轶事记录法也可以没有主题,如记录一段时间内发生的事情。轶事记录法简单方便,记录时要求准确、如实地反映情况,不加入主观解释或者把主观判断和解释与客观事实分开来。

（4）持续记录法是指在特定观察时段用笔记录目标个体的所有行为或全部个体的特定行为,或者用录音机、摄像机等连续录下被观察对象的行为过程。一般在持续时间内记录单个观察变量比较容易,例如记录一个职业院校学生在技能训练的时间段内的行为。

二、取样观察法

这种观察方法可以分为事件取样法和时间取样法两类记录方式。

（1）事件取样法是指观察前选定所要观察的行为或事件，观察中只注意观察这些选定的行为或事件。记录预先选定的某特定类别事件的发生。持续进行直至某时限（如两小时）选定的某类行为事件。现场判定和记录某事件的发生。只在事件出现时记录。

（2）时间取样法是指在统一规定的时间内，按一定时段观察预选先确定要观察的行为。辨别与记录预先选定并详细定义的具体行为的发生，或归入已准备好的某种类别。在一定时间间隔但同等的时间段中进行。选定行为或变量。常需备有长列行为清单或某种分类系统表。现场判定并记录某些行为是否发生，或记入某已预备好的类别。

三、等级评定法

要求研究者在观察的基础上，对行为或事件做出判断和评定。特性等级评定在观察前先确定所要观察的内容，并按一定的标准将这些项目分为几个等级，观察时只注意观察对象的行为表现属于哪个等级。观察后按某特性为某人评定等级。在相当一段时间内进行，常经多次观察后做出。选定行为特性。观察，然后根据某人的行为特征对预定的特性做出等级评定。

在职业教育研究中，最常用的等级评定法是等级评定量表法。等级量表评定法可分为数字量表、图示量表、标准评定量表、累计评定量表、强迫选择量表。

数字量表上的行为类型以有一定顺序的数字形式确定，观察者只要选择最适宜的数字就能说明被观察的对象。

图示量表，在量表上，一条直线表示某一行为，观察者沿着直线上的刻度从高到低迅速而简单地做出判断。

标准评定量表，该量表将观察对象的行为与总体做比较，以标准分数或百分数加以评价评定。

累计评定量表，该量表由一系列评定项目组成作为全部特征的一部分独立表现。

强迫选择量表，此类量表给出一系列描述性语言，可以是积极、肯定的，也可以是肯定加否定的，评定者必须从中选出一个最符合被评定描述，这种方法也被称为人物推定法。

四、间接观察法

其一是指借助各种仪器来进行观察,其二是指对事发后留下的痕迹进行推测的观察。它包括访谈法和临床法两种记录方法。

在运用上述观察法时,还用到了以下观察记录方式。

1.连续记录法

连续记录时可用手记,也可以用录音机、录像机等将观察到的情况实录下来,然后再做书面整理。连续记录法一般适用于实况详录观察法、轶事记录法和事件取样法的观察记录。在进行人工书面连续记录时,应注意把对事实的客观描述,与记录者或观察者的主观解释和评价区别开来。

2.频率记录法

在时间取样法、频率计数图示法中,均须记录行为的出现频率。这样,就需要预先制定好记录表格,按照预先规定的行为分类系统及各种行为定义,在观察现场当即做出判断,记录在表内。记录时,常把观察时间分为若干段,在每一时段中记录某种行为类型。观察工作结束后,可根据从各时段中累计的各类行为频率加以分析。

3.等级记录法

等级记录法适用于等级评定法中。在编制评定量表时,应注意项目分布的合理性、问题与回答用语的简明性和定性词的明确性。在记录时,观察者要客观、全面地给以评定,避免主观情绪对记录过程的影响。

4.符号记录法

在对某种活动或事件进行连续观察、记录时,如果涉及的对象多,用言语记录比较困难,那么可用预先规定好的符号系统进行记录。在制定符号系统时,必需首先进行行为的分类,考虑好观察中可能出现的行为类型,或选定研究者特别感兴趣的特定行为作为观察记录的目标,然后用不同的符号代表各具体行为。用符号记录,迅速方便,一目了然。

5.现代仪器辅助记录法

现代仪器辅助记录法,就是运用现代仪器(录音机、录像机、摄影机等)加以辅助,将有关信息保留下来,待事后整理、分析的方法。

第三节 职业教育观察研究案例

一、协作学习活动高职学生行为的观察

为了研究分析网络化环境下协作学习活动中高职学生的学习行为，需要设计分组观察场面和可量化观察表格。

1.设计分组观察场面

共有5名观察者参加观察。其中1名是任课教师，他既是行动研究的实践者，又是研究活动的研究者。他是一位参与观察者，在教学过程中，注意观察学生的典型行为，以教学日志的方式记录观察结果。其余4位作为完全观察者，根据分工，负责在限定的时间内，对指定场面内的观察对象，按观察表格要求进行观察并做出记录。

结构化观察现场如图6-1所示。

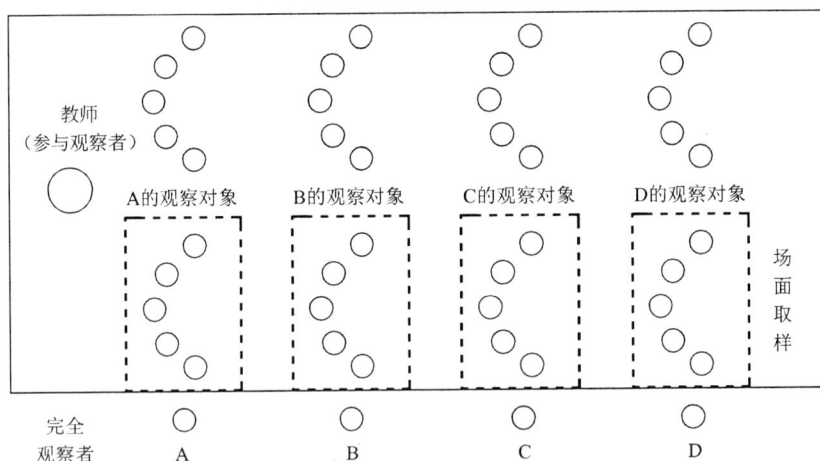

图 6-1 结构化观察现场

2.设计可量化观察表格

本项目需要了解在网络化环境下进行协作学习活动中学生的学习行为方式和内容，为此，可以设计可量化的观察表格。见表6-3。

表 6-3　可量化的观察表格

观察项目	完全观察者 A					……	完全观察者 D				
	S_1	S_2	S_3	S_4	S_5		S_{16}	S_{17}	S_{18}	S_{19}	S_{20}
担任协作小组组长											
在网上搜索资料											
对任务完成发表意见											
输入文本											
绘制图形											
素材整合											
对本组作品提出修改意见											
报告成果											
对其他组成果提出意见											
使用特殊语言											
明显的动作行为											
常用语言											
其他活动行为											

二、学生阅览电子出版物的行为观察

学生在信息化环境中学习,经常会遇到学生观看、阅读不同类型的电子出版物,如录像带、VCD、DVD、CD-ROM 等。我们要观察、记录他们在观看、阅读时的行为表现,如学生的注意力是否集中,以及他们的情绪表现。为此,我们可以利用场面采样,选择其中某一区位若干名学生作为对象,观察他们的行为表现,并在预先制定的观察记录表(表 6-4)中做出观察记录。这一观察记录表,把频数记录和评等记录相结合,更能反映学生的表现以及对教学录像片效果的评价。

表 6-4　阅读电子出版物的观察记录表格

时间采样	行为表现	场面采样				
		1	2	…	$n-1$	n
第 1 段时间间隔	集中注意					
	比较注意					
	一　般					
	全不专心					

续表

时间采样	行为表现	场面采样				
		1	2	...	$n-1$	n
第 k 段时间间隔	集中注意					
	比较注意					
	一　般					
	全不专心					

通过上述的观察记录，我们便可以了解到某一个学生对该电子出版物的注意程度，也可以看到学生总体对该电子出版物行为反应的分布情况，并得到定量数据。

三、课堂教学过程中学生活动的行为观察

在进行多媒体组合课堂教学过程中，要了解教学活动是否能调动学生的学习主动性和积极性，活跃课堂上教师与学生的双边活动，我们可借助结构化观察方法，对学生在课堂中的一些行为表现进行观察。观察的内容主要有：

学生在课堂上的注意程度；

学生在课堂上回答问题的积极性和正确性；

学生参与课堂讨论的积极性；

学生在课堂上完成形成性练习的独立性与正确性。

我们通常只对注意程度和回答问题的积极性两方面进行观察。

我们事前设计好如表 6-5 和表 6-6 所示的观察记录表格。表 6-5 可用于观察学生在课堂中出现不集中注意的行为，如出现在课堂中的乱讲话、搞小动作、看其他读物等行为。表 6-6 是用于观察学生对教师发问时所做出的反应行为，如举手、回答、提出疑问等行为。表 6-5 中符号"√"表示行为出现的次数记录，表 6-6 中符号"＋"或"－"表示响应回答的正和误的情况。

表 6-5　学生出现不集中注意行为的观察记录表

学　生	时间段/分钟								
	0～5	5～10	10～15	15～20	20～25	25～30	30～35	35～40	40～45
S_1									
S_2									
S_3			√						
S_4									

续表

学　生	时间段/分钟								
	0~5	5~10	10~15	15~20	20~25	25~30	30~35	35~40	40~45
S_5						√			
S_6									
……									
S_m									

表 6-6　学生对教师提问响应行为的观察记录表

学　生	教师提问					
	提问 n	提问 1	提问 2	提问 3	提问 4	……
S_1	√＋	√＋		√－		
S_2		√＋	√－			
S_3	√＋				√＋	
S_4			√－			
S_5		√＋				
S_6		√＋	√－		√－	
……						
S_m						

（资料来源：https://www.sodocs.net/doc/db7751974-13.html）

附 录

对真维斯专卖店的暗访调查

真维斯在武汉市区开设了 20 多家专卖店，为了督促各专卖店提高服务质量，真维斯经常派出调查员对各专卖店进行暗访调查，作为评比依据。以下是为此专门设计的调查评比表格。

神秘人暗访调查表

店铺地址：　　　　　　　　　店铺编号：

访问日期：　　　　　　　　　进店时间：　　　　　　店内顾客人数：

访问员：　　　　　　　　　　调查表编号：　　　　　总得分：

调查项目	等级	评分标准
1.营业员的礼貌		
（1）顾客进店时，有营业员立即面对顾客打招呼	优	有营业员立即面对顾客热情自然地打招呼
	良	有营业员面对顾客打招呼，但不自然、热情
	中	有营业员打招呼，但不面对顾客
	差	不打招呼
（2）营业员衣着统一，佩戴胸卡，发饰整洁，化妆自然	优	衣着统一，佩戴胸卡，发饰整洁，化妆自然
	良	四项中有一项欠缺
	中	四项中有二项欠缺
	差	四项中有三项或三项以上欠缺，或其中一项严重欠缺
（3）营业员各就各位，无倚靠、聊天、干私事现象	优	营业员各就各位，无倚靠、聊天、干私事现象
	良	四项中有一项欠缺
	中	四项中有二项欠缺
	差	四项中有三项或三项以上欠缺，或其中一项严重欠缺
（4）能用普通话接待顾客，礼貌用语，面带笑容	优	礼貌用语、面带笑容（顾客讲普通话时，营业员也讲普通话）
	良	四项中有一项欠缺
	中	四项中有二项欠缺
	差	四项中有三项或三项以上欠缺，或其中一项严重欠缺

续表

调查项目	等级	评分标准
（5）当顾客只想看看时，营业员没有板起面孔的现象	优	营业员态度热情，并适当推荐一些特色商品
	良	营业员态度热情，但未推荐商品
	中	营业员态度有较大变化，也未推荐商品
	差	营业员板起面孔
（6）收银员的态度和蔼，唱收唱付，并说"谢谢"	优	态度亲切、和蔼，唱收唱付，并说"谢谢"
	良	态度一般，并说"谢谢"
	中	态度一般，不说"谢谢"
	差	态度差
2.营业员的推销技巧		
（7）同停留在货架前挑选货品的顾客主动打招呼并询问其需求	优	店员主动过来打招呼并询问需求
	良	店员主动过来打招呼但不询问需求
	中	店员未主动打招呼，但顾客招呼时，能迅速过来
	差	店员未主动打招呼，当顾客招呼一遍以上时才过来
（8）主动热情地介绍商品的特性、面料及洗涤方式	优	全面详细地介绍商品的特性、面料及洗涤方式
	良	顾客询问后，一问二答或以上
	中	顾客询问后，被动解答，一问一答
	差	顾客询问后，因反感而不答
（9）鼓励顾客试穿，乐意陪顾客到试衣间，并将待试服装为顾客准备好	优	鼓励顾客试穿，陪同顾客到试衣室，并将待试的服装准备好
	良	鼓励顾客试穿，陪同顾客到试衣室，但未将待试服装准备好
	中	不鼓励顾客试穿，顾客提出试穿后同意顾客试穿，但不陪同顾客到试衣室
	差	不鼓励顾客试穿，也不同意顾客试穿
（10）告诉顾客售后服务的内容，包括免费修改裤长、更换颜色、尺码等	优	主动告诉顾客全部售后服务的内容
	良	告诉顾客二项售后服务内容
	中	告诉顾客一项售后服务内容
	差	未告诉顾客售后服务内容
（11）如果服装不合适，则主动、热情地给顾客更换或介绍其他商品给顾客试穿	优	顾客提出不合适时，营业员主动征询不合适原因，并能提供相应的合适货品给顾客
	良	顾客提出不合适时，营业员没有征询不合适原因，就为其提供其他货品
	中	顾客提出不合适时，营业员让顾客自己挑选其他货品
	差	顾客提出不合适时，营业员收回货品，不予理睬，或强行推销该货品

续表

调查项目	等级	评分标准
（12）在顾客试穿满意后，顺便向顾客介绍、配搭其他商品和饰品	优	主动介绍并主动引导顾客配搭其他货品
	良	未主动为顾客配搭，当顾客提出配搭要求后，能热情帮助配搭
	中	顾客提出配搭要求后，不情不愿地寻找相应货品
	差	顾客提出配搭要求后，没有反应
（13）服饰配搭恰到好处，令顾客满意	优	服饰配搭恰到好处，顾客非常满意
	良	服饰配搭水平较高，顾客比较满意
	中	服饰配搭水平一般，顾客可以接受
	差	服饰配搭水平太差，顾客不能接受
（14）在不需同时接待其他顾客时，陪同顾客到收银处付款，并说致谢语	优	陪同顾客付款，并说致谢语
	良	陪同顾客付款，不说致谢语
	中	让顾客自己去付款，说致谢语
	差	让顾客自己去付款，不说致谢语
（15）顾客离店时，有营业员能立即主动地对每位离店顾客说送别语	优	顾客离店时，营业员热情、自然地招呼
	良	顾客离店时，营业员招呼，但不热情
	中	有营业员偶尔对个别离店顾客打招呼
	差	不打招呼
3.购物环境		
（16）在收银台附近，整洁摆放或张贴着"顾客服务热线"的标牌	优	店内收银台附近有标牌，且很整洁
	良	店内收银台附近有标牌，但不够整洁
	中	店内收银台附近有标牌，但很脏
	差	无标牌
（17）店内货架、橱窗、门面招牌、地面整洁	优	店内货架、橱窗、门面招牌、地面整洁
	良	一项欠缺
	中	二项欠缺
	差	三项或四项欠缺，或有一项严重损害商店形象
（18）货品摆放整齐，货架不空置，货品及模特无污渍、无损坏	优	货品摆放有条不紊，分门别类，货架不空置，货品及模特无污渍、无损坏
	良	有一个货架（或货品、模特）未达到要求
	中	有两个货架（或货品、模特）未达到要求
	差	货品乱放，或三个以上货品及模特有污渍、有损坏

续表

调查项目	等级	评分标准
(19)试衣间整洁,门锁安全,设施齐全(配备衣钩、拖鞋)	优	试衣间整洁,门锁安全,设施齐全
	良	三项中有一项欠缺
	中	三项中有二项欠缺
	差	三项均有欠缺或其中一项以上严重欠缺
(20)灯光明亮,音响适中,温度适宜,走道通畅(无杂物堆放)	优	灯光充足,音响适中,温度适宜,走道畅通(无杂物堆放)
	良	四项中有一项有欠缺
	中	四项中有二项有欠缺
	差	四项中有三项或四项有欠缺,或有一项以上严重欠缺

说明:①对每项调查内容,优5分,良4分,中3分,差1分,满分100分。

(资料来源:http://www.doczj.com/doc/c38f0579770bf78a64295428.html)

第七章　调查研究

一、调查的含义与特点

（一）调查研究的含义

所谓调查研究,就是研究人员通过访谈、问卷、测验等手段,有计划、有目的、系统地了解被调查对象某一方面的状况,并从大量事实中分析职业教育现象的现状、相互关系和发展规律的一种方法。调查研究包括调查和研究两个不可分割的部分:调查即用科学的手段和方法搜集教育现象的有关事实材料;研究是在统计学意义上对所搜集的事实材料进行分析处理,使通过调查获得的感性认识上升到理性认识。研究是调查的深化,而调查又是研究的前提和基础,调查和研究是两个有机联系的过程。调查研究在职业教育研究中使用较多,其优点是简单易行,研究面广,收集资料速度快,在职业教育实践中能广泛运用。

（二）职业教育调查的特点

1.调查对象的广泛性

调查研究是职业教育研究应用广泛的一种研究方法。职业教育调查研究以活动形态或现实存在形态的职业教育问题、职业教育现状为研究内容,广泛存在于职业教育的各个领域之中,一切教育现象都可以作为教育调查研究的对象。调查研究不受时间和空间限制,实施方便。在空间上,调查范围可以跨越国界,可以对一些宏观性教育问题进行系统研究;在时间上,既可以调查当前正在发生的教育现象,又可以调查已经发生过的教育现象,较为灵活。

2.调查方法的可操作性

在进行职业教育调查研究时,要设计详细、具体的调查方案。在调查方案中,有各种研究变量的操作指示,有根据各种调查方法设计出的调查工具,如问卷、访谈提纲、测量表及试卷,也有供分析资料用的整理信息和统计的方法,等等。开展调查研究时,调查者可以依据调查方案进行具体操作,具有较强的可操作性。

3.调查结果的实用性

调查研究完全在自然状态下进行,对研究对象不做任何控制或干涉,能在较短时间内收集大量有关教育对象的资料,具有较高的效率。通过调查研究方法获取的关于职业教育现象的相关事实材料是较为真实的,据此得出的研究结果也有较大的可信度,可以在教育领域内得到较广泛的推广。调查研究在设备条件的控制环境上没有太多的要求。特别是对于数据资料的收集,可以在较大的范围内进行,从而在较短的时间内收集到大量的数据资料,因此有较大的实用性。

4.调查过程的程序性

调查研究有系统的程序和严密的步骤。调查研究通过各种有效的途径和手段,有计划、有目的地了解职业教育工作中某一方面的现实问题。要有严密的计划,要慎重选择调查对象,对调查中可能遇到的种种障碍和问题要有预先的估计和相应的应对策略,并在此基础上对调查结果进行科学的分析和处理。

二、调查研究的原则

1.客观性原则

尊重客观事实,一切从实际出发,从客观事实中寻找事物的内部联系。首先,在调查中要如实记录调查资料,不能带有任何的主观偏见,更不能为取得预想的结论而随便筛选或捏造调查资料。其次,由于种种原因,调查对象可能对调查采取不配合的态度或不愿提供真实的资料,所以研究者必须对收集到的事实材料进行认真的核实,鉴别其真实性和可靠性,如可采用内容抽样方式对主要材料进行核对以确保其真实性。

2.典型性原则

要认真选择调查对象,使其具有一定的代表性。调查研究方法不可能对研究所涉及的所有对象都进行调查,而只能抽取其中一部分对象进行调查,并据此来推断研究对象总体的情况。如果所抽取的对象不具有代表性,那据此推导出的推论也就难以成立。

3.发展性原则

一切事物都是在发展变化中的,教育对象也是如此。在教育调查中,我们既要研究调查对象现在已有的状况,又要注意了解他们以前的状况和以后可能的发展形势。只有这样,才能真正揭示调查对象发展的规律和特点。如研究当前中国职业教育现状时,就有必要了解中国以前职业教育的发展水平,并根据当前中国相关教育政策法规对中国职业教育的发展做出展望,这才能真正认识到当前中国职业教育发展到了一个什么阶段。

4.随机性原则

应确保调查研究在自然状态下进行,而不能事先进行人为的干涉和处理。所以任何教育调查都应该在保证正常教学工作秩序的情况下进行,而不应该因为要进行教育调查就改变原有教学计划,这样会对师生员工的心理产生很大影响而直接影响到所收集的信息的真实性。如有些学校为迎接调查团,专门组织欢迎式,这必然对教育调查的真实性产生影响。

5.数量化原则

要有数量观念,"任何质量都表现为一定的数量,没有数量也就没有质量"。在教育调查中,不仅要做质的调查,还要对调查所得来的资料做量化处理,对各种因素或现象之间的数量关系做出基本分析。只有注意到事物的量的方面,才有可能在事物的质的方面做出准确的判断。

三、调查研究的类型

依据不同的分类标准,可以将调查研究分为不同的类型。

1.依据调查研究范围

依据调查研究范围的不同,可将调查研究分为全面调查、典型调查和抽样调查三类。

(1)全面调查也叫普查,是指对研究对象总体中的每一个个体进行调查研究的一种调查组织形式。全面调查由于涉及面广、工作量大、开支大,往往要建立统一的领导机构,设计全面的调查方案,对调查人员进行统一的培训。

(2)典型调查就是从研究对象总体中抽取具有某一典型特征的个体进行调查研究的一种调查组织形式。如要研究家庭贫困高职学生的人格特征,就必须从高职学生这一总体中选择出家庭贫困的学生进行调查。

(3)抽样调查,即按一定的抽样方法,从研究对象总体中抽取部分样本进行调查,并根据样本情况在一定可靠程度上推断相应总体情况特征的一种调查组织形式。如要研究我国职业教育师生比达标情况,就不可能对全国所有职业院校都进行调查,而只能选择一些较有代表性的地区进行抽样调查(如在中部地区、东部地区、西部地区各取几个地区),然后据此推断全国职业教育师生比达标情况。抽样调查的结果能否有效反映其总体的情况,关键是要使所抽取样本是否具有代表性。为此可以采取单纯随机抽样、机械抽样、分层抽样、整体抽样等具体方式进行抽样。

2.依据调查目的

依据调查目的不同,可将调查研究分为现状调查、发展调查、相关调查和因果关系比较调查等四类。

(1)现状调查。现状调查是指对正在发生的教育现象或被调查对象目前的状况、特征和规律展开综合性的专门调查研究。现状调查可以帮助我们了解某些特殊教育现象或某一类对象的某种特征和目前的基本状况,可以帮助教育工作者及时了解职业教育中存在的问题和学生的现实状况,为其教育决策提供事实依据。如某省为加强对职业院校学生的思想教育工作,对该省职业院校大一学生的理想情况进行了一次调查。课题组在全省中抽取 12 所(国家骨干校、省级优质校、普通职业院校各 4 所)有代表性的职业院校,并从中随机抽取 576 名大一学生组成调查样本,用问卷和访谈结合的方法进行调查,调查结果发现绝大多数的职业院校学生有生活理想,且国家骨干校学生的理想情况明显比其他院校好。

(2)发展调查。发展调查是根据特定的研究目的,研究一定对象在某方面随时间变化而变化的规律。具体来说,发展调查有两种最基本形式:纵向发展调查和横向发展调查。前者是调查同一组对象在不同年龄阶段的情况,在一定时期内多次收集资料,进行前后比较,进而得出某些规律性的结论。如"学生认知风格随年龄增长而变化的调查研究"就属此类。后者是在同一时间内对不同年龄阶段的对象的某方面特征进行调查,并在不同年龄组之间做出比较,从而探索其中规律的调查方法。如"高职生学习动机的差异性研究"等。纵向调查和横向调查各有其优缺点,纵向调查研究结果精确,能正确分析对象的发展变化;但其时间长,涉及面广,容易造成被调查对象的流失(如死亡、迁徙等),且不能大面积进行,同时在经济和精力上都会给研究的开展带来一定的障碍。横向调查与纵向调查相比,能在短时间内对大范围的对象进行调查,收集到大量的研究资料,省时省力;但不同年龄组的对象在环境教育和自身素质等各方面都存在差异性,这就给它们之间的可比性带来障碍,因此还必须严格控制这些因素,才能真正保证横向调查结果的科学性。在实际研究工作中,可以根据具体情况选取其中一种或两者兼而用之。

(3)相关调查。相关调查是为了解某一类教育现象两种不同特征之间是否存在某种联系而进行的调查。如"高职学生人格特征与学习成绩之间的相关性研究"就是为了探讨高职学生人格特征与学习成绩之间的联系。如果统计结果显示其相关系数为 0 或接近 0，则说明这两者没有直接联系；如果相关系数趋近 1，则表明这两者存在正相关，即存在一定的同向变化关系，数值越大，表示联系越密切；如果相关系数趋近 -1，则表明两者是负相关，即存在一定的反向变化关系。例如，一项研究显示职中生的逻辑思维能力与高等数学学习成绩之间存在正相关，相关系数为 0.63，这说明这两个特征之间的关系特别密切，且逻辑思维能力越强，高等数学学习成绩越好。

（4）因果关系比较调查。因果关系比较调查是为了探明被调查对象某一特征形成的原因而进行的调查，如"后进生形成的原因是什么"。在研究过程中，设置两组被试，一组对象具有某种特征，另一组对象不具有某种特征，然后调查研究对象其他方面的情况，并将它们一一进行比较，根据比较的结果将两组对象显著不同的方面找出来，这些显著不同的方面就可能是对象某一特征形成的原因。如有人曾对优秀学生形成的非认知因素进行过研究，发现理想、意志力、兴趣和接受信息的量是优秀学生形成的非认知方面的重要原因。

3. 依据调查搜集资料的方法

依据调查搜集资料的方法不同，可将调查分为书面调查和口头调查两类。

（1）书面调查。书面调查就是将要调查的内容通过书面问题的形式呈现出来（如问卷、调查表、测验卷等），由被试自行填写以搜集研究所需信息的方法。其优点是省时省力，可以在同一时间内对大量的被试进行调查。

（2）口头调查。口头调查是以谈话为主要形式，通过调查者与被调查者之间的一问一答来搜集相关信息的一种调查研究方法。口头调查往往先由调查员将所要了解的问题呈现给被调查者，被调查者根据实际情况做出回答，调查员必须对被访者的回答做好记录并进行论点分析，进而得出调查结论。

4. 依据调查内容的性质

依据调查内容的性质，可将教育调查分为事实调查和征询意见调查两类。

（1）事实调查。事实调查即要求被调查者提供与研究相关的具体事实或数据，如"职业院校毕业生的入学率""职业院校毕业生的就业率""职业院校教师的学历水平"等。

（2）征询意见调查。征询意见调查即要求被调查者陈述自己对某一特定教育现象或问题的看法和意见，如"对适当增加高职学生实习时间的看法"等。

四、调查研究的一般步骤

调查研究是一项有目的、有计划、系统的研究活动，有着严格的操作程序。调查研究的一般程序是：确定课题、选择调查对象、确定调查内容、拟订调查计划、调查工作的组织和领导、搜集资料、整理资料、撰写调查报告。

1. 确定课题

进行调查研究首先要确定具有一定理论意义和实践意义的调查课题。调查课题的来源,基本上与前面所说的研究课题的来源相似,但研究问题的内容和性质应该与调查的方法相一致,符合调查研究的特点,即问题必须是在自然的教育环境中的研究问题。

2. 选择调查对象

调查对象的选择是调查过程中的关键环节,因为调查资料主要是从调查对象那里获取的,所以调查对象的选择是否科学将直接影响到调查的结果。研究对象的选取要依据问题的性质和具体的调查方法而定。问题的性质决定了调查对象的来源,决定了调查对象总体的构成方式。如"高职生学生学习习惯的调查",其对象总体就是全体高职学生,要从这个总体中选取样本作为研究对象。不同的调查方法,决定了怎样从总体中选取被试。

3. 确定调查内容

确定调查内容是教育调查中的重要环节,一般要做好以下三方面的工作。

一是选择项目,即根据调查课题的实际需要拟订调查项目。如要调查某职业院校大二学生的综合素质,就可以把学生德、智、体等三方面的发展情况作为调查的内容。把学生这三方面的情况都调查清楚了,学生的综合素质也就反映出来了。

二是明确指标。拟定了调查项目后,就必须考虑怎样去衡量这些项目,即明确项目的评价指标。如要衡量高职生德育方面的发展情况,可以大致确定以下几个评价指标:学生的政治立场,思想观点、道德品质行为习惯和个性心理品质。而每个指标又可以分为不同的等级,如个性心理品质又可以分为优、良、中、差等四个等级。

三是确定等级划分标准。划分了等级后就必须明确提出每一个等级的具体要求,如个性心理品质为优等的要求或标准是:责任感和事业心强,性格开朗,锐意进取,意志坚强,诚实公正,情绪健康,敢于展示个人才能,不盲从,不独断,善于协调人际关系,具有独立意识等。否则,没有统一的评价标准,调查人员就会凭各自主观印象评价,使评价的结果失去可比性,给调查研究带来困难。

4. 拟订调查计划

拟订调查计划是调查研究设计的中心环节。拟订调查计划实际上就是对调查工作的具体程序进行安排,其作用是确保调查研究顺利开展。调查计划一般包括以下内容:① 调查的课题和研究目的;② 研究中涉及的关键概念的界定;③ 文献资料的占有情况;④ 调查的范围和对象;⑤ 调查的地点和时间;⑥ 调查的方式方法;⑦ 调查的步骤及日程安排;⑧ 各阶段的注意事项;⑨ 调查的组织领导及人员分工；⑩ 调查经费预算；⑪ 资料的整理及结果的处理方法；⑫ 调查报告的完成日期；等。调查计划的制订要切合实际，尽可能详细、周密。

5. 调查工作的组织和领导

调查工作的组织和领导主要是针对规模较大的教育调查活动而言的。主要包括三方面内容。一是选择和分配合适的调查人员。一般来说调查人员应该熟悉与课题有关的业务知识，具有一定的独立研究能力，具有高度的工作责任感，能灵活处理在调查中可能出现的各种问题。为此，必须对调查人员进行必要的培训，如学习有关文件资料，统一认识，学习有关调研的基本常识，熟悉课题的基本情况等，使之更好地胜任自己的调查工作。二是在调查组内部进行人员分工，从中指定一至二名有调查工作经验和较强组织协调能力的人对调查工作进行全面指挥，调查组其他成员也应该进行分工，明确各自的责任，落实到人。三是要及时与教育调查涉及的单位和个人取得联系，争取得到他们的配合，这也是教育调查得以顺利进行的必要条件。

6. 收集资料

在实施教育调查的过程中，收集资料是很重要的一环，同时也是一项艰苦的劳动。主要收集三类资料：一是书面资料，主要是来自调查对象填写的调查材料；二是口头资料，即调查对象的口述资料；三是调查者通过自己的观察所得的相关教育现象的事实材料。

资料的收集应力求全面、系统、典型、客观、真实，使调查的结果具有较强的科学性和较高的可信度。为此，我们必须注意以下几点：① 要严格按计划要求选择调查对象，确保样本的代表性；② 执行统一的指导语；③ 尽量在相同的条件下对所有被试进行调查；④ 调查时应采用中性语言表达方式，不宜采用带有暗示性和引导性的语言，以免对被调查者产生误导；⑤ 要做好详细的记录，不仅要记录被调查者回答的内容，还要记录被调查者回答时的行为反应和表情，必要时甚至要采用录像、录音等现代化手段；⑥ 采取各种措施，消除被调查者的顾虑，与之建立良好的信任关系，取得他们的配合。

7. 整理资料

通过调查活动得来的资料，必须及时加以整理，使之系统化，只有系统的资料才有利于我们进行分析统计，得出科学结论。调查资料一般可分为叙述的材料和数量的材料两类。对于叙述的材料，要用明白流畅的文字加以整理；而对于数量化的材料，则要用统计法、表示法和图示法等对数据进行整理。

8. 撰写调查报告

在整理调查材料的基础上，还要对调查事实进行定性和定量的分析，并做出综合讨论,形成自己鲜明、准确的观点和结论,提出中肯可行的建议和对策,并形成文字的报告。

第二节　常用的职业教育调查方法

调查可以采用多种多样的方法和形式来进行,可以由调查人员直接访问、观察、记录;也可以给被调查者发调查表,由被调查者填写;或者由调查人员施行测验;还可以查阅相关档案文件或统计资料。在职业教育科学研究中,最常用的有问卷调查法、访谈调查法、开调查会法、填调查表法等四种基本方法。

一、问卷调查法

问卷调查法就是研究者将所要研究的问题编制成问题表格,以邮寄、当面作答或追踪访问等方式填答,进而了解被试对某一现象或问题的看法和意见,所以又称问题表格法。

(一)问卷调查法的特点

1.标准

问卷调查法采用统一的提问和回答方式,就同一内容对所有被调查者用同一问卷进行询问,以同一方式发放与填写问卷。这一特点决定了问卷调查法在实施的过程中方便实用,省时省力,易于统计处理。问卷调查法既可以由访问员访问,又可以邮寄问卷;既可以反映同等条件下某一特殊的具有同质性的群体的平均趋势与一般情况,又可以对不同条件下具有异质性的不同群体的情况进行比较,还可以对同样的一些被调查者进行跟踪调查。问卷调查法要求被试对问题做出书面回答,更有利于面向集体进行调查,可以在较短的时间内将大量的问卷发放给大量的对象,进行大规模的调查,收集到大量的信息资料,省时省力。由于采用了统一的问卷进行调查,所以问题统一,评价标准统一,适于采用计算机处理,便于整理归类,节省时间,容易量化。但是采用问卷调查法首先遇到的问题就是制定标准化的问卷,而问卷的编制要求比较高,在问题设计上稍有不慎,就有可能使整个调查结果失真。如题量要适中,太少则难以取得完整的资料,太多又容易使被调查者产生厌烦心理;问题要清晰易懂,稍有含糊,就会引起被调查者的误解,从而不能收集到可靠的资料。同时过于统一、标准的问卷设计,往往使同一试卷难以适应不同调查对象的实际情况,难以在更大的范围内展开,研究弹性不足。

2.匿名

问卷调查中一般不要求被调查者在问卷上署名,所以问卷调查法一般具有匿名性。匿名在一定程度上可以消除被调查者的疑虑,尽可能地反映真实情况(尤其是对那些涉及个人隐私和社会公德或可能对他们构成威胁的问题,在匿名的情况下他们更乐意做出真实的回答),从而提高调查结果的真实性和可靠性。但正是匿名,给调查工作带来了一些麻烦,如果被试出现了不合作的态度,我们无法知道哪些被试没有提交问卷,更不知道他们不提交问卷的原因,这样就会破坏调查的代表性。

3.间接

使用问卷调查法时,调查者一般不与被调查者直接面对面接触,而是由被调查者自行填写问卷。

问卷的间接性,节省了用工与经费,同时也避免了调查者与被调查者直接接触可能带来的不良印象和偏见。但是由于调查是间接进行的,所以调查者不能控制被调查者填写问卷时的具体情境,无法对被调查者的答卷态度进行影响,如无法排除调查进行时的各种内外部干扰因素。由于调查者不能当面解释调查的目的和意义、增加被调查者的兴趣与热情,所以被调查者很可能出现敷衍了事的情况,要么干脆不做,要么即使做了也是草草了事,没有反映真实情况,还有的可能是很认真地做了,但不将问卷交回或寄回调查者。同时,由于调查者不在场,被调查者没有机会向调查者询问与问卷有关的疑难问题,从而影响答卷的质量。

(二)问卷设计的原则

1.合理性

合理性指的是问卷必须与调查主题紧密相关。违背了这样一点,再漂亮、精美的问卷都是无益的。如:"调查开设的某专业课程的学生评价情况"——这里并没有一个现成的选择要素的法则。但从问题出发,特别是结合一定的职业教育现状与课程知识,要素是能够被寻找出来的:一是学生。包括学生的基本情况(自然状况,如性别、年龄、年级等);课程使用的情况(是否上过该课程、开设周期、使用的教材等)。二是学生的能力和水平。包括学生的受教育程度、专业、智力水平等。三是课程本身。包括课程的内容、评价体系等。应该说,具有这样几个要素对于调查主题的结果是有直接帮助的,被访问者也相对容易了解调查者的意图,从而予以配合。

2.一般性

即问题的设置是否具有普遍意义,这是问卷设计的一个基本要求,但我们仍然能够在问卷中发现这类带有一定常识性的错误。这一错误不仅不利于调查成果的整理分析,还会使调查委托方轻视调查者的水平。如搞一个"学生广告接受度"的调查:

问题:你通常选择哪一种广告媒体?

答案:a.报纸;b.电视;c.杂志;d.广播;e.其他

而如果答案是另一种形式:

a.报纸;b.车票;c.电视;d.墙幕广告;e.气球;f.大巴士;g.广告衫;h.……

如果我们的统计指标没有那么细(或根本没必要),那么我们就犯了一个"特殊性"的错误,从而导致某些问题的回答实际上是对调查无助的。

3.逻辑性

问卷的设计要有整体感,即问题与问题之间要具有逻辑性,独立的问题本身不能出现逻辑上的谬误,从而使问卷成为一个相对完善的小系统。如:

(1)你通常每日读几份报纸?

a.不读报;b.1份;c.2份;d.3份以上

(2)你通常用多长时间读报?

a.10分钟以内;b.半小时左右;c.1小时;d.1小时以上

(3)你经常读的是下面哪类(或几类)报纸?

a.×市晚报;b.×省日报;c.人民日报;d.参考消息;e.中央广播电视报;f.足球报

在以上几个问题中,由于问题设置紧密相关,因而能够获得比较完整的信息。调查对象也会感到问题集中、提问有章法。相反,假如问题是发散的、带有意识流痕迹的,问卷就会给人以随意性而不是严谨性的感觉。

4.明确性

所谓明确性,事实上是问题设置的规范性。这一原则具体是指:命题是否准确;提问是否清晰明确、便于回答;被访问者是否能够对问题做出明确的回答;等。

如上文问题中"10分钟""半小时""1小时"等设计是十分明确的。统计结果会告诉我们:用时极短(浏览)的概率为多少,用时一般(粗阅)的概率为多少,用时较长(详阅)的概率为多少。反之,答案若设置为"10～60分钟"或"1小时以内"等,则不仅不明确、难以说明问题,还令被访问者难以作答。

5.便于整理、分析

成功的问卷设计除了考虑到紧密结合调查主题与方便信息收集外,还要考虑到调查结果的容易得出和调查结果的说服力。这就需要考虑到问卷在调查后的整理与分析工作。首先,这要求调查指标是能够累加和便于累加的;其次,指标的累计与相对数的计算是有意义的；再次，能够通过数据清楚地说明所要调查的问题。

（三）问卷的基本构成

严格来讲，问卷并没有完全统一的格式，但在长期使用过程中，逐渐形成了一个可供参考的基本结构，即由标题、前言、指导语、问题和备选答案、结语等五个部分组成。

1.标题

即对调查内容简洁概括的反映。

2.前言

即写在问卷开头的一种说明，主要涉及调查者个人身份或组织名称、调查的目的与意义、被调查对象回答问题的重要性，对被调查者回答问题的要求、关于匿名的保证等。其目的是消除被调查者的疑虑，引发其参与调查的动机和兴趣。

以下是西密歇根大学评价中心对阿巴拉契亚教育实验室（Appalachia Educational Laboratory，简称 AEL）进行外部评价所做的调查问卷的前言的内容。这份前言写得相当好，委托调查的问卷总回收率达到 80%。

教育学院　克拉马伊·西密歇根 49008-5178
评价中心　616381-S895
西密歇根大学
1992.10.5

亲爱的客户：

西密歇根大学评价中心被阿巴契亚教育实验室（AEL）聘请为它的外部评价者，我们将对接受 AEL 的有关材料和服务的人们进行一次调查。调查问卷分两个部分。第一部分是关于研究与发展（R&D）的说明，该说明的刊头位于问卷第一部分的顶部，您被确定为 R&D 说明的对象，您最好熟悉该说明，问卷的第二部分是关于您对 AEL 的材料与服务的一般看法。

通过问卷调查所获得的信息将会呈报给 AEL 机构、联邦政府和 AEL 的全体工作人员，以便帮他们改进 AEL 的材料和服务的质量。您的回答是保密的，不会有任何人去鉴别您的或者他的回答。问卷右上角的数字是一个代码，以便我们能够检索哪些问卷获得了回收。这也是为了减少跟踪发送信函的费用，也有助于消除对已回收的问卷还发送跟踪信函的混乱。

您的回答对于这项评价是否获得成功是十分重要的。您所提供的信息对于 AEL 的重要性，不仅体现在程序计划上，还体现在资金管理上。完成这份问卷所需的时间不会超过 20 分钟。对于您完成这份问卷，并在 1992 年 10 月 26 日之前封好已付邮资的信封返回这份问卷,我们万分感谢!

真诚的:

(签名)

威廉姆·韦思麦　博士

评价 AEL 的外部评价人

dmenc

(资料来源:[美]威廉·维尔斯曼著.教育研究方法导论.袁振国主译.北京:教育科学出版社,1997:218-220.)

3.指导语

即用来指导被调查者如何填写问卷的一段话,其目的是在最大限度内确保问卷填写的质量。

4.问题和备选答案

问题和答案是问卷的主体部分,也是最关键的部分,其中问题的设计应遵循具体、明了,表达确切、通俗易懂的基本原则。答案的设计也要尽可能考虑到问题本身的性质,以被调查者易于回答为其基本原则。问题和备选答案的设计原则,将在后面具体阐述,这里我们主要讨论一下问卷设计的三种基本形式。

(1)封闭式问卷。

即研究者在提出问题后,给被试提供可选择的答案,要求被试在答案中任选一个或几个。如:

你是否买课外读物?

A.经常主动买;B.你要求就买;C.有选择地买;D.很少买;E.从来不买

封闭式问题的设计一般有以下几种形式。

① 是否式和多重选择式。

是否式:即在问题后面提供肯定或否定的两个答案,让被调查者从中选择出一个答案的回答题。如:

学习上我总有自己的目标和计划。

A.是;B.否

多重选择式:即要求被调查者从多种答案中挑选最合适的一个或几个答案。多重选择式又分两种情况。

一是要求做限制性多重选择,即要求被试只能选一个或几个答案。如:

职业院校必修课教材修订要解决的主要问题是(　　　)(最多选三项答案)

A.加强理论性;B.减轻负担,少而精;C.提高兴趣,注意可读性、可接受性;D.便于自学;E.加强教材的综合性;F.联系实际;G.注意培养各种能力;H.增强弹性和灵活性二是非限制性多重选择，即让被试任意选择答案进行回答。如：

您通常通过什么途径获取课外信息？（　　　）（有几项选几项）

A.课外读物和辅导材料；B.电视；C.广播；D.报纸；E.杂志；F.日常交往

是否式和多重选择式的问题一般适用于定类性问题的设计，即答案是要选择不同的类型。

② 等级式和排序式。

等级式：即在问题后的答案中给被试呈现几个与问题相关的等级，让被调查者从中做出选择的回答方式。

社区调查题目举例

提示：表 7-1 是有关 ABC 社区学校的特征、活动及政策等项目的描述，每个项目都有从"极赞成"到"极不赞成"等 5 个答案供你选择。其中"中立"的答案表示你对该项目不了解或不置可否。

表 7-1

项　目	极赞成	赞　成	中　立	不赞成	极不赞成
1.大学预备课程					
2.在初等学校的学生应该学习有些基本技能					
3.近年来改进课程的努力取得了成功					
4.7～12 年级学生的课外活动对他们来说是合适的					
5.家政学是课程的重要组成部分					
6.音乐是课程的重要组成部分					
7.体育是课程的重要组成部分					
8.职业教育是课程的重要组成部分					
9.赞同对安尼中学职业教育比例的调整					
10.赞成教育委员会 1991 年秋实施的 4 年制高中（9～12）、初中（6～8）以及五年制小学的学制计划					
11.对 ABC 教育委员会的工作基本满意					
12.对 ABC 公立学校的中心管理基本满意					
13.学校领导在管理学校上是成功的					
14.高中的指导部门对学生的指导能满足学生的需要					
15.初中的指导部门对学生的指导能满足学生的需要					

（资料来源：[美]威廉·维尔斯曼著.教育研究方法导论.袁振国主译.北京：教育科学出版社，1997：231-232.）

排序式:即根据一定的标准在问题后列出许多答案,要求被试在它们之间做出比较,并依其重要性排序的回答方式。如:

哪些因素对人们选择教师职业比较重要?(最重要填9,次重要填8,以此类推)

(　　)工资收入;(　　)福利待遇;(　　)劳动强度;(　　)工作环境;(　　)晋升调级的机会;(　　)社会贡献;(　　)社会声望;(　　)其他(请注明)。

等级式和排序式多在要求被调查者对所提供的答案进行程度比较的情况下采用。

③ 矩阵式和表格式。

矩阵式即采用矩阵的形式填答的方式。如:

	读书	看电视	看报纸	听广播
您的课余时间	(　　)	(　　)	(　　)	(　　)
您父亲的休息时间	(　　)	(　　)	(　　)	(　　)
您母亲的休息时间	(　　)	(　　)	(　　)	(　　)

表格式即将问题和答案都反映在一张表格中,然后根据实际情况分别在表格中作答的方式。见表7-2。

表 7-2　高职学生参加劳动的情况调查表

劳动内容	劳动时间	
	平　时	假　日
洗　衣		
打扫教室		
搞卫生		
帮助同学		
参加社区志愿服务		
其　他		

矩阵式和表格式往往适用于需要对不同问题涉及的不同方面进行比较的情况,这样做有利于统计。

(2)开放式问卷。

即研究者提出问题后,不给被调查者提供任何答案,也不做回答范围等方面的限制,由被调查者自由陈述答案。例如"你对目前实施的高职招生办法的看法如何"等。开放式问题多用于探讨那些只能进行描述性分析的较复杂、较深层次的问题或在研究初期用来了解研究对象和问题的有关情况,帮助研究人员设计封闭式问卷。

（3）半封闭式问卷。

是前两种问卷形式的组合，即在问题提出后，让被调查者从给定的答案中选择符合其实际情况的答案；为防止在备选答案中找不到符合被调查情况的答案，或为更清楚地了解某些细节内容，可在最后附上一个开放性问题，如"其他"或"为什么？"如：

您认为下列各项中，哪些是社区的学校对学生产生强烈影响的因素？

A：教学质量；B：设备；C：时间安排；D：学校管理；E：其他（请注明）

问卷设计的上述三种形式各有其优缺点。封闭式问卷简洁明了，易于作答，可以提高调查工作的效率，答案标准统一，便于统计分析；但缺乏灵活性和深刻性，不能全面反映被调查者对于某些问题的具体的深层次的想法，难以深入发现问题。开放式问卷，被调查者可以随意表达自己对某个问题的观点和看法，搜集到的材料丰富、具体，往往能得到许多意想不到的很有价值的资料，易于做定性分析；但通过开放式问卷搜集到的资料往往没有一个统一的标准，答案不集中，难以进行统计分析，而且被试回答问题的时间较长，须自行组织答案，会影响到被试参与调查的积极性。半封闭式问卷综合了开放式和封闭式两种问卷形式的优点，比较灵活。在实际问卷设计中，这三种形式的问题都可以出现，我们可以依据调查研究的具体情况来加以确定，但一般情况下，封闭型问题较多，半封闭型问题次之，开放型问题为个别。

5.结　语

即在调查问卷的结尾部分附带的一些说明性的文字或追加一些与本次调查相关的问题。对被调查者的合作再次表示感谢，要求其不要漏填，并进行复核等，也可以追加一些相关问题，如"您对我们这次调查有何感想？""您还有什么需要补充的吗？"等。

（三）问卷设计中应该注意的问题

问卷的设计关系到问卷的科学水平，直接影响到调查研究的信度和效度，是实施调查问卷的关键一环。

（1）问题的内容应全面、准确地反映研究课题的要求，且所有问题不交叉、不重叠。

（2）问题的数量要适度，所谓适度，是指通过控制时间来保持被试回答问卷的兴趣和认真态度，一份问卷的答题时间一般以 30～40 分钟为宜。对可问可不问的问题应不问，需要被试查阅相关资料才能回答的问题不要问，估计大部分被试不会回答或无须回答的问题可以不问。

（3）题目的文字表达应通俗易懂、简明扼要。为此必须精选问题。

① 题目应具体、明确,尽可能考虑到不同被试的知识水平和理解能力。如果调查对象是职业院校一年级刚入学学生,你问他对毕业季的看法,那么就很难获得可靠的有价值的结论。一般不要使用假设或推测的语句,切忌使用复杂和意义含混或专业性过强、过于抽象的词语或概念;避免使用否定性或双重否定的语句,这些可能给被试带来理解上的困难,影响到他们回答问题的质量。

② 一个题目只呈现一个问题,不应包含两个或两个以上问题,否则被试很难给出一个准确的答案。如"你经常参加社交和科研活动吗?""你赞同对学生进行竞争性较低的测验和实施教师等级制度吗?"就属此类,应将它们各分成两个问题呈现,否则会给被试带来回答上的难度。

③ 一般情况下,问卷中的题目应越短越好,这样可使被试集中注意力回答问题,否则会因句子过长而分散其注意力。如"你认为你在目前的职业升迁的机会上有没有可能?"就不如"你认为你目前有没有可能升迁?"好。

(4) 要尽量消除问题中隐含的各种消极心理因素。

① 在调查过程中,常不可避免地涉及一些敏感问题,此类问题若处理不当,可能引起被试的抵触情绪甚至反感,为此必须采用一定手段,使用被试容易接受的措辞与表达方式。如要调查学生参与"赌博""酗酒"等情况,就不能直接问"你是否赌博?"。可以这样问:"现在在一些同学中间流行用扑克、纸牌等定输赢,你是否也喜欢玩这些纸牌和扑克?"很显然,这种问法更容易使人接受。有的情况下,被试根本不愿意回答某些问题,这时"为避免强迫被试做不愿做的回答,提供一种中立或中庸的答案是必要的"。例如供选答案中设有"没有明确的态度"或"不确定",更容易使被试从心理上接受这次调查,更好地完成其他问题。

② 在问题设计中,设计者往往会有意无意地将自己的观点或希望出现的结果带进问题之中,从而使题目本身具有一种暗示性和导向性,左右被试对问题的回答。为此要避免诱导性用语或带有主观意向和情绪色彩的用语在问卷中出现。如:"大多数教师认为中职学生不能谈恋爱,你是否同意这一观点?"这里的"大多数教师"就带有明显的暗示性和倾向性。

(5) 合理安排问题排列的顺序。问题排列的顺序是否合理会对被试的心理产生微妙的影响:安排合理可使被试对问卷本身产生浓厚的兴趣,提高其答题的积极性;否则会使被试对问卷产生一种厌恶情绪,使其感到索然无味,影响其答题的积极性。

因此在问卷设计中应充分考虑这一问题,做到分类清楚、层次分明、合乎逻辑。具体应注意以下几点。

① 问题排列一般按由浅入深、由易到难的顺序。例如,能引起被试兴趣、容易回答的问题放在前面,容易让被试紧张、复杂的问题放在后面。这样可以在一定程度上排除被试的畏难心理和排斥心理,从而确保被试能高质量地完成对所

有题目的回答。

② 从问题的形式来看，一般首先呈现封闭型问题，然后呈现半封闭型问题，最后呈现开放型问题。实际上这也与这三类问题的回答难度有关：封闭型最简单，只需选择答案；开放型最难，需自己组织答案。

③ 内容、性质相同的问题应尽量编排在一起。问卷资料一般可分为基本资料(性别、年龄、种族等)、行为资料(上课提问次数、每天看手机时数等)和态度资料(学习态度、对某一问题的看法等)，这三类问题分别放在一起，并一般按基本资料、行为资料和态度资料的顺序排列。这样可使同一内容或性质的一组问题相对集中且有内在逻辑联系，更方便被试作答。

④ 如果几个难度较小的问题之间有明显的逻辑联系，以致被试可以依据上题推测出下一题的答案，那么就应该有意打乱这种联系，或颠倒其固有的逻辑顺序，或在这些问题之间插入其他问题；当然如果这些问题难度较大又有较强的逻辑联系(尤其是开放型问题)，那么应该保持这种逻辑顺序，以保证被试答题思路的畅通。

⑤ 各种具有不同功能的问题排列时应具有逻辑性，否则起不到其应有的作用，如过滤性的问题应放在实质性问题之前，以起过滤的作用；验证性问题在顺序上虽可随机安排，但必须注意使其与跟它有相依关系的实质性问题有一定的距离，否则容易使被试意识到这类问题的真实意图而影响其回答的真实性。

⑥ 回答方式相同的问题应尽量编排在一起，以免被试因选择答案方式的频繁交换而打乱答题思路。

⑦ 关于封闭型问题答案的排列，要遵循随机排列的原则，切忌形成一种固定的格式或顺序，否则可能使被试产生厌倦、疲劳心理。

(6) 要进行先行性测试。为确保问卷本身的质量，最好在问卷设计好后，在小范围内进行一次试测，及时发现问卷存在的问题，并做出修正，以免造成不必要的麻烦，影响研究的进度和质量。

(7) 注意问卷的外观设计。如纸质不要太差，字号不宜太小，印刷应美观大方。一份设计美观的问卷往往能使被试身心愉悦，可以提高问卷的回答率。

二、访谈法

访谈，就是研究性交谈，是以口头形式，根据被询问者的回答收集客观的、不带偏见的事实材料，以准确地说明样本所要代表的总体的一种方式。

访谈的内容大致可以分为三类：① 事实调查的访谈，即要求被试提供确实知道的一般情况；② 意见征询的访谈，即要求被试谈谈自己对某个问题或现象的看法、意见和建议；③ 了解个体内部心理状态的访谈，包括个人的经历、理想、动机、兴趣、信念、能力、气质、性格等。

（一）访谈法的特点及适用范围

1.访谈法的特点

访谈是访谈双方面对面的沟通,是访谈人员与被访者的言语互动,与问卷法相比有其自身的优缺点。

（1）访谈法的优点。

① 灵活机动。在访谈双方面对面的交流中,访谈具有较大随意性,如果出现被试不理解或误解问题意义的情况,研究者可以及时解释和引导;从形式上来看,既可以由研究者向被试提出问题,又可以由双方围绕某一具体问题展开讨论,较问卷法灵活机动。

② 成功率高。由于访谈是面对面进行的,被试在心理上一般难以拒绝回答研究者的问题,所以一般不会存在不回答的问题。即使被试拒绝回答,我们也可以从其面部表情或行为动作等方面间接了解他对某个问题的大致倾向。

③ 可控性强。访谈者必须亲自深入访谈现场,这就为访谈者适当控制访谈环境、访谈节奏、灵活安排访谈时间和访谈内容、把握访谈的主动权提供了有利条件。

④ 深入有效。访谈可以提供一种深层次的探索和陈述、理清题目的机会,因此可以探讨较为复杂的问题,获取有效的深层次的资料;访谈时,往往没有更多的时间让被试思考,所以其回答的内容往往是他第一反应的结果,较为真实可靠;即使出现虚假回答,也可以通过观察其动作、表情等非言语行为来鉴别其回答内容的真伪。

⑤ 适用面广。访谈的方式简单易行,适用于各种被试,不受其文化程度高低和年龄大小的影响,凡无语言障碍者都可以进行。

（2）访谈法的缺点。

① 耗时费力。访谈,尤其是个别访谈,要耗费大量的时间和精力,而且完全可能遇到拒绝访问和找不到合适被试的情况。

② 范围受限。访谈耗时多,需要占用大量的人力、财力和物力,所以难以进行大规模的访谈,样本较小。

③ 隐匿性差。由于是面对面交谈,故被试会感到一种局促感,对某些较为敏感的问题往往顾虑重重,不好意思或不想透露真实情况,从而拒绝作答或不作真实回答。

④ 受访谈人员影响大。访谈双方直接接触,访谈人员的性别、年龄、容貌、衣着以及态度、语气乃至其语言表达能力和人际沟通技巧等都可能引起被试的某种心理反应,甚至可能由于彼此缺乏了解而产生不信任感,从而影响回答内容的真实性。

2.访谈法的适用范围

（1）对较复杂的问题,可通过访谈向不同对象了解不同类型的材料,以便占有更详尽的资料。

（2）有关个人问题,特别是涉及个人感情等敏感问题的调查,应采用访谈法,以利于研究者根据被试的情绪变化,随机变化地安排访谈内容,控制谈话节奏和进度。

（3）调查有一定深度的问题应采用访谈法。因为这些问题往往不是一两句话能讲清楚的,而访谈可以提供向深层次了解的机会,能给对象理清思路、陈述清楚对某一复杂问题的观点和看法的机会。

（二）访谈调查的基本操作程序

1.明确访谈的目的

访谈的目的一般可分为两类:第一类是验证性访谈,即要验证某一假设或要调查多数人的某种反应;第二类是探索性访谈,即要探索不同变量之间的关系或某些未知的事实和规律。

2.确定访谈形式

即根据访谈研究的具体情况,确定是采用结构式访谈还是非结构式访谈,是采用团体访谈还是个别访谈,是采用直接访谈还是间接访谈,是采用横向访谈还是纵向访谈等。

（1）结构式访谈和非结构式访谈。

结构式访谈是事先拟定好要调查的问题,并设计成问题表的形式,然后严格按问题表的内容进行的访谈。访谈者不得随意改变问题内容,也不可随意更改发问的顺序。结构式访谈有统一的标准,易于进行量化统计,常用于正式的、较大范围的验证性的社会调查。

非结构试访谈也称自由式访谈,它相对随意、自由、开放,无须事先制订统一的问题表,而只需列出问题大纲,按大纲与被访者交谈。这种访谈方式由于相对自由,可以根据实际需要更换话题或调整发问顺序,追问重要线索,可以获得较深层次的较真实可靠的信息,具有"深层次"的特点,故常用于对一些探索性的问题进行质的研究。在必要时可将结构式访谈和非结构式访谈结合起来使用。

（2）个别访谈和团体访谈。

个别访谈是指研究者与被试一对一地进行面谈。这种访谈使双方有更好的交流机会,访谈内容容易深入,尤其在需做深层次探索的探索性访谈中运用较多。

团体访谈是研究者事先邀请几个被试,集中在一起,通过集体座谈的方式收集相关资料的方法。这种访谈形式可以扩大调查对象的范围,提高了收集资料的效率;同时,众多被试在一起,可以集思广益,相互启发,令研究者收集到较全面的资料。团体访谈一般适用于大规模的验证性访谈中。

(3)直接访谈和间接访谈。

直接访谈是指访谈双方直接进行面对面的沟通,以获取信息资料的访谈形式。直接访谈的优越之处在于,研究者可以对被试的言语表现和非言语表现进行较为准确、完整的了解,从而确保信息的全面性和准确性。

间接访谈主要是指利用现代化的通信手段(如电话)进行的访谈。与直接访谈相比,间接访谈具有省时省力、节省经费等特点,但研究者难以控制和观察访谈的情境。在实际研究中,我们可以根据实际研究的需要进行适当的选择,一般情况下,方便起见,间接的电话访谈采用较多。

(4)横向访谈和纵向访谈。

横向访谈即一次性访谈,是指在同一时段对某一研究问题进行的一次性收集资料的访谈调查。内容较单一,以收集描述性事实材料为主。由于收集资料时间短,一次性解决问题,因此更多地被研究者采用,且常用于量的研究。

纵向访谈又称重复性访谈,指随时间的推移多次收集固定研究对象有关资料的跟踪调查,即对同一样本进行两次以上的访谈以获取资料的调查方式。纵向访谈可以通过研究对象自身的前后比较来了解事物发展和变化的趋势,可以进行深层次探讨,常用于个案研究、验证性研究和质的研究。

3.编制访谈问卷

如果采用结构式访谈,应首先编制访谈问卷,其编制的要求基本与调查问卷的编制相同,可以开放型、封闭型、半封闭型问题并用。在访谈中,开放型问题可能更多地被采用,因为它给被试留下了大量可解释的余地。至于具体问题的设计,除了要使访谈题目的表达尽量口语化外,还应在实质性问题中有意识地插入一些验证性问题,以检验被试回答内容的真伪。例如,可先问学生课业负担,间隔一段时间再问每天他们有多少时间可供自己支配。也可在一些具体问题之前设计过滤性问题,以确定这些具体问题是否需要被试回答。例如,可以先问被试是否有进行广泛的课外阅读的习惯,如果没有,那么就没必要再问他对哪些课外读物感兴趣等相关问题了。

如果采用的是非结构式访谈,那么也应该编写一份细线条的访谈提纲。无论是访谈问卷还是访谈提纲,在编制的时候都应该紧扣研究的目的和事先确定的研究变量,且在有条件的情况下进行小范围"预访",以揭示问卷或提纲中存在的问题,及时加以修正。

4.选择访谈对象

即根据研究目的、性质和范围以及研究的主客观条件等具体情况,以随机抽样的方法从研究总体中抽取出有代表性的个体进行研究的过程。一般情况下,验证性访谈样本大，探索性访谈样本小；横向访谈样本大，纵向访谈样本小；结构式访谈样本大，非结构式访谈样本小。

5. 安排访谈的工作进度

为规范访谈程序，应该事先安排访谈行程，将访谈人员、被试、访谈日期及时间做适当的安排，并准备好访谈录音、录像设备等，以使访谈能按部就班地进行。

6. 培训访谈人员

访谈调查，尤其是大规模的结构式访谈，往往需要动用大量的访谈人员参加访谈工作，为此必须事先对这些访谈人员进行培训。应通过培训使访谈人员了解有关科研方法的基本常识、课题的研究目的、研究所采用的方法、研究中采用的变量、课题研究的理论框架、研究的性质、访谈的基本方法和技巧等基本问题。有条件的还可以给访谈人员提供模拟访谈实践的机会，或采用录像的方式将示范性访谈片段呈现给访谈人员，供访谈人员模仿，以熟悉访谈的全过程。

7. 进行访谈，做好访谈记录

进行具体的访谈是一项重要而又复杂的工作，除要按一定步骤进行外，还有许多琐碎的技术性问题。

（1）在访谈之前应事先与被访者取得联系，并说明访谈的目的、意义和内容，表明研究者的身份及研究单位，约定访谈时间和地点。这种事先联系既可以起到通知的作用，又可以取得被试的信任和支持，使访谈顺利进行。

（2）初步接触被试。表明自己的真实身份和来意，同时出示相关证件，以消除被试的疑虑，获得信任，并进一步表达访问的意愿，请求被试的支持与合作。如果被试拒绝接受访问，也应想尽办法与被试约定一个下次登门拜访的时间，不要轻易放弃任何一名被试。

（3）进入正式访谈，做好访谈记录。当获准进行访谈后，访谈人员就可以选择一个有利于交谈，能观察对方行为，又便于记录的位置坐下来，按照访谈问卷或访谈提纲进行访谈。在访谈过程中，应灵活掌握各种发问技巧，必要时还要进行追问。同时要认真做好详尽的访谈记录，访谈记录的内容一般应包括访谈的情境、访谈的程序、回答的内容，被试的表情和行为特征以及访谈人员的追问等。

（4）选择合适的方式和时间结束访谈，并对被试的支持与合作表示感谢。如需进一步访谈，还必须与被试约定下次访谈的时间和地点，告知被试下次访谈的主要内容，以便被试做好下次被访的准备。

8. 整理和分析访谈资料，写出研究报告

访谈结束后，必须对访谈所获得的资料进行初步整理，以确定所获取的信息是否真实可靠，是否有遗漏的问题。如果确实存在问题，那么应该通过重访或电话访谈的形式加以确定，切忌蒙混过关。在确保所获取信息准确、可靠的情况下，可进一步对这些信息进行统计学意义上的分析处理，根据研究目的对问题产生的原因做深入的分析和论证，得出研究结论，写出研究报告。

（三）访谈法的运用要求

访谈是一项复杂的工作，与问卷法相比，人为的影响因素更多，其中访谈人员与被访者的沟通显得尤为重要，这也是访谈成功的关键。在具体的实施过程中，应注意以下三个方面的问题。

1. 提问的技巧

访谈是通过访谈者与被试一问一答的方式来进行的，所以访谈人员能否进行有效的提问是访谈中重要的一步。一般来说应注意以下几点。

（1）在进入访谈之前，可以先问一些接触性问题（如被试的学习、生活等问题），以消除被试的紧张感、拘束感，营造一种自然轻松的访谈气氛。

（2）提问时，所提问题要尽量口语化，用意义明确和表述清楚的话提问，使被试一听就明白问题的意思。发问时要用委婉、平和的语气，切忌咄咄逼人，居高临下。

（3）需耐心倾听被试的回答，边听边记录，可用"是""明白了""懂了"等非指导性话语或点头、诚恳的目光等非言语信息鼓励被试继续讲下去。

（4）在访谈中，不要对被试的回答做任何暗示或评价。当被试不理解或理解错了问题的意义时，访谈人员可做适当解释，但不能给予任何暗示，更不能在被试回答后，对其观点做出肯定或否定的评价或发表自己的见解，而应始终保持中立态度。否则任何暗示和评价都可能对被试的回答产生误导。

（5）当访谈人员认为被试的回答不清楚、不完整、不够深入或不符合题目要求时，可进行追问，以获得满意的回答。如："刚才您说的……可以谈得更详细点吗？""关于……您认为还有什么具体的措施吗？"在必要时还可以通过询问其他相关问题来了解某个被试未回答或回答不完整的问题；如果条件不允许进行现场追问，那么可以在事后集中追问。

（6）要善于洞察被试的心理和行为变化，并灵活机动地加以处理。如果被试面带倦容，不想回答问题，那么可以适当转换话题或暂时休息一段时间，访谈人员应对访谈的目的做出具体解释和说明以消除其顾虑；有时被试可能一时语塞，这时访谈人员应耐心等待，以期待的目光注视被试，等待被试做进一步回答，不要急于打破沉默，在必要时可以重述问题；出现被试的回答漫无边际的情况时，访谈者应及时寻找机会将话题转移到正题上来等。

2. 记录的技术

在访谈过程中，访谈人员必须及时地将被试的各种言语和行为表现如实地记录下来，尤其是被试的言语表达至关重要，如果不能加以如实、完整的记录，那么会直接影响访谈结果的真实性。因此熟练掌握记录的方法,是访谈人员必备的技能。

(1)纸笔记录。可采用四种方式进行:一是用缩略语或特定的符号进行速记,事后再进行整理;二是用详尽的文字全面地对被试的回答进行详记,由于记录速度往往跟不上说话速度,所以详记的信息往往不全;三是对被试回答内容的要点进行简记,这种记录方式相对快速、准确,采用较多;四是不做现场记录,根据事后的回忆进行补记,这种方式很容易漏记或使信息失真,只使用在不宜进行现场记录的访谈中,使用较少。在具体访谈过程中,研究者可根据实际情况在这四种记录方式中选取一种或几种进行记录。

(2)在征得被试同意的情况下,可采用录音、录像等方式辅助记录。录音、录像可以保证资料的完整性和可靠性,而且可以使整个访谈过程重复再现,便于研究者分析和整理,不失为一种较好的方法。

(3)无论是哪种记录方式,访谈人员都应该忠实地记录被试的回答内容,尽量使用原话,少做概括性记录,以免有意无意地将访谈人员的主观意愿渗透到记录中。

(4)访谈中,除特殊情况下,访谈人员一般应随问、随听、随记,及时进行记录,以免造成重要信息的遗漏。

(5)访谈记录中应写明访谈人员的姓名、访谈时间以及地点等资料,以便事后进行核对和分析考查。

3.其他应注意的细节问题

(1)访谈人员应对被试的基本情况有一个大致了解。所以在选择被试时,应尽量选择访谈人员所熟悉的个体,必要时也可以通过一定途径间接了解被试的个性、兴趣爱好、心理品质、理想抱负等情况,对被试的基本情况了解越多,就越有利于访谈人员掌握整个访谈活动的主动权,同时也可以保证被试能为访谈人员提供有价值的事实资料。

(2)访谈时间和地点的选择应以被试方便为原则,访谈时间应尽量安排在被试空闲且心情舒畅的时候,地点应选在能让被试感到轻松愉快的地方,比如有的访谈过多地涉及被试的私人问题,则应选在相对隐秘的地点进行,否则会让被试感到压力很大,不能畅所欲言。

(3)访谈人员事先应向被试说明访谈的目的和意义,使被试感到他的认真回答的重要性;同时请有关专家、有声誉地位的人或单位出具介绍信,以取得被试的信任与合作。

(4)在整个访谈过程中,访谈人员始终要注意自己的言行举止,其中关键是以诚相待、热情、谦虚、有礼貌,积极与被试进行沟通,消除误会、隔阂,形成相互信任的融洽合作关系。

（5）访谈人员不仅应该对被试的言语反应给予足够的重视,同时还应该仔细观察被试的面部表情和形体动作,以捕捉这些非言语反应里所隐含的每一条有价值的信息。

（6）为避免访谈人员与被试之间毫无目的、漫无边际的交谈,应事先准备好问题的准确措辞、谈话进行的方式、必要时的备用方案、对被试所做回答的记录和分类方法等,总之要对整个谈话过程做一个周密的计划,以使访谈中访谈者和被试双方有一个共同遵循的标准程序,保证谈话过程的规范。

三、开调查会

调查会又叫座谈会,是职业教育调查中普遍使用的一种了解情况、收集资料的方式。

（一）开调查会的优缺点

1.优点

（1）与会者人多,可以发挥集体的作用,集思广益,互相启发,彼此印证。

（2）调查者可以根据众人提供的线索,顺藤摸瓜,一问到底,直到弄清事实真相为止。

2.缺点

（1）与会者可能会受人事关系的影响,知而不言,言而不尽。

（2）与会者如果是由专人指定的,那么其发言就可能有较大的倾向性。

（3）如果与会者事先无充分准备,加之每个人看问题的角度和方法不同,那么他们所提供的材料就难免会产生遗漏、误差,甚至错误。

（二）开调查会应注意的事项

（1）所有到会的人必须是与调查课题有关的人员。调查某个问题时,与这个问题无关的人员不必在座。有的因人事关系,几个人在一起反而会妨碍彼此畅所欲言,这种情况应尽量避免。

（2）每次开调查会时,人数不必太多。究竟需要多少人,要根据调查会的要求和调查者的指挥能力而定。

（3）要事先拟定好详细提纲,并尽可能先发给每一位与会者,请他们事先做好准备。事先还要约定好开会的地点和时间。

（4）讲清楚开调查会的目的,采取谦虚的态度,争取与会者的合作。

（5）按提纲一一发问,也可以根据调查课题的需要临时提出提纲上没有的问题,请与会者作答。自己记录或指派专人记录。

(6) 开调查会前要做好充分的准备。座谈的内容和方式要根据调查的需要和参与座谈人员的实际和特点来确定。座谈的内容要有明确的中心,对要取得哪些看法(意见),如何保证座谈围绕主题进行等,都应做好准备,以使座谈有的放矢,取得预期效果。

(7) 要保证座谈的平等、融洽气氛。应使参与者感到亲切,愿意坦率地发表自己的意见。

四、填调查表

调查表是调查研究中用以对调查对象进行调查登记,并列有一定调查项目的表格。调查表有单一表和一览表两种。前者是将研究对象按一个标准分类,只登记一个调查事项的情况的表格;后者是按两个以上标准进行分类,登记若干个调查事项情况的表格。

(一) 调查表的基本特点

(1) 调查范围广,调查对象多是某一特殊群体,收集资料效率高。

(2) 与问卷法侧重收集意见资料不同,调查表偏重于事实及数据材料的收集。

(3) 调查表收集的数据或事实资料相对集中在一张表格内,简单明了,便于比较和统计。

(二)调查表的基本格式

调查表的格式应根据实际调查的需要确定,但一般情况下,一个完整的调查表应包含以下基本项目。

(1) 总标题。简明扼要地说明调查表的基本内容。

(2) 横行与横标目、纵栏与纵标目。分别写在表的左方和上方,说明调查所要研究的问题和各具体项目的内容。

(3) 数据事实资料栏。一般位于表格右下方面积较大的一块区域,用以记录与调查相关的数据或事实资料。

(4) 表尾。用以注明调查单位,并留有书写调查员及填表者姓名和填表日期的空档。

(5) 附录。即填表说明,用以说明调查的目的和意义、填表的具体要求、相关指标的计算方法及一些特殊项目的注释等。

见表 7-3。

表 7-3 职业教育年度经费

单位：　　　省　　　　市/县

填表说明：

年　份	财政支出		教育支出		职业教育支出		职业教育经费占教育事业费的比例/%
	绝对值/千元	增长率	绝对值/千元	增长率	绝对值/千元	增长率	

（三）编制表格的具体要求

编制一套较科学适用的调查表，是确保高质量收集资料的前提条件，在编制表格时应注意以下几点。

（1）在编制表格之前应先根据研究课题系统安排研究的具体问题，并在此基础上确定能客观地反映每一个调查项目全貌及其蕴含特性的具体指标，确保表格内容的全面性。如要调查教师队伍状况，就应具体包括年龄、性别结构、学历结构、职称结构、教育教学水平、工作年限、学科分布等具体指标。

（2）表格标题应简明醒目。

（3）表格内应留有足够的空间让被试填写答案。

（4）为防止答案不确实，可设计相互参证的调查项目。如调查某地区高职学生入学率，应既有全地区高职学生数，又有入学高职学生数，以便前后参证。

（5）要认真填写表尾和填表说明。（具体内容参照"调查表的基本格式"）

（6）表格外观设计应做到形式整齐划一、经济美观、方便实用。

第三节　调查研究案例

案例1　浅论大学生法律意识的现状分析及对策研究

一、问题的提出

近年来，大学生犯罪的报道屡见报端，从马加爵到药家鑫、李启铭，这些"天之骄子"跌入违法犯罪的深渊,无不令人感到震惊和惋惜。作为当代大学生,他们为什么会干出如此极端的事情? 深入案件背后,不难发现,法律意识的缺失、淡漠是导致个别大学生走上犯罪道路的重要原因之一。法律意识是人们对于法律思想、观念和知识的认识,包括对法律的作用、要求等的认识,是对法律的综合性认知。法律思想、法律观念和法律知识对高校大学生而言非常重要,但是,当前高校学生对法律了解多少? 他们的法律观念如何? 他们能否运用法律维护自己的合法权益? 带着这些问题,笔者对江西省部分高校学生的法律意识进行了调查。本文根据对江西省部分高校大学生的法律意识调查情况,从法律教育的角度分析研究,提出提高在校大学生法律意识的方法与对策。

二、研究对象和方法

(1) 研究对象与范围。本研究的研究对象为江西科技师范大学、南昌航空大学、江西中医学院、江西警察学院、南昌理工学院、宜春学院 6 所院校共 681 名在校大学生。学生问卷调查对象覆盖了不同的年级、专业和性别,采取在教室、图书馆等公共场所随机发放调查问卷的方式,共发放问卷 681 份,回收有效问卷 637 份,有效回收率为 93.5%。

(2) 研究方法。本研究采用问卷调查的方法,所用问卷是笔者在文献研究的基础上,参考其他法律类的问卷调查,编制而成的《大学生法律意识现状调查问卷》。从方便调查对象填写问卷、提高问卷回收率的角度出发,问卷全部为选择题,其中单选 15 题,多选 1 题,共计 16 题。包含四个方面的内容:① 对法律基础知识的了解;② 学生的权利意识;③ 对法律的信赖程度;④ 日常对法律的关注程度。

三、研究结果与分析

(1) 对法律基础知识有一定的了解,但不够全面。学生掌握了一定的法律基础知识,但对于一些基本法律概念认识存在欠缺、混淆。调查表明:95.1% 的学生知道宪法是我国的根本大法,说明"宪法至上"的观念深入人心;但仅有 56.7% 的学生知道我国最高立法机构是全国人民代表大会,有些学生将立法机构与执法、司法机构混淆;绝大多数同学对刑法、民法的基本概念有所了解,并能界定合法与非法的界限,明辨是非,但对一些易混淆概念的分辨存在欠缺,仅有 12.6% 的学生知道完全刑事责任年龄为年满 16 周岁,而 68.3% 的同学将完全刑事责任年龄与取得完全民事行为能力的年龄相混淆。

(2) 学生的权利意识较强,但权利行使较为被动。调查表明,当学生在生活中遇到自身合法权益受到侵害的问题时,49.4% 的同学会选择通过法律途径来解决,34.3% 的同学选择报告学校,由学校出面处理,这说明大学生的法律态度比较明确,用法律维权的意识较为强烈,能够理性地维护自己的权益;但在法律和情义有所相悖的时候,又表现出权利意识的淡薄,40.8%的同学认为亲密无间的朋友之间借钱可以不需要写借条,他们对权利的认识不够全面、不够深刻,没有意识到自己行使权利的普遍性、经常性。

(3) 对法律的信赖程度较高,但法律信仰存在缺失。调查结果显示,75.6%的同学认为法律能维护自己的切身利益,对法律的信赖程度较高;对公、检、法等执法机关持充分信任态度的仅占23.2%,并有23.7%的同学选择"除非不得已,否则不跟他们打交道",表明很多同学对司法公正没有信心,对执法机关持不信任态度。部分学生在对法律的认识带有较浓的感性色彩,理性成分较少,对司法公平和正义理解不够,法律在大学生心目中还没有树立起至高无上的地位,法律信仰存在缺失。

(4) 对法律的日常关注程度较高,但需扩展获取法律知识的渠道。通过调查,所有的学校均开设了法律基础相关课程,其中62.5%的同学"重视并认真学习了",说明同学对法律基础课程比较重视且大部分同学能够主动地学习、掌握法律知识,提高自身的法律素养,且绝大多数同学非常愿意参与学校组织的一些法律第二课堂活动;61.7%的同学"感觉生活与法相关",大多数同学会关注法律动态以及典型的法律案例;从获取法律知识的渠道可以看到,网络成为大学生最重要的获取法律知识的渠道,其次是课堂教学和报刊,家庭教育所占的比重非常小。

四、加强高校学生法律意识培养的途径

通过对调查结果的研究分析,笔者结合从事法学教育以来的一些心得体会,就如何有针对性地通过法律教育的途径来提高大学生法律意识,提出几点对策建议。

(1) 进一步加强法律课堂教学,注重培养高校学生的法律信仰。法律课堂教学是大学生了解法律知识、掌握法律规则的第一课堂,重视和完善课题教学工作是培植大学生法律意识的基础。首先,各高校应当重视《法律基础》课程的开设。据笔者了解,江西省部分高校并未开设《法律基础》课程,而是将法律基础知识归入《思想品德与道德修养》课程一并讲授,在授课过程中法律内容被一带而过。其次,教师在教学过程中应注重创新,改革教学方法。教师在授课过程中,应摒弃传统的"填鸭式""说教式"教学方式,引入案例教学法,将一些法治热点问题以及典型案例带入课堂,理论联系实际,提高学生的学习兴趣和学习热情。高校教师在法律教学过程中,不但要讲授法律知识,更要引导大学生尊重和崇尚法律,树立法律至上的观念。高校教师应引导大学生运用现代法治理念深刻理解法律条文所蕴含的价值观,而不是仅仅要求他们掌握具体的法律条文、规范。最关键的是使学生感知法律的公平性、神圣性和权威性,激发他们对法律的高度认同

感，对自由、平等、正当权利的追求以及对法律的信任、忠诚，最终演绎为对法律的崇敬和信仰。

（2）积极拓展第二课堂活动，引导学生运用法律思维解决问题。在重视第一课堂建设的同时，应积极拓展第二课堂活动，采取多种形式、多种渠道进行法制教育，增强大学生的法律意识。① 积极开展法律讲座、法律知识竞赛、辩论赛等校园文化活动。对于非法学专业的大学生而言，由于法律课程的课时较少，教师在课堂讲授过程中并不足以涵盖所有的部门法，只能选择宪法、刑法、民法等基本法律作为学习内容。而要全方位地了解我国法律体系的内容，更多地需要同学平时的积淀，高校可以通过邀请法律专家举办法律知识讲座，开展法律知识竞赛、辩论赛等活动，促使大学生积极主动地学习法律内容，提高他们的学法兴趣，让他们感受到"法在身边"。② 组织学生到法院旁听。旁听开庭不但可以感受法庭庄严神圣的气氛，而且结合法庭审理的步骤、过程，可以深化学生对法律认识，提高学生的自我保护意识和法律意识。有条件的高校还可以邀请人民法院来校公开审理案件。以笔者所在的江西警察学院为例，每学期学院都会邀请人民法院到学院开庭。学生旁听的热情非常高，纷纷表示希望学院能多开展此类活动，每次公开审理都取得了良好的法制教育效果。

（3）重视家庭教育，构建高校与家庭紧密联系的大学生法律教育网络。从调查分析的数据来看，少数同学的法律知识来源于家庭。而培养大学生的法律意识，不仅是高校的责任，还需要家庭的重视。父母是孩子的第一任老师，家庭教育具有学校教育、社会教育不能取代的地位和作用。当前在校大学生均为"90后"，部分学生标榜个性、主张另类，以自我为中心，但面对挫折时缺乏坚强的意志，容易产生悲观失望的情绪，家庭教育对于他们的性格养成十分关键。近年来，越来越多的在校大学生中的"官二代"和"富二代"的违法犯罪个案源于父母对子女的溺爱、放纵，不注重法制教育，使得他们不懂法、不畏法、不守法，从而走上犯罪之路。因此，父母应该以身作则、言传身教，以正确的思想和言行引导教育子女，帮助他们树立正确的人生观、价值观，增强他们的法律意识。

（资料来源：http://www.bigengculture.com/jiaoyulunwen/xueshengguan-li/12751.html）

案例2　高职毕业生就业情况调查问卷

亲爱的同学们：

你们好！时下又是毕业生就业的高峰期，为了更好地了解当前高职毕业生的就业情况和就业心态，分析高职生的就业前景，我们正在进行一项有关高职毕业生就业情况的调查。您的回答对于我们的调查非常重要,请您务必认真、坦率、真实地填写。你所填写的任何资料,我们将为您保密。在此问卷上所做的调查,不会对您产生任何不利影响,所以请您不必有任何顾虑。谢谢您的支持与配合!

第一部分:背景情况

1.性别:

2.政治面貌:

3.在校时职务:

4.毕业时间及专业:

5.生源地:　　市　　　县

第二部分:就业信息

(请您认真完成以下 20 道题目,除特别说明外,均为单选题)

1.您目前所处的情形是_____。[单选题][必答题]

A.继续读书(专升本)

B.正在求职实习岗位

C.已经找到工作

D.应征入伍

E.准备自主创业

F.等等再说

2.您对自己的就业前景持何种态度?_____。[单选题][必答题]

A.乐观

B.一般

C.悲观

D.比较焦虑

E.不清楚

3.您是怎样做就业前的准备的?_____。[单选题][必答题]

A.随便,车到山前必有路

B.有些许准备,但不全面

C.随大家一起,保证学习,不违纪,只要顺利毕业就行

D.巩固学习专业知识,为了工作中更好的发挥

E.多参加社会实践活动、科技创作、比赛等活动,增长经验

F.关心国家要事,了解毕业后形式,为找工作寻找各种渠道

4.您感觉自己的求职在社会中竞争力如何?_____。[单选题][必答题]

A.很强

B. 较强

C. 一般

D. 较差

E. 很差

5. 您认为自己目前最欠缺的素质主要是_____。［单选题］［必答题］

A. 基本的解决问题能力

B. 沟通协调能力

C. 承受压力、克服困难的能力

D. 相关工作或实习经验

E. 专业知识和技能

F. 其他

6. 求职之初，您最希望得到学校哪些方面的就业指导和服务？_____。［最多选择3项］［多选题］［必答题］

A. 职业生涯规划与职后发展指导

B. 简历制作、求知礼仪和面试技巧

C. 国家有关毕业生就业的政策解读

D. 个性化的就业心理辅导

E. 收集和整理社会上有关人才需求的信息

F. 向社会发布毕业生的有关情况和信息

7. 择业时，您将考虑的前三位的因素是_____。［排序题，请在横线上依次填入字母］［必答题］

A. 工作地点

B. 薪酬与福利

C. 个人价值的发挥

D. 专业对口

E. 工作单位性质及规模

F. 工作环境

G. 自己的性格和兴趣

H. 父母的意愿

I. 工作的稳定性

J. 升职机会

K. 经济收入

8. 您认为用人单位最关心毕业生的条件、对于就业影响较大的因素是_____。［最多选择3项］［多选题］［必答题］

A. 实践和工作经验

B. 专业知识技能

C. 社会关系

D. 沟通表达能力

E. 外表及形象

F. 学校知名度

G. 学科优势

H. 计算机应用能力

I. 外语能力

J. 各类获奖、等级证书

K. 职业兴趣

L. 正确的就业观念

M. 思想品德

9. 您一般通过什么途径获取招聘信息？_____。［最多选择 3 项］［多选题］［必答题］

A. 报纸期刊

B. 学校就业网

C. 单位网站和宣传册

D. 实地参观考察

E. 进入单位实习

F. 亲戚朋友等社会关系

G. 参加校园就业双选会、专场宣讲会

H. 参加社会招聘会

I. 政府相关就业信息网站

J. 社会相关就业信息网站

10. 在求职中最困扰您的因素是什么？_____。［最多选择 3 项］［多选题］［必答题］

A. 学校就业指导不够

B. 信息量少

C. 对企业岗位专业知识缺乏了解

D. 能力不足

E. 优势难以发挥

F. 求职方法技巧欠缺

G. 对社会缺乏了解

H. 对企业招聘流程和基本要求缺乏了解

J. 其他

11. 当您选择工作时，你最想进入的行业是_____。［单选题］［必答题］

    A. IT 与通信业

    B. 金融、证券、保险业、商贸业

    C. 电力、石化等能源业

    D. 学校或科研机构

    E. 房地产业

    F. 医药食品业

    G. 旅游交通民航业

    H. 制造业

    I. 政府机关

    J. 新闻出版业

    K. 自主创业

    L. 其他

12. 您对目前的就业环境和就业政策是否了解？_____。［单选题］［必答题］

    A. 非常了解

    B. 了解

    C. 不太了解

    D. 一点了解

13. 对您择业观念影响最大的人是_____。［单选题］［必答题］

    A. 父母或其他亲人

    B. 男友或女友

    C. 老师

    D. 同学朋友

    E. 其他成功人士

    F. 书本上

    G. 其他

14. 您在学习期间是否为自己制订过职业规划或认真考虑过将来职业发展问题？_____。［单选题］［必答题］

    A. 认真考虑过，有规划

    B. 考虑过，但没有规划

    C. 很少考虑

    D. 完全没有考虑过

15. 您认为就业市场对您在学院所学专业的需求如何？您认为学院所学的专业知识和技能与就业市场的要求是否相符？_____。［多选题］［必答题］

A.需求很大

B.需求较大

C.需求较小

D.需求很小

E.完全相符

F.较相符

G.较不相符

H.完全不相符

16.如果进入企业,您最希望从企业中得到什么?_____。[最多选择3项][多选题][必答题]

A.企业的从业经验

B.良好的专业技术

C.先进的管理模式

D.前沿知识信息

E.广泛的人际关系

F.团队合作技巧

G.良好的薪酬福利

H.到海外工作的机会

I.自我价值的实现

J.稳定的工作岗位

K.其他

17.关于您对试用期后的薪酬待遇的考虑。

(1)您期待的薪酬是_____。[单选题][必答题]

A.1 000～2 000元

B.2 000～3 000元

C.3 000～4 000元

D.4 000～5 000元

E.5 000元以上

(2)您期待的待遇有_____。[可多选][多选题][必答题]

A.单位提供廉价住房

B.单位提供免费工作餐

C.单位包食宿

D.单位按国家规定买相关的保险

E.单位按规定缴纳住房公积金

18.您认为当前毕业生就业中的主要问题是什么?_____。[最多选择3项][多选题][必答题]

A. 专门人才供大于求、社会上对人才的需求总量减少

B. 毕业生的就业定位不合理，期望值过高，择业过于挑剔

C. 用人单位在毕业生聘用上过于挑剔

D. 毕业生就业待遇不高

E. 就业信息机制不健全、信息渠道不畅通、信息不充分

F. 政府、学校、用人单位及学生之间互相沟通和了解不够

G. 就业市场不规范，"凭关系""走后门"等不公平竞争现象严重

H. 国家急需专门人才的重点部门和边远地区得不到足够的毕业生

I. 毕业生就业政策不够完善或不尽合理

J. 学校的毕业教育和就业指导过于薄弱

K. 学生对学校的依赖性太强

L. 学校对毕业生就业重视不够

19. 面对就业难，你的态度是_____。[单选题][必答题]

A. 先就业再择业

B. 先择业再就业

C. 期望就业形势好转

D. 焦急

E. 准备充分，应对自如

F. 车到山前必有路

G. 茫然失措

20. 当你对自己的前途很不清楚时，你会_____。[单选题][必答题]

A. 找老师或找长辈询问

B. 上网查询相关信息

C. 船到桥头自然直的想法

D. 尽量多学点知识，以增加择业机会

21. 毕业后打算在哪个地区工作定居？_____。[单选题][必答题]

A. 京津冀地区

B. 东三省地区

C. 长三角地区

D. 珠三角地区

E. 中部地区

F. 西部地区、西南地区

（资料来源：https://wenku.baidu.com/view/e3ea51949f3143323968011ca300a6c30c22f1ac.html）

案例 3　××省高等职业院校人才培养工作评估深度访谈要点

一、深度访谈的涵义

新评估方案的评估方法是："平台＋考察"。平台即数据采集平台,考察即现场考察。现场考察以深度访谈为主,再辅以专业剖析、听教师说课、实地观察、查阅资料等方法。

深度访谈是评估专家在现场考察阶段采集信息的主要方式。专家在分析院校人才培养工作状态数据以及听取院校人才培养工作汇报的基础上,针对从中发现的薄弱环节的核心问题,以院校领导、中层干部、教职工、学生等为访谈对象,与之做启发式深入交谈,以达到探究问题形成原因、寻找问题解决办法的目的。

二、深度访谈的原则

(1) 平等开放原则。专家要与访谈对象站在平等的位置,营造相对轻松的环境和气氛,真诚交谈,形成共同思考和分析问题的访谈局面。

(2) 主题突出原则。访谈主题一定要集中在所要访谈的核心问题上,不能偏离,当访谈对象谈话离题时,要适当引导回归主题。

(3) 由点深入原则。针对访谈主题,捕捉双方共同感兴趣的论点,交流体会或经验,以促进彼此之间的深入思考、深入交谈。

(4) 谈而不辩原则。针对访谈主题,专家若与访谈对象存在观念或观点上的差异,要引导访谈对象陈述观点,保持对他们的尊重,避免争辩。

(5) 适度激发原则。适度激发访谈对象潜在的态度和观点,帮助他们理清思路,鼓励他们提供更多、更深入的信息。

三、深度访谈的方法

(一) 访谈前

(1) 明确访谈目的,使访谈的内容更有针对性。

(2) 选择访谈对象,使了解的信息更准确、有效。

(3) 设计访谈提纲,尽可能从多个角度采集信息。

(二) 访谈中

(1) 提问要有时间和空间限定,以便访谈对象准确回答。

（2）善用换位思考的方法，以接近和了解访谈对象的真实想法。

（3）在不影响访谈气氛的前提下，做好简要记录。

（三）访谈后

（1）访谈后若发现还有尚未了解透彻或存在较大出入的问题，可以对访谈对象进行再次访谈。

（2）访谈结束后，对访谈采集的信息进行筛选、提炼、分析、归纳，深层次分析问题存在的原因，寻求解决问题的办法。

（四）访谈场所

建议在访谈对象所在的工作场所进行，以便形成宽松的谈话氛围，同时也便于随时查阅有关资料。

四、深度访谈的内容

（1）基本内容参照《××省高等职业院校人才培养工作评估指标体系》的"重点考察内容"（此略）。

（2）专家在现场考察中获得希望进一步了解的内容，主要涉及三个方面。

① 院校领导汇报中提到的亮点，如办学理念、办学模式、人才培养、实践教学、社会服务等方面的特色之处。

② 目前高职教育改革普遍关注并感到困惑的问题，如学生的顶岗实习、工学结合课程的改革、校外兼职教师的教学、如何应对目前严峻的就业形势等。

③ 初步了解的学校工作中存在的薄弱环节，如师资队伍建设、专业及课程建设、实训条件建设、教学及实践教学管理、教学质量监控、教研教改等环节存在的问题。

五、深度访谈的设问（仅供参考）

以下所设问题中，含有侧面了解的部分（即从对此部门人员的访谈中，了解其他部门的工作状况）。

（一）院校领导（院校长及班子成员）

（1）××省及地方经济社会发展、相关行业发展对学院所设专业人才培养的需求状况。

（2）学院办学理念、发展目标、特色定位。

（3）学院事业发展、专业建设、师资队伍建设、校园建设的规划及实施情况。

（4）学院对改善办学条件、加强教学管理、深化教学改革、创新人才培养模式、加强专业和课程建设、加强领导班子和中层干部队伍建设、加强师资队伍建设等方面有哪些重大决策？效果如何？

（5）学院在经费收入和对人才培养工作投入方面的情况（经费的分解）。

（6）学院领导重视和参与高职教育教学改革研究，所取得的理论和实践性成果。

（7）学院发展过程中存在的主要困难和问题。

（8）结合领导分工，谈谈您所主管的工作或部门的现实情况。您认为重点应抓好哪几项工作？优先顺序如何？目前成效如何？下一步工作的思路。

（9）您是如何监控工作过程的？抓哪些主要信息？这些信息如何获取？试举例说明。

（二）教务处（处长及相关职能科室负责人）

（1）学院教学管理工作的组织机构、人员分工、教学管理制度、教学文件管理、专业人才培养方案管理、教学运行管理、考试与学籍管理状况及存在的主要问题（包括院系两级教学管理制度的落实情况）。

（2）与其他职能部门的分工和配合状况及存在的主要问题（特别是学生和师资管理方面）。

（3）学院教学质量保障体系的建立和运行情况（包括目标的确定，各主要教学环节质量标准的建立，教学信息的收集、统计、评价、反馈、调控等环节）；对本院教学质量的基本评价（包括人才培养质量的保障机制、主要措施，以及如何实施、实施效果等）。

（4）学院实践教学管理机构、管理人员、专兼职指导老师配备情况；实践教学管理制度及执行，校内实训、校外实习、顶岗实习运行机制及实施的情况；实训、实习、实验等实践教学环节的质量标准及各专业实训教学大纲的制定及执行情况。

（5）学生顶岗实习的落实、工学结合的开展、双证融合与双证书获取的情况。

（6）学院专业建设的思路，是否符合区域、行业经济发展的要求；以工作过程为导向、工作任务为主线的课程体系建设情况；课程教学方法、手段的改革情况；课程考试、考核方式的改革情况；选用高职教材、教师自编教材、校企合作开发实训教材的情况；专业教学资源的共建与共享情况（如馆藏专业图书资料建设、校园精品课程网站建设、校园网用于技能训练等网上虚拟课程教学的情况等）。

（7）国家级、省级、院级精品课程建设的思路及取得的成效。

（8）教师队伍的基本情况（含校内专任教师、校外内兼课教师、校外兼职教师等）。

（9）教师的专业素质状况；教师双师素质培养情况（包括学历进修、挂职锻炼、短期培训等）；专业教师技能水平、到企业锻炼、为社会服务情况；校企合作共建专兼结合教学团队情况；学院向教学一线教师倾斜的政策、措施及执行情况；

学生对师资的认可度。

（10）学籍管理与奖惩制度的实施情况。

（11）学院教学仪器设备总值及生均设备值；各实验实训室（中心）、生产性实训基地、计算机、语音教室、多媒体教室的基本情况（设备、利用率等）。

（12）学院职业技能鉴定机构具备哪些种类的鉴定资格；有相应职业资格证书专业的学生参加职业资格考试或职业技能鉴定的人数、毕业生获取双证书的比例。

（三）组织人事处

（1）学院行政、教学、学生管理队伍状况；师资队伍结构状况。

（2）学院师资队伍建设规划；有哪些配套的政策、措施（如分配制度改革，专业带头人和中青年骨干教师的评定、引进、培养、奖励措施，新教师的培养，专业教师双师素质的培养，兼职教师队伍的建设等）。

（3）学院教师的专业素质状况；教师双师素质培养情况（包括学历进修、挂职锻炼、短期培训等）；专业教师技能水平、到企业锻炼、为社会服务情况；校企合作共建专兼结合教学团队情况；学院向教学一线教师倾斜的政策、措施、执行情况；学生对师资的认可度。

（4）师资队伍建设中存在的主要问题及今后的建设设想。

（四）科研处

（1）你认为高职院校应如何开展科研工作（树立怎样的高职科研观）？

（2）学院科研管理制度及执行情况。

（3）学院体现科研为教学服务、为提高人才培养质量服务的措施及效果。

（4）学院科研成果对本院人才培养工作起到的指导作用及效果。

（5）学院科研队伍的建设情况。

（五）各系（主要是系领导、教研室主任、专业带头人、骨干教师等）

（1）本系所属专业（群）建设的思路；在学院专业（群）建设规划中的位置和作用；是否体现高等职业教育特色和学院特色。

（2）专业教学改革试点工作有哪些基本做法，以及有何成效。

（3）专业人才培养方案制定的依据、专业人才需求调研、专业面向的岗位群分析、专业及专业方向的设置及调整、专业人才培养目标定位等。

（4）如何针对专业人才培养目标，构建具有本专业特色的人才培养模式？

（5）以工作过程为导向、工作任务为主线的课程体系架构。

（6）本专业学生针对就业岗位的核心能力是什么；有哪些专业核心课和技能训练课来支撑；实践课程与能力训练是如何强化的（实践类课程在专业课程体系

中的地位和作用、所占课时比例)。

(7) 实践教学环节的管理措施及执行情况;校内外实训基地的建设、管理及运行情况;实践教学环节运行中存在的主要问题和困难。

(8) 课程教学内容、方法、手段的改革措施及效果;课程考试、考核方式的改革措施及效果。

(9) 学生半年以上顶岗实习的落实与管理情况,双证书获取的比例和质量情况。

(10) 校企合作、工学结合的开展情况(包括校企合作开发课程和教材,专业教师为企业提供技术服务和人员培训的情况等)。

(11) 专业教学团队建设的目标、思路、措施及效果。

(12) 专业带头人应具备的素质和工作职责。

(13) 教学研究立项与管理情况,以及成果和成效。

(14) 系级教学管理与质量控制工作的情况。

(15) 系内教学工作和学生工作的分工与配合情况。

(16) 各系在素质教育方面所做的工作及效果;在就业指导与服务方面开展的工作及效果。

(17) 本专业学生的就业情况、用人单位的评价、学生的意见反馈等。

(18) 本专业人才培养工作中存在的突出问题以及解决的思路;你对本专业发展的意见和建议。

(六) 学生处

(1) 学院学生管理工作的组织机构、人员分工以及学生管理组织系统的构成情况。

(2) 学生管理规章制度的建立与执行情况;院系两级管理工作的开展情况。

(3) 辅导员、班主任的工作状况,开展日常思想教育工作、在学风建设和教学信息反馈方面所做的工作,存在的主要问题。

(4) 学生日常行为管理与奖惩制度的实施情况;开展日常思想政治工作、在学风建设和教学信息反馈方面所做的工作;存在的主要问题。

(5) 与相关职能部门的分工及配合情况(学生及学生宿舍管理;体育、校内外各类竞赛、其他活动的组织与管理等)。

(6) 学生勤工俭学及困难学生的资助和贷款情况;奖学金的发放情况。

(七) 团委

(1) 学生社团的组成与管理;社团活动的开展情况;学生第二课堂活动情况。

(2) 广播站的管理情况。

(3) 学生会及学生党、团组织建设情况。

（4）学生素质教育工作状况；开展的提高学生素质的活动等。

（5）贯彻教育部关于加强大学生心理健康教育文件精神的实施状况、开展大学生心理素质调研的基本情况、心理健康课程的开展情况；学生心理健康状态的基本估计；工作中存在的主要困难与问题。

（八）招生就业处

（1）机构设立的时间、组织机构与人员分工、相关制度、开展的主要工作及效果、存在的主要问题。

（2）开展人才市场需求调研和毕业生跟踪调研状况；开拓就业市场状况；学生就业咨询指导工作状况。

（3）学生就业状况（就业率及其在省内同类院校中的排名、签约率、专业对口率、用人单位满意度、优秀毕业生等）。

（4）行业、企业对学院及学生质量的评价及回报情况。

（5）与相关职能部门的分工及配合状况（就业方面与教学部门、学生工作部门的关系，与各系辅导员、班主任的工作关系等）。

（九）财务处

（1）近两年教育事业费及专项经费拨款、学费收缴、年度教育事业费预决算、日常教学经费、师资培训经费、图书资料费、教研教改经费、实践环节经费的投入状况等。

（2）经费收入与支出方面存在的主要问题及解决的思路。

（十）资产设备处

（1）教学仪器设备总值、生均值。

（2）近两面教学仪器设备增长与更新和现代技术含量提高的情况；实验实训室（中心、基地）、计算机、语音教室、多媒体教室的基本情况和利用率。

（十一）督导室

（1）多元化质量监控机制的形成及运行情况。

（2）与其他职能部门的分工及配合情况。

（3）学院督导工作是怎样开展的？

（十二）图书馆

（1）馆舍面积、藏书册数（电子图书单独算）、阅览室座位数（含电子阅览室）及开放时间。

（2）馆藏图书种类、内容的构成及比例，与学院所设专业的适应情况。

（3）近两年图书册数与经费增长情况。

（4）图书生均年流通量情况。

（5）现代管理技术应用情况。

（十三）保卫处

（1）你认为学院的不稳定因素主要有哪些？学院采取了什么措施？

（2）目前教职工关注的热点问题是什么？是依据什么来判断的？如何应对？

（3）目前学生中议论的热点问题是什么？是依据什么来判断的？如何应对？

（4）有无各类突发事件的处置预案？涉及的部门、人员是否清楚？有无演练？

（5）近年来学院是否发生过较严重的、影响校园安全稳定或违规办学的事件？学院是怎样处置的？效果如何？有哪些经验教训？

（十四）继续教育部门

（1）开展各种继续教育的形式及规模。

（2）面向社会开展各种技能培训和鉴定的情况。

（十五）教师

专任教师：

（1）你的高职教育观，对 16 号文的理解以及在教学中的运用。

（2）你对专业人才培养方案、课程教学大纲的熟悉情况。

（3）你所担任课程的定位（在课程体系中的地位和作用）；课程所面向岗位的能力、素质要求；课程教学内容、方法、手段以及课程考试、考核方式改革的做法及效果；所任课程如何体现"职业性、实践性、开放性"要求。

（4）学院对教师进修、提高双师素质等师资培养方面所采取的措施及效果。

（5）你参加进修、培训、企业锻炼的情况。

（6）骨干教师应具备的素质和工作职责；本系（部）有哪些专业带头人和骨干教师；教师梯队的建设情况。

（7）学院在教学管理、教学质量监控方面的具体措施、执行情况和效果。

（8）你认为学院在教学方面还存在什么问题？课程教学中存在的困难及改进的思路是什么？

（9）学院在教学研究立项与管理方面的政策有哪些？你所了解的学院教学研究成果有哪些？

（10）作为专任教师，你认为在工作方面目前最欠缺的是什么？怎样提高最有效？希望学院给予怎样的支持？

专业课教师：

（1）你的高职教育观，对专业人才培养方案的熟悉情况。

（2）本专业的专业建设取得了哪些成果？进行了哪些教学改革试点？

（3）本专业课程体系建设与改革情况，校内外实践教学条件情况，校企合作、工学结合的情况。

（4）专业课教师为地区或行业、企业进行技术服务和人员培训情况。

（5）课程教学内容、方法、手段改革的做法及效果；学院对教师进修、提高双师素质采取的措施及效果。

实训课教师：

（1）实践教学在本专业人才培养过程中所处的地位，在专业课程体系中的状况。

（2）实践教学体系建立与实施情况；实践教学环节的管理与措施；实践教学环节运行中存在的主要问题。

（3）校内实训基地建设与管理；校外实习基地建设及运行情况。

（4）学生参加职业技能考核或鉴定的人数，通过率是多少？

基础课教师：

（1）你所任课程的建设情况及相关的制度、措施。

（2）你所任课程着重培育学生哪一方面的能力？如何做好与相关专业基础课及专业课的衔接？

（3）作为基础课教师，你在学生综合素质的培养中能做些什么？

（4）学院在鼓励基础课教师提高学历职称、优化结构方面有什么措施？你有什么建议？

（5）有学生认为基础课对所学专业或将来的就业起不到太大作用，对基础课的学习不够重视，你是如何解决这一问题的？

思想政治课教师：

（1）谈谈你对高职院校思想政治理论课的看法。

（2）在新形势下，如何对学生进行世界观、人生观、价值观方面的教育？如何帮助学生提高职业素质？

体育课教师：

（1）学院体育教师数量、结构、素质的基本情况。

（2）学院体育课程教学改革情况；学生课外体育活动开展情况；与学院其他职能部门的分工配合情况。

（3）近两年实施《大学生体质健康标准》情况；《大学生体育合格标准》通过率情况。

（4）体育场馆、场地、设施建设和使用情况；组织和参加各类体育竞赛活动情况。

(十六) 学生

(1) 你是通过什么渠道了解并报考这所学院的？为什么报考这所学院及这个专业？谈谈你对这所学院的看法和意见。

(2) 你是否了解所学专业的人才培养目标？如果了解，请简要说明。你是否了解所学专业将来可从事的职业岗位以及在获得一定工作经验后可升迁的职业岗位？

(3) 入学后，是否有教师对你所学专业的整体人才培养方案进行过详细介绍？你认为是否有必要了解？你认为将来就业的主要职业能力素质要求有哪些？必须掌握的职业技术技能有哪些？

(4) 教师在教学过程中有没有给学生介绍与本专业相关的行业发展现状？如果有，请简要说明行业发展现状。

(5) 教师在教学过程中采用过哪些教学方法？教师运用多媒体教学的情况。

(6) 你在本院学习期间，参加过哪些类型的考试(理论课程考试、实验课程考试、基础技能训练考核、综合技能训练考核、相关职业资格证书或技术等级证书考试、其他类型)？

(7) 你在本院学习期间，参加过哪些形式的考试(笔试、面试、操作、成果作品、竞赛、其他形式)？

(8) 你认为任课教师的总体教学质量如何？学生通过什么渠道反映对任课教师教学的意见？你对学院教学、学生管理、后勤服务、办学条件等方面有什么意见和建议？

(9) 你在哪些校内实训中心(基地)参加过实训？你认为校内实训条件能满足专业学习需要吗？你有没有参加过校内生产性实训(含真实工作场景和虚拟工作场景中的实训)？

(10) 你在哪些企业(校外实践教学基地)进行过实训和实习？实训和实习的次数分别是多少？多长时间？有无专门的管理人员和指导教师？校外顶岗实习由什么人员指导？

(11) 你是否参加过学院或系部组织的专业兴趣小组，以及社会实践、科技文化、技能竞赛等活动？

(12) 你所在专业应取得的职业资格或技术等级证书有哪些？你认为本专业职业资格证书教育开展的情况如何？是融入了教学过程，还是仅组织考试？

(13) 你取得了哪些职业资格或技术等级证书？

六、深度访谈的准备

(1) 认真学习和领会教育部 16 号文以及××省新评估方案的要求，掌握其内涵与实质，并将之融入日常的人才培养工作中。要注意××省新评估方案指标体系中各"关键评估要素"的"合格说明"，对照其"重要考察内容"，思考和回答我们在人才培养工作中遇到的各项问题。

（2）深度访谈内容，既有全院师生员工都应该掌握的内容（如16号文的内涵与实质；学院的办学理念、发展目标、特色定位等；校训、校风、教风、学风；学院发展概况、重点特色专业建设等情况。与学院基本办学条件和人才培养工作状态数据相关的各项指标情况也要让教职工知晓，以防认识和说法出现矛盾、贻误真相），又有与访谈对象自身的工作和学习相关的各项规章制度及执行情况。前者是所有教师学生都应了解的知识，后者是各部门从自身实际出发需要熟悉和掌握的内容。学院领导、各部门负责人、专业带头人、骨干教师、优秀学生和学生干部等是深度访谈的重点对象，更应熟知有关的知识和情况。

（3）深入了解本部门、本岗位的职责，对本职工作内的事情要熟知。

（4）由于有些问题是专家想从侧面去了解和证实的问题，因而对那些非本职工作但与本职工作相关的情况、制度等也应有所了解。

（5）树立大局观念，不要把个人情绪带到访谈中。如果谈及自己不甚了解的非本职工作或与自身无关的事情，可以如实回答说不了解，切忌回答出与实际不符或个人主观猜测的内容。

（资料来源：https://wenku.baidu.com/view/a8bb06eda0116c175f0e48c4.html?fixfr=6dveIuRKINKFeK9drHyRZA％253D％253D&fr=income7-search）

案例4 ××职业技术学院毕业生追踪调查表

（用人单位填写）

一、下表是对我校在贵单位工作的毕业生基本情况评价，请您根据实际情况，进行选择。

内　　容		评　价				
		很高	较高	一般	较低	很低
思想品质	坚持四项基本原则，积极参加各项政治活动					
	对国家重大事件的关注程度					
知识水平	政治理论水平					
	专业技能水平					
	外语水平					
	计算机应用水平					
	人文素质水平					
基本素质情况	适应工作能力　称职情况					
	组织表达能力　口头表达能力					
	组织能力					
	交往能力					
	书面表达能力					
	独立自主能力　独立工作能力					
	有信心					
	有毅力					
	责任心					
	身心健康　健康状况					
	自信					
	热情乐观					
	善于与他人协作					
	理智、宽容					
	群体意识					

续表

内 容			评 价				
			很高	较高	一般	较低	很低
基本素质情况	社会适应能力	适应陌生环境的能力					
		观察能力					
		推销自我的能力					
	科研创新能力	科研能力					
		创新能力					
		思维能力					
		结合工作实践及时形成理论经验的能力					
	实践能力	理论知识与实际工作结合的能力					
		发现问题解决问题的能力					
		善于使用行之有效的工作方法					
		自我获取知识的能力					
	精神面貌	上进心、事业心					
		责任心和敬业精神					
		法纪观念					
		安心本职工作的热情					
		调动工作的意念					
请您对我校毕业生的综合素质进行评价							

二、您认为我校应对在校学生加强哪些方面的培养？请从下列选项中选择（打"√"，至少选四项）并排序。

项目	A	B	C	D	E	F	G	H	I	J
	思想道德素质	计算机水平	实际操作能力	专业基础知识	心理素质培养	人文知识素质	外语水平	专门技能培训	创新意识和能力	其他
选择打"√"										
排序										

三、从下面选项中选出您在选择录用毕业生时优先考虑的因素（打"√"，至少四项），并排序。

项目	A	B	C	D	E	F	G	H	I
	专业	综合素质	学历层次	学习成绩	学校名气	技术能力	学生干部	仪表	性别
选择打"√"									
排序									

四、您认为合格的毕业生应具备哪些素质？请从下列选项中选出（至少选四项），并排序。

项目	A	B	C	D	E	F	G	H
	思想道德素质	计算机水平	社会交往能力	专业基础知识	心理素质培养	外语水平	身体健康	其他特长
选择打"√"								
排序								

五、请留下贵单位的联系地址及方式。

单位名称（全称）：＿＿＿＿＿＿＿＿＿＿＿＿＿＿＿＿＿＿＿＿＿＿

通讯地址：＿＿＿＿＿＿＿＿＿＿＿＿＿＿＿＿＿＿＿＿＿＿＿＿＿＿

联系人（或单位主要负责人）：＿＿＿＿＿＿＿＿＿＿＿＿＿＿＿＿＿＿

联系电话：＿＿＿＿＿＿＿＿＿＿＿＿＿＿＿＿＿＿＿＿＿＿＿＿＿＿

问卷调查结束，衷心感谢您的合作。

××职业技术学院

第八章　实验研究

第一节　实验法概述

一、实验研究及其基本要素

1. 实验研究的定义

实验的一般定义：一种经过精心的设计，并在高度控制的条件下，通过操纵某些因素，来研究变量之间因果关系的方法。实验的基本目标是决定两个变量之间是否具有因果关系。

职业教育实验研究是研究者按照研究目的，合理地控制或创造一定的条件，人为地变革研究对象，从而验证假设探讨职业教育现象因果关系的一种研究方法。教育实验，或许是改变某个条件而使其余条件保持恒定，或许是让多个条件同时改变，分析这些条件的影响以及它们之间可能的相互作用。

一般来说，在实验过程中，研究者通过引入（或操纵）一个变量（即自变量），以观察和分析它对另一个变量（即因变量）所产生的效果。从方法论上看，实验是定量研究的一种特定类型，它比其他几种教育科学研究方法更直接地基于实证主义的背景和原理。尤其是在检验变量之间的因果关系方面，实验研究具有最突出的效用。因为判断因果关系的三个条件在实验研究的方式中，可以得到最为充分的满足。

2. 实验法的三个要素

作为一种特定的研究方式，实验法有三对基本要素。分别是：

· 实验组与控制组；

· 前测与后测；

· 自变量与因变量。

任何一项实验研究,一般都会涉及这些基本要素。可以说,实验研究的这三种基本要素,构成了实验研究所具有的独特的语言。

(1)自变量与因变量。

自变量是引起其他变量变化的变量,故也叫作原因变量。而因变量则叫作结果变量。在实验研究中,自变量又叫作实验刺激,而因变量则往往是研究所测量的变量。实验研究的中心目标是探讨变量之间的因果关系,其基本内容是考察自变量对因变量的影响,即考察实验刺激对因变量的影响。与一般意义上的自变量有所不同的是,实验中的自变量通常都是二分变量,即它通常只有两个取值"有"和"无",即给予实验刺激或不给予实验刺激。

(2)前测与后测。

在一项实验设计中,通常需要对因变量(或结果变量)进行前后两次相同的测量。第一次在给予实验刺激之前,称为前测。第二次则在给予实验刺激之后,称为后测。研究者通过比较前测和后测的结果,来衡量因变量在给予实验刺激前后所发生的变化,反映实验刺激(自变量)对因变量所产生的影响。这种测量既可以是一次问卷调查,又可以是一项测验。

(3)实验组与控制组。

实验组是实验过程中接受实验刺激的那一组对象。即使是在最简单的实验设计中,也至少会有一个实验组。控制组也称为对照组,它是各方面与实验组都相同,但在实验过程中并不给予实验刺激的一组对象。控制组的作用是向人们显示,如果不接受实验刺激那样的处理,那么将会怎样,与实验组形成比较。在实验研究过程中,研究者不仅观察接受刺激的实验组,同时也观察没有接受实验刺激的控制组,并通过比较这两组对象的观察结果,来分析和说明实验刺激的作用和影响。

3.实验的逻辑和实验的条件

(1)实验的逻辑。

如果我们根据某种理论命题得到两个变量之间存在因果联系的假设,或者我们根据经验事实和主观判断,推测现象 X 是造成现象 Y 的原因,即 X→Y。为了证明这一假设,我们首先观察 Y 的变化情况。即先测量在没有受到 X 的影响之前,Y 的情况如何,然后通过操纵某些条件,引入被看作自变量和原因的实验刺激,即引入 X,接着再对引入 X 以后 Y 的情况进行测量,并比较前后两次测量的结果。如果前后两次的情况发生变化,则可以初步认为 X 是导致 Y 变化的原因,即检验了 X→Y。这可以说就是实验研究的最基本的分析逻辑。如图 8-1所示。

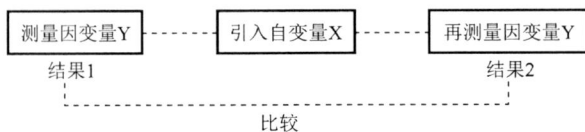

图 8-1

当然，这只是一种最简化的情形，同时，它也是一种最理想的情况。实际的教育科学实验的形式要复杂得多。一般情况下，任何两种事物或现象之间的关系，都会同时受到若干其他事物或现象的影响。要说明这两种事物或现象之间存在因果联系，实际上就意味着，人们要排除其他相关事物或现象造成因变量发生变化的可能性，即要排除其他各种因素造成因变量 Y 在前后两次测量中所得的结果不同的可能性。

可能性最大的一个影响因素是前测的影响，即人们第一次对因变量 Y 进行测量的行为本身对因变量就已经产生了影响。它使得在人们引入实验刺激（即引入自变量 X)和在对因变量进行第二次测量（即后测）之前，因变量就已经发生了变化，因而人们带着前测情况的影响进行后测，从而使后测结果产生变化（或有所不同）。正是为了排除这种因素造成结果变化的可能性，需要有一个控制组。对这个控制组来说，它也接受前后两次对因变量 Y 的测量，但不对其实施实验刺激，即不引入自变量 X。这样，在"实验组和控制组这两组对象是相同的"的前提下，人们就可以从实验组前后两次测量之差中，减去控制组前后两次测量之差，从而得到仅由自变量 X 所产生的影响。这就是实验研究的分析逻辑中必须有"实验组""控制组"这一对基本要素的原因。

注意上面所说的"在'实验组和控制组这两组对象是相同的'的前提下"这句话的含义，自然就会提出另一个重要的问题：实验组和控制组的对象是否相同？以及如何使得或保证这两个组的对象相同？如果实验组和控制组这两组对象本身就不同，那么，对这两组对象进行前测和后测所得到的结果就会不一样，它们之间的测量结果实际上是不可比的。换句话说，由两组对象前后测之差相减所得到的，并不就是实验刺激 X 的影响，其中还夹杂着由两组对象本身的差异所造成的影响。正是为了排除这种影响，实验研究又必须面对实验对象选择的问题。

通过一个假设的例子来具体说明实验研究的基本逻辑，以及实验的三组基本要素在实验中所扮演的角色。假设，研究者对某种新的教学方法的效果感兴趣，即他希望探讨："新的教学方式"（自变量）与"学生成绩提高"（因变量）之间的是否存在因果关系？他选择了两个各方面情况都差不多的班级，并在开学初对这两个班级的学生进行了相同科目、相同试卷的测验（前测）。然后，在其中一个班级（实验组）按一种新的教学方式进行教学（给予实验刺激），而在另一个班级

（控制组）中，仍按照原来的教学方式进行教学。学期末，他再对这两个班级的学生进行第二次相同科目、相同试卷的测验（后测），并对测量结果进行比较。如果两班学生后来的学习成绩相差无几，则说明新的教学方式（实验刺激）并没有起作用；如果只有实验组的成绩提高了，而控制组的成绩没变化，或者虽然两班学生的成绩都提高了，但实验组学生的成绩提高得更多，则可以看作是新的教学法所起的作用和产生的影响。

（2）实验的条件。

进行一项具体实验必须满足以下几个基本条件。

① 必须建立变量之间因果关系的假设。实验研究的目标就是检验和证明因果关系。因此，变量之间因果关系的假设是实验研究的逻辑起点。在进行一项具体实验时，研究者必须事先建立起两个变量之间因果关系的明确的假设。同时，研究者应了解他所要引入的自变量是什么，他要测量的因变量是什么，特别是要清楚如何引入作为自变量的实验刺激。

② 自变量必须能够很好地被"孤立"。这即是说，所要引入和观测其效果的变量必须能够与其他变量隔离开，即实验环境能够很好地"封闭"起来。在许多实际研究中，这一点往往是最难做到的。比如，如果研究者希望研究手机对高职生行为的影响，他就必须从高职生所受到的家庭影响、学校影响、同龄群体影响和其他大众传媒影响中，严格地"孤立"出"手机的影响"这一因素，显然，这在实践上常常是相当困难的。

③ 自变量（实验刺激）必须是可以改变的，同时也是容易操纵的。最简单的改变是"有"和"无"，对应的操纵则是"给予实验刺激"和"不给予实验刺激"；更为复杂的改变则是程度上的变化，比如刺激程度的"强""中"和"弱"以及刺激时间的长短等。

④ 实验程序和操作必须能够重复进行。实验作为教育科学与自然科学在研究方法中最接近，而且程序和操作最严格的一种研究方法，可重复性是必须具备的重要条件之一。从另一个角度说，实验的可重复性也是实验结果所具有的确定性（或信度）的重要基础。

⑤ 必须具有高度的控制条件和能力。对实验对象（包括实验组和控制组）的严格控制，以及对实验环境的高度把握，共同决定着实验研究的结论的准确程度。可以说，控制是实验研究的本质特征，没有控制就没有实验。因为根据实验的基本逻辑，如果研究者在实验中缺乏适当、准确的控制，那么他就无法确定实验所得到的结果究竟是由他所假设的因素（自变量）所导致，还是由一些其他未能加以控制的因素所导致。

二、实验的分类

1. 实验室实验与实地实验

严格的实验研究通常在实验室内进行，当然实验也可以在现实社会生活中进行。前者称为实验室实验，后者称为实地实验。在心理学中，实验室实验的例子更多。例如，研究者希望探讨"群体的一致性规范"对人们的行为所形成的压力和影响。实验在一个专门的实验室进行。每次安排四名实验对象进入实验室。研究者首先告诉实验对象他们正在参加一项有关观察和判断的实验（实验的表面目的）。黑板上共画有四条直线。上面的三条竖线由短到长，差别明显。下面的一条横线与三条竖线中长短居中的那条相等。研究者逐个询问实验对象："三条竖线中哪一条与横线相等?"第一个回答："与最长的那条竖线相等。"第二个、第三个实验对象也做出了相同的回答。这时，研究者又问第四个实验对象。这位实验对象从一开始就觉得横线与中间那条竖线等长，可随着前面一个个回答者的回答，他开始出现动摇，并最终在轮到自己回答时，也违心地做出了与前面三个实验对象一致的回答："与最长的那条竖线相等。"实际上，前三个实验对象都是研究者的同谋，他们故意做出与事实不一致的回答。此实验研究的实际目的是，考察最后回答问题的那些实验对象是否会屈从于群体的规范。

在实验室实验中，实验背景和变量都相对容易控制，实验环境可以较好地"封闭"，实验者能够比较清楚、确切地观察到自变量对因变量的影响。这是实验室实验的主要优点。但实验室实验在实验内容上局限性比较大，即许多教育研究者感兴趣的内容常常无法在小小的实验室中人工地制造出来。与此相联系的另一个缺点是，实验室实验的结果在推广性、普遍性和概括性上往往较差。原因之一是较多的实验室实验都是以一定区域学生的有限取样为实验对象，而他们与众多的不同区域的学生之间存在着许多差别。原因之二是实验室的环境与现实的教育环境之间的差别很大。而实地实验中，研究者可以在真实的教育环境背景中观察到学生自然的反应。但同时研究者又常常难以对众多有可能影响因变量的实验背景、实验条件进行控制，难以孤立出自变量的独立影响。他所能做的工作仅仅是观察发生了什么事情，即仅仅是对他无法控制的现象所产生的可能的影响进行测量。

2. 标准实验和准实验

实验设计必须具有一些必备的条件，例如，随机指派实验对象以形成两个或多个相同的组，前测和后测，实验环境的封闭，实验刺激的控制和操纵等，这样的实验通常称为标准实验。然而，对于职业教育研究来说，进行类似于自然科学中或者心理学中常见的诸如实验室实验那样十分严格、十分完备的标准实验的可能性不大。职业教育研究的对象和内容常常在许多方面限制了这种严格的实验设计在现实中的应用。例如,他们有时不能完全控制对自变量的操纵,有时仅仅只能进行后测,有时不能将被试随机分配到不同的实验条件中。总之,他们常常无法对实验环境进行高度的控制。

上述各种缺乏实验设计中一个或多个"条件"或"部分"的实验,叫作准实验设计。这一概念是 D. T. 坎贝尔和 J. C. 斯坦利于 1966 年首创的。"准"是"类似于""接近于""几乎是"或者"半"的意思(有的著作中将其直接译为半实验)。D. T. 坎贝尔和 J. C. 斯坦利指出,通过仔细选择被试群体和测量方法,人们可以建立"在产生正确因果推论的能力上与真实实验相近的研究设计"。因此,准实验设计是在更好的实验设计无法实行的时候所使用的有实用价值的设计。

从变量分析的角度来看,准实验设计可以说是处在以相关分析为特征的调查研究与以因果分析为特征的实验研究之间。准实验设计有以下几种常见类型。

(1)"具有不等同组的仅有后测的设计",这种设计有一个具有实验刺激和仅有后测的实验组。实验组与控制组之间并不是具有相似性或相同性,即两组不等同;对实验刺激缺乏控制。

(2)"有前测和后测的单组设计",这种设计仅有一个实验组,有前测和后测,也有实验刺激,但是无控制组。

(3)"仅有后测设计的单组设计",这种设计是最简单的实验设计,它比单组设计的组成部分更少,只有实验刺激和对实验组的后测。

3. 双盲实验

所谓双盲实验,指的是在一项实验中,实验刺激对于实验对象和参与实验的观察人员来说都是未知的。即究竟是实验组还是控制组被给予了实验刺激,参与实验的双方(指实验对象和实验人员)都不知道,实验刺激是由实验人员和实验对象以外的第三者任意分派和给定的。为什么要采用双盲实验呢?先让我们来看看这样一个例子。心理学家罗森塔尔为了研究教师的期待对学生表现的影响,在一所小学一至五年级的学生中进行了一项实验。他先对全体学生进行了语言能力和思维推理能力的测验,以了解学生的基础。然后他随机地从每个年级的学生中抽出 20% 的学生作为教师期待的对象。他告诉教师说,这 20% 的学生有可能比其他学生学得更好(即更有发展潜力)。其实,这 20% 的学生与其他80% 的学生的能力和发展潜力相当。当教师对全体学生进行了八个月的教学之后,研究者又对全体学生进行了一次测验。结果发现,被教师期待的这 20% 的学生,其成绩全都显著地提高,教师对他们的评语也比其他学生好。这一实验表明了教师的期待对学生发展所具有的作用和效果。

三、实验研究法的优点和不足

1.实验研究法的优点

（1）实验研究法是教育科学研究中建立因果关系的最好方法。

实验研究法从建立因果关系方面说，是优于其他方法的，因为文献法、调查法、内容分析法等研究方法，在多数情况下是横向进行的，而非在整个时期内进行的，但实验研究方法一般都是纵向的，尽管时间可能很短，但是自变量与因变量之间有一个时间的先后问题，它为研究实验因子在整个时期的变化提供机会。此外，在严格控制无关因素对因变量影响方面，实验法是最好的。例如调查研究一般对环境中的干扰因素难以控制，观察法研究虽然常常是纵贯地进行的，但一般不能控制外部因素对因变量的影响，也不大可能准确地测量因变量的变化；文献研究有时是纵贯的，但一般不能控制外部因素对因变量的影响，也不能准确地测量因变量的变化。一个真正的实验，在控制方面是较好的，控制对于资料分析和假设检验都具有重要的效果。

（2）获得自然条件下遇不到或难以遇到的情况或情境。

它可以使研究者获得自然条件下遇不到或难以遇到的情况或情境，可以扩大研究的范围和排除或抑制某些对研究有不利影响的内容。它使研究者可以在多种不同的情况下或情境中，研究教育问题。

（3）可以重复验证。

在实验中，通过人为地改变条件，可多次获得同一状态下的某些现象，因此它比采用观察法、调查法等能更加确切地研究这些现象。

（4）提高研究的准确性和精密度。

实验使研究者有可能准确地、精细地、分别地研究事物的各方面或组成部分，比较容易观察某些特定因素的效果。进行实验时，可以有计划地控制现象和环境，造成便于精确测量和运用机械方法纪录的条件，使研究更为精密。

2.实验研究法的缺点

（1）它需要花较多的人力，有时往往受到实验设备以及其他实验条件的限制。

（2）对实验所需要的现象和环境的控制难度大。教育实验的对象是活生生的人，要像自然科学的实验室实验那样实行严格的控制是不可能的。

（3）它对进行实验或参加实验的人员有一定要求，有的实验要求实验者熟练地掌握实验法的有关技术，并要求训练有素，有的实验需要有关单位、学校的配合和协助方能进行。

正是由于这些原因和限制，在职业教育研究中，教育实验研究法的应用不如其他研究方法广泛。

第二节 影响实验的因素和实验的控制

一、效度问题

进行实验设计，首先必须考虑实验效度。所谓效度，就是指实验设计能够回答要研究的问题的程度。实验效度一般有两种：内在效度和外在效度。在实验过程中，这两种效度可能受到许多因素的影响。

1. 内在效度

内在效度指研究结果能被明确解释的程度，实验者所操纵的实验变量对因变量所造成的影响的真正程度。实验内在效度高低，取决于对无关变量控制的程度。控制得越好，实验的效果越能解释为由实验处理所造成；反之，控制得越差，实验结果越无法解释，其结果究竟是由实验处理所产生，还是由其他无关因素所导致的，将难以确定。

对于影响内在效度的因素，美国学者坎贝尔和斯坦利（Cambell&Stanley，1963)认为有八项因素是影响内在效度的无关变量。

(1) 历史（或同时事件）。

假定研究者所用研究实验设计为 O_1XO_2。

即在给予实验处理（X）之前进行测验（O_1），实验处理（X）之后再进行测验（O_2），自 O_1 至 O_2 这段时间内，影响因变量 O_2 的因素除了 X 之外，可能还有某些特殊事件。例如，研究者想试验一种新的阅读教学方法的效果，先对一组受试实施阅读测验，经过一个学期的新的阅读方法教学后，再使用同样的阅读测验测量他们的阅读能力。结果发现后一种测验的分数显著高于前一种测验的分数，因此，研究者就下了这样的结论：新的阅读教学方法是较好的方法。这个结论可能不正确，因为在实验进行期间，一些影响因变量的事件可能和实验处理同时发生作用，从而混淆了实验结果。例如，学校图书馆在实验期间购进了大量趣味性强的读物，引发学生的阅读兴趣；或学校正巧在该期间开展阅读竞赛活动，调动起学生的阅读热情；甚至，学校平时的正规教学可能介入影响。所以，阅读能力的增加，不能认定为单纯由实验处理所导致。一般来说，实验时间越长，实验处理以外的其他事件的影响的可能性就越大。

(2) 成熟。

受试者在实验期间，不论生理或心理都会产生变化。例如，变得更成熟、健壮、疲劳、饥饿、分心或没有兴趣等，这些改变都会影响实验结果。前面提到的新阅读教学方法实验的例子中，受试者也会因为年龄增长而在认识能力方面自然发展和成熟，或词汇量自然增长，形成干扰实验处理的效果，故其阅读能力的提高难以单纯归因于新的阅读教学方法。

（3）测验。

许多教育实验研究为了比较实验前后的情况，往往在实验处理之前进行测验，但前测的经验常常有助于后测分数的提高，尤其是前后测验的题目基本相同时。因为受试者在经过前测之后，会熟悉测验的技巧和内容，所以即使没有实验处理的效果，也可能前测的经验的影响导致后测分数提高。

（4）工具。

在测量过程中，测量工具（例如试卷、仪器等）不同，评价者身心发生变化（例如评卷者在评价后测时，变得比前测时疲劳、粗心或严格），也可能改变实验的结果。还以上述新阅读教学方法的实验为例（$O_1 X O_2$），如果前测的试题比后测的试题容易，则阅读能力的变化有可能是测量工具不同引起的结果，而非实验处理的效果。同一主试者，对实验处理后的评价，可能会引起因对实验较为熟悉，或因更为了解实验的目的，或因疲劳与厌烦，而改变评价的标准，导致实验效果受到影响。

（5）统计回归。

统计回归现象指受试者的测量分数在第二次测量时，有向团体平均数回归（趋近）的倾向。换言之，高分组的受试者在第二次测量时，其分数由于向平均数回归而有降低的趋势，但是低分的受试者，其分数有升高的趋势。在有前后测的实践中，若以极端分数（高分和低分）的学生为对象，则容易出现统计回归现象。

（6）差异的选择。

由于为随机抽样和随机分派，所选择的两组或几组受试者，在未用实验处理之前，本来各方面能力有所偏差或不相等，故实验结果的两组成绩不同，就不能说这种差异是单纯由实验处理所造成的。所以，在采用两组或多组的实验研究中，研究者必须可考虑不同组别受试者在各项特质（实际素质）上是否一致。如果组别之间受试者的特质不一致，那么实验结果中出现的差异就有可能是由原来研究组之间所存在的差异所造成的，而非实验处理的结果。

（7）受试者的流失。

研究样本在实验期间的流失（例如迁居、退学、死亡等），有可能使实验结果难以解释。例如，研究者随机分派两组一年级新生进行某一新课程的新方法教学研究，假定实验一年期间，不少智力低的学生从实验组退出，而控制组却无此现象，研究结果如发现实验组成绩优于控制组，此结果很可能不是实验处理所造成的，而是实验组多数低能力的受试者中途退出实验造成的。当实验组和控制组有不同比率的受试者退出实验时，就会导致实验结果的偏差。虽然两组都是经过随机抽样和分派而得到的,但由于不同比率的受试者退出实验,所剩下的样本可能有异于原来的无偏差的样本。

（8）选择与成熟的交互作用。

前面所述七项因素,彼此交互作用,是构成影响内在效度的另一个因素。选择与成熟的交互作用便是常见的例子。例如,研究者要检验某心理治疗方法的效果,分别选择一些有心理异常状态的学生为实验组,选择一些心理正常的学生为控制组。在实验处理前,两组均做心理测验,测验表明,异常组的异常倾向分数比正常组的该项分数高得多。在异常组实施异常心理治疗后,再对两组进行心理测量,发现异常组的异常倾向分数大为降低,或接近正常组的该项分数。如图 8-2。

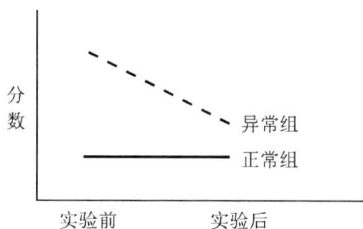

图 8-2

对这种现象的分析认为,这种效果有可能不是心理治疗所造成的,而是选择了一组有自然恢复现象的异常组与一组无自然恢复现象的正常组所造成的。异常组与正常组本来就不同,这是"差异的选择"的因素;实验处理后,异常组发生了自然恢复,正常组则无,这是"成熟因素"。这两种因素造成了不平行的发展曲线,即选择与成熟的交互作用因素的影响造成了此效果。

2.外在效度

外在效度指实验结果的概括性和代表性。换言之,就是指实验结果是否可以推论到实验对象以外的其他受试者,或实验情境以外的其他情境。一个实验越能实现这个目标,就表示该实验越有良好的外部效度。如果用于高职男生实验的结果,只适用于高职男生,而不能推论到高职女生,用于高职大学生的实验的结果,只适用于高职大学生,而不能推论到中小学生,那么这个实验设计的外部效度（群体效度）就比较低。如果在试验室里实验的结果,只适用于实验室环境,而不能推论到日常生活情境,在城市实验的结果,只适用于城市,而不能推论到农村,那么这个实验设计的外部效度（生态效度）也不高。

美国学者坎贝尔和斯坦利（Cambell&Stanley,1963）认为有四个因素是影响外在效度的无关变量。

（1）测验的反作用或交互作用效果。

测验的反作用,指前测对后测的作用;测验的交互作用,指前测与后测的交互作用。有前测经验容易造成后测成绩好。在有前测和后测的实验设计中,前测的经验往往会限制研究结果的推论性,因为受试者经前测后具有敏感性,平常情境下未曾注意到的问题或现象,这时变得更加敏捷和警觉,以致实验效果可能部分来自前测的经验所产生的敏感性。例如,研究者欲了解一周的政治理论学习对高职大学生政治理论学习的态度改变的效果,学习之前,如果先测量高职学生对政治学习的态度,则由于这一测验的影响,高职学生在一周的学习期间,会特别集中注意力学习与前测有关的问题和内容,导致后测成绩有很大的提高。这种提高可能是前测所产生的敏感性和政治理论学习的交互作用结果(因为前测使学生对政治理论的学习更容易引起警觉和重视)。但在没有前测的实验情境下的一周的政治学习,可能就不会有这样好的测验成绩。因此,有前测的实验结果,只能推论有前测经验的情况,而不能推论到其他没有前测经验的团体中去。

（2）选择偏差与实验变量的交互作用效果。

当研究者选择一些具有独特的心理特质的受试者做实验时,选择偏差与实验变量的交互作用效果就容易产生。因为这些独特的心理特质,有利于对实验处理造成较佳的反应。例如,如果选择一些具有高智力的高职学生,进行新教学方法教学与传统式教学方法教学比较,实验结果发现新教学法优于传统教学法。但是这一结果不能推论到实验以外的其他一般的高职学生中去。因为参加实验的对象,具有高智力的独特心理特质的高职学生(选择偏差)也许比这种特质低的学生(例如低智能的学生)更能从新教学法(实验变量)中获益。如果将这种结果随意推广到智力一般或较低的高职学生中,显然会造成推论的错误。

（3）实验安排的反作用效果。

由于实验情节的安排,受试者知道自己正在被观察或正在参加实验,他们所表现出来的行为,通常与他们不知道在正在被观察或不是参加实验时,有很大的不同。这时,他们往往可能为投实验者所好,而改变正常的行为方式,努力表现出试验者所期望的行为,以获得实验者的欢悦。但受试者在非实验情境中的表现,可能与此完全不同。例如,高职学生知道自己被选择在参加一项新的教学方法的实验,因而在实验期间表现出比平时更高的兴趣和动机、更高的学习主动性和积极性,结果使实验效果产生很大的改变。由此可见,在实验情境下所得的结果,可能和自然情境下的结果大不相同,这就是实验结果常不能适用于日常生活情境的原因。

（4）多重实验处理的干扰。

当同样的受试者重复接受两种以上或多种实验处理时,前面的处理通常不易完全消失,以致几项实验处理之间会产生干扰的作用。因此,这种实验的结果,只能推论到类似这种重复实验处理的受试者,而无法应用于只有一种实验处理的情况。例如,实验集中学习法、分散学习法、整体学习法和部分学习法的效率时,让每位受试者重复采用四种方法,当发现其中的整体学习法的效果最好时,研究者并不能将这种结果推论到仅仅接受一种整体学习法的处理情境,因为整体学习法取得良好的效果,可能是和其他三种方法共同交互作用的结果。

综合上述,实验的内在效度愈高,其结果愈能确认是由实验处理所造成的;而实验的外在效度愈高,其结果的推论范围就愈大。因此,实验的设计必须重视这两种效度。但是在实验情境中,要同时十全十美兼顾这两种效度是很难做到的。一般来说,基本研究比较重视内在效度,而应用研究则比较重视外在效度(在不太影响内在效度的情况下)。

二、实验控制的两个重要内容

1.寻找两组相同的对象

根据实验研究的分析逻辑的要求,必须有两组各方面都一样的对象。在实际研究中,研究者为了创造出两组相同的对象,往往采用两种方法:匹配和随机指派。

(1) 匹配。

匹配指的是依据各种标准或特征,找出两个完全相同或几乎完全相同的实验对象进行配对,并将其中一个对象分到实验组,而将另一个对象分到控制组的方法。在心理学的实验中,这种方法比较常见。例如,要进行一项有关职业教育的实验研究,需要选择两组"相同的"高职学生作为实验的对象。可以先对某一个年级的全体学生进行一次智商测验。从学生的智商测验得分表中,发现有两个(或者多个)学生的智商分数为 108,就将这两个学生作为一对,并将其中的一个分到实验组,而将另一个分到控制组。同样,又发现有两个(或以上)学生的智商分数为 112,也照样一个组分一个;继续找出这样具有相同智商分数的学生对子,同样将他们分别分到实验组和控制组,直到找满实验样本所需要的数目为止。用实验的语言来说,这样做就是"在智商这一变量上对两组学生进行了匹配"。应该指出的是,按照上面所介绍的方法进行匹配的两组学生,虽然在"智商"这一变量上完全相同,但他们可能在其他一些变量上又很不相同。比如,可能其中一组的女生比例较高,而另一组中则是男生的比例较高,即两个组在"性别"这一变量上的分布有所不同。同时,由于男生和女生对待学习的态度不同,学习的方法不同,学习成绩也有所不同。因而对于所研究的问题来说,"按照智商分数相等"的标准选择出来的这两个组,仍然没有达到在性别上"完全相同"的要求。所以还必须进一步根据性别进行匹配。推而广之,这两个组的学生除了在性别上有差别外,还会在类似的许多变量上都有所不同,比如学习成绩的好坏、家庭人口的多少、家庭收入的高低、父亲的职业类型等。因此,要保证两个组的对象"完全相同"，必须在第 3 个、第 4 个……第 n 个相关的变量上继续进行匹配。这是一项什么样的工作呢？十分显然地是，要找出两个在一个、两个或者三个变量上相同的对象是容易的，但要找出两个在所有变量上都相同的对象，则是完全不可能的。这也即是说，在某种意义上匹配的方法是基本无用的，因为目标是要使两组对象在所有方面都相同，然而这在实际生活中是无法做到的。

困难来自三个方面。一是现实中往往会没有足够的对象供选择。因为随着需要相同的变量数目的逐渐增加，现实中符合条件的对象数目将急剧减少。从实践的角度来看，研究者将在这方面遇到难以克服的困难。二是研究者只能在那些他们已经意识到对因变量可能有影响的变量上进行匹配，而实际生活中还有更多没有被研究者意识到的因素可能对因变量有影响，这些没有被研究者意识到的变量，显然不会被研究者用来对对象进行匹配。三是人们的有些特征在实践中是很难测量的，或者说是很难操作化为具体的、可观测的指标的，比如人们的动机、性格等，如果不能很好地测量动机，就无法在动机这一变量上与对象进行匹配。当然，匹配的方法在实际研究中仍具有一定的作用，研究者还是可以在有限的条件下，针对那些与研究所关注的主要问题密切相关的变量来进行匹配，而暂时忽略和放弃其他一些与所研究的问题联系不太紧密的变量。只是在这样做的时候有一点应注意，研究的结论应限于一定的范围，下结论时应留有充分的余地。还可以从一种相反的途径来对实验对象进行匹配，即直接将实验组和控制组的总体结构配成完全一样。这种方式与非随机抽样中的定额抽样方法有点相似。例如，假如实验对象共 60 名高职学生，其中有 40 名男生，20 名女生，那么，安排 20 名男生、10 名女生到实验组，另外 20 名男生和 10 名女生安排到控制组。这样，实验组和控制组在"组内的性别比例"方面就是相同的；或者说，对这两个组的对象在性别变量上进行了匹配。另外，假如这些对象中共有 20 名学生来自城市，其余 40 名学生来自农村，那么，在按性别分组的同时考虑城乡变量的分配，即在分到实验组和控制组的 30 名学生中，都要保证有 10 名是城市学生，20 名是农村学生。这样就在性别和城乡两个变量上对实验组和控制组进行了匹配。同样困难的是，要想同时考虑实验组和控制组在所有变量上的比例和结构，事实上也是不可能的。人们所能做的往往只是在非常有限的几个重要变量上令两组结构相等。

（2）随机指派。

随机指派的方法是研究者用来解决实验中两组对象相同性问题的另一种办法。随机指派的逻辑和程序十分简单，即完全按照随机抽样的原理和方法来将实验对象随机地分配到实验组和控制组中。具体的操作方法有如下三种。

① 用抛硬币的方式来决定每一个具体的对象是去实验组还是去控制组。比如，假定要将 60 名高职大学生分到实验组和控制组（每组 30 人），那么从第一个

对象开始,根据抛硬币的结果来决定其去的组别。若硬币正面朝上,则该对象去实验组;若硬币反面朝上,则该对象去控制组。根据概率原则可知,抛硬币时出现正面朝上与反面朝上的概率各为50%。因而,被分到两个组去的实验对象也基本相等。

② 按单、双号来简单地决定每一个对象是去实验组还是去控制组。同样是60名高职大学生,将他们随意地按顺序排列。然后将号码为单数的即1,3,5,7,…,59号的学生分配到实验组,而将双号的即2,4,6,8,…,60这30名学生分配到控制组。这实际上类似于概率抽样方法中的系统抽样法。

③ 按照排列的顺序或实际抽取实验对象时的先后顺序来决定。比如,将名单中排在前面的30名高职学生分到实验组,而排在后面的30名高职学生分到控制组。或者将先抽到的前30名高职学生分配到实验组,而将后抽到的30名高职学生分配到控制组。

按照上述三种方法分配的结果,两个组在各个方面都会比较相似。例如,如果这60名高职学生中有40名男生,20名女生,那么在所形成的两个组中,其男女生所占的比例也会接近2:1。这就是说,两个组中的性别比与总体中的性别比基本相同。同样的道理,这两组学生在其他变量(特征)上的比例也会与总体中的比例相接近。这样,得到了两个在所有变量上几乎完全一样的小组。或者说,这两个小组的学生在所有变量(包括那些尚未认识到的和无法测量的变量)上的分布几乎是相同的。这是随机指派最为重要的作用。可以说,随机指派为人们创造了几乎完全相同的两组对象。之所以说"几乎完全相同",是因为随机指派仍然存在误差,特别是当对象的数量比较小时,这种误差可能会很大。所以,在可能的情况下,实验对象应达到一定的数量。

(3) 配对方法与随机指派方法的比较。

配对方法的实质是尽可能使实验组和控制组中的成员之间在许多重要的背景因素、个人特征因素上完全一样。而随机化方法的实质则是依据与随机抽样完全一样的原理,用概率论来控制各种干扰变量的出现。不难理解,当人们根据随机化的方法,从一个总体中选出两个群体时,各种干扰变量会以同样的方式对两个群体影响。因为根据概率论,此时所选出的两个群体基本上是两个完全相同的群体。所以,使用后者所进行的实验在准确性和精确性上将超过前者。因为通过概率论可使那些偶然因素像熟知因素一样被把握,所以在匹配法中的那些由于不熟悉而不能控制的因素,也成为可以把握的了。

2. 对自变量的操纵

当研究者能够决定他的实验对象将经历什么,或将接受什么处理和安排时,就说他能够操纵自变量。例如,如果研究者能够决定实验组的学生在新的学期中将接受新的教学法的教学,就说这个研究者能够操纵自变量——"新的教学法"。

实验中对自变量的操纵常常体现在如何恰当地"制造出"这个自变量上。例如，如果人们的假设是"在紧张情境中，吸烟者会吸更多的烟"，那么，紧张和香烟的消耗是两个主要的变量，其中紧张是自变量，它一般可以定义为人们在心理上、精神上的一种压力或负担。用实验来检验这一假设时，前提之一就是要在实验中制造出紧张来。人们可以用"必须在规定时间内完成一份数量大、难度大并且占学期总成绩80％的数学考试"来对一组学生"制造"紧张。然而，职业教育研究者十分感兴趣的许多变量通常不能够被操纵。比如，职业教育研究者通常要探讨学生的性别、年龄、家庭背景或个性特征等是否会影响他们的学习倾向，而学生的这些特征是研究者无法操纵的，即研究者无法使某个学生的这些特征发生改变。因此，人们往往无法用实验来研究这种关系。与实验相反，调查正好适合这种研究。除此以外，职业教育研究者会由于政治的、伦理的原因或限制，而不能操纵另一些变量。比如，我们不能去人为地让高职学生吸烟，以观察吸烟对高职学生的影响。因此，许多对职业教育研究者来说十分感兴趣的变量通常不能被操纵，正是职业教育学者较少采用实验室实验研究方式的一个重要原因。

三、实验控制

要正确地解释实验结果，除了具体分析影响实验效度的各种因素外，还必须设法控制一些影响实验效果的无关变量。

1. 实验控制的原则

实验控制有一个基本原则，就是最大最小控制原则。意思是使自变量产生最大变化，使其他干扰的变量与误差产生最小的影响。包括三层意思。

（1）控制实验变量。

使实验变量系统而且尽量使前后的变化显出差异。例如，研究时间（自变量）与遗忘（因变量）的关系时，时间的选择应采用1、3、5、7、9、11等不同日期的变化顺序，而不宜采用1、2、3、4、5、6、7、8等不同小时的变化顺序。因为后者变化间差异太小，对所产生的结果的影响不易辨别。

（2）控制无关变量。

控制自变量之外一切可能影响结果的其他变量，使其保持不变或达到最小变化甚至排除在实验情境之外，务必不致影响自变量与因变量之间的因果关系。

（3）控制测量工具。

控制测量工具的选择与使用，务必使误差减小到最低限度。

2. 实验控制的方法

根据上述原则，研究者要采取一些对可能影响实验结果的无关变量进行控制的方法。

（1）随机控制法。

随机控制是将参与实验的受试者以随机分派的方式，分为实验组与控制组或各个不同的实验组。从理论上说，随机法是控制无关变量的最佳方法。因为在概率的原则下，各组受试者所具备的各种条件机会均等。在实际使用时，随机分派法可分为两个步骤：第一步是用随机的方法将参加实验的所有人员进行分组；第二步是以随机的方法决定哪一组为实验组，哪一组为控制组。

随机控制的方法，虽然在事实上未必各方面都完全相等，但理论上它们相等的机会是比较多的。

（2）物理控制法。

物理控制就是注意实验情境的物理条件是否保持恒定，刺激的呈现是否标准，以及反应的记录是否客观一致等物理性因素的控制。例如，为了使实验情境保持恒定，以免干扰实验变量对因变量的效果，要设法控制声音、灯光、气氛、周围环境等物理因素。

（3）排除控制法。

排除法是在设计实验时将可能影响结果的变量，预先排除于实验条件之外，使自变量简化，免受其他变量的影响。例如，在做实验比较发现式教学法和演讲式教学法的优劣时，如果认为智力因素会影响结果，则只选高智力生为受试者（或只选中等智力生或只选低智力生为受试者），这样智力因素对实验结果的影响被排除掉了。同样，如果认为性别因素对实验有影响，则可采用单一性别（如只用男生或只用女生为受试者），这样，性别因素对实验结果的影响可排除掉。

排除法能很有效地控制无关变量，但所得的研究结果缺乏普遍的推论性。例如，只用男生为研究对象，将来结果就不适用于女生。因此，在实验设计时，排除法并不常用。

（4）纳入控制法。

纳入法是弥补排除法缺点的一种方法。这种方法是把影响将来实验结果的某种（或某些）因素也当作自变量来处理，将其纳入实验设计中，成为多因子实验设计。这样不但可以收到控制之效，而且可以进一步了解变量间的交互作用结果。例如，上例中，可将智力因素分为高、中、低三个层次纳入设计中，这时，原设计就变成2（教学法）×3（智力）的二因子实验设计。在这一设计中，一方面可了解不同智力间的差别，另一方面又可了解智力和教学法之间的交互作用，亦即教学法的效果是否因不同智力层次而有所差异。假如同时考虑智力和性别两个因素，就成为2（教学法）×3（智力）×2（性别）的三因子实验设计。

（5）配对控制法。

配对法是企图使实验变量之外其他变量发生相等影响的一种方法。具体做法是：认定与因变量有明显关系的变量，然后决定所要控制的变量，并据此选择同等分数或相同特质的受试者配对。配对后，再以随机分派的方式，将其中一个分派到实验组，另一个分派到控制组。例如，为了使两组高职学生的智力相等，研究者可从智力测验分数中，选择分数相同的受试者配成对，然后随机分派到实验组和控制组。常用以配对的变量有性别、年龄、社会经济地位、智力、学业成绩、个性特征和前测分数等。必须注意的是，配对变量的决定，一定要以和因变量有高度相关者为根据。

在理论上，配对后，实验组和控制组的受试者，在所据以配对的特质方面，可达到相等的程度。但这在实验上是很难使用的。因为：首先，配对的变量超过两个以上时，要找到这几个变量同时相等的受试者是十分困难的；其次，配对的变量虽然可保证会相等，但其他因素未必会相等；再次，对于中介变量，如动机、态度等内在的因素，根本无法找到可靠的根据去进行配对。只有随机控制法才能克服配对法顾此失彼的缺点，而且对难以观察测量的中介变量如动机、性向、态度、疲劳、注意等因素，也同样发生控制作用，这也许是在实际中人们多用随机法而少用配对法的重要原因。

（6）测量选择控制法。

测量选择法是把参加实验的对象全部测量一下，然后根据测量的结果，予以合理的选择与分配。为了使各组均等而编制或采用的测验，必须合乎实验处理的要求。例如，如果打算采用两个组做实验，以比较两种数学教学方法的效果，那么所要测量的就是学生原有的数学水平。测量的结果出来后，就按分数多少的顺序排列好，然后按排列顺序上的位置，把他们均等地分派在各组里面。为了使各组均等，在实行分组时可采取"弓"字排列式。如图 8-3 A、B 两式，若按顺序连结，则是两条"弓"字形的曲线。

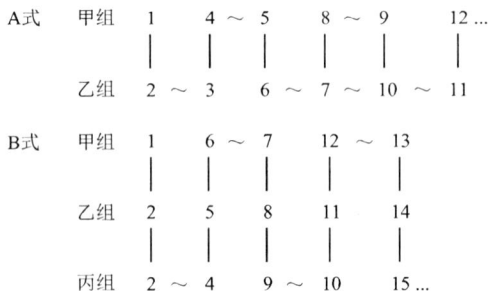

```
A式    甲组    1      4 ～ 5      8 ～ 9      12 ...
               |      |    |      |    |      |
       乙组    2 ～ 3      6 ～ 7 ～ 10 ～ 11

B式    甲组    1      6 ～ 7      12 ～ 13
               |      |    |      |    |
       乙组    2      5    8      11    14
               |      |    |      |    |
       丙组    2 ～ 4      9 ～ 10      15 ...
```

图 8-3

根据上述分组法，组数再多时仍可依此类推。为了使各组的均等更接近理想水平，可在依上述方法分组后，再求得各组的平均分数而加以比较，若仍发现有彼此悬殊的情况，则可把一组中分数较高的人和另一组中分数较低的人加以调换。此外,仅仅在平均分数上相等还不算相等,还必须在差异量数(如平均差、标准差等)上也力求相等。只有这样,才能使两组在原有水平上更接近真正均等。控制无关变量是实验研究中一项非常重要的工作。但这里所说的"控制"只是相对的,而非绝对的,只有程度之分。要想对人类行为和对复杂多变的教育现象,像物理化学实验那样达到绝对控制而又肯定变量间因果关系的程度,事实上是不可能的。因此,在职业教育实验研究中要正确理解"控制"一词,才能正确解释所得的实验结果。

第三节　实验设计

实验设计是实验研究的蓝图。它的意义在于给研究者提供如何控制变量,如何分析资料,可以获得怎样的结论的一种构想、计划和策略。为了简明地表示各种研究设计的特征,下面的研究设计将用符号来表示。现先介绍实验设计的符号及其涵义。

X:表示研究者所操纵的实验变量;

O:表示观察分数或测量分数;

R:表示受试者是随机选择和随机分派到各组;

……:表示由虚线所隔开的各组研究对象之间不相等;

——:表示由实线所隔开的各组研究对象之间不相等;

由左至右:表示时间次序或先后;

同一横行的 X 或 O:表示这些 X 或 O 是对同一组受试者的实验处理。

一、单组实验设计

单组实验设计是用单一实验组为研究对象,施加某一种或数种实验处理的实验设计。

1.设计 1:单组后测设计

这种设计的模式为:　　X　　　O

这种设计的要求是,首先选择一些受试者作为研究对象,并给予一种实验处理,然后测量实验处理的效果。例如,为检验一种新的教学方法对学习成绩的影响,采用一班学生实施这种教学方法,一个学期后,测验学生的学习成绩,并凭研究者主观的判断下结论说:这种教学方法有助于学习成绩的提高。这个结论可能是不正确的,因为这种设计的内在效度甚差,如历史、成熟、差异的选择和受试的流失等因素可能干扰实验结果。总之,这种设计虽然简单易行,但因缺乏控制组和可比较的量数，许多因素会混淆实验结果，在一般的教育研究中，这种设计已甚少采用。不过，能认识其优缺点，对于从事更适当的实验设计是必要的。

2.设计 2：单组前后测设计

这种设计的模式为：　　O$_1$　　　X　　　O$_2$

这种设计的要求是，对受试者进行实验处理前的测验(O$_1$)，然后给予受试者实验处理(X)，再给予受试者一次测验(O$_2$)。最后比较前测和后测的分数，通常采用两个相关样本平均数差异的显著性的检验($N>30$ 时，用 Z 检验；$N<30$ 时，用 t 检验)，以检验前后两次测验平均数的差异显著性(统计检验的具体方法可参阅有关章节)。这种研究设计的优点是：相同的受试者都接受前测和后测，差异的选择和受试的流失两因素即可被控制。缺点则是：实验效果可能受到历史、成熟、工具、选择与成熟的交互作用的干扰，可见其内在效度也很差，少用为宜。

3.设计 3：单组相等时间样本设计

这种设计的基本模式为：　　X$_1$O$_1$　　X$_0$O$_2$　　X$_1$O$_3$　　X$_0$O$_4$

这种设计是对一组受试者抽取两个相等的时间样本，在其中一个时间样本出现实验处理(X)，另一个时间样本不出现实验处理(X$_0$)，然后比较这两段时间测验的分数。例如，新的教学方法与传统的教学方法对同一班学生相间出现，看两段时间的学习成绩有无不同。统计检验可采用变异数分析法，也可采用相关样本平均数差异的显著性检验($N>30$ 时，用 Z 检验；$N<30$ 时，用 t 检验)。这种设计能完全控制影响内在效度的八个因素。缺点主要在外在效度方面，实验结果可能会受到实验安排的反作用效果、选择的偏差与实验变量的交互作用、重复实验处理的干扰等因素的影响。这一设计也可用于只有一个受试者的情形。

4.设计 4：单组纵贯时间系列设计

这种设计的基本模式为：　　O$_1$ O$_2$ O$_3$ O$_4$ X O$_5$ O$_6$ O$_7$ O$_8$

使用这种设计时，要对实验组做周期性的一系列测量，并在测量的这一时间系列中间呈现实验变量(X)，然后比较实验变量前后的一系列测量记录是否有显著差异。例如，研究者欲探索提高工人的教育水平是否会提高工厂的产量，于是从 1 月至 6 月，在每月末，都把准备参加教育培训的工人的生产量记录起来，然后从 7 月至 12 月，对工人进行某一项专门技术的教育培训，接着继续记录从第二年的 1 月至 6 月的生产量，看看经培训后的 1～6 月产量比培训之前的 1～6 月产量是否有显著增加。

这种设计的统计分析除了可用相关样本平均数差异的显著性检验($N>30$ 时，用 Z 检验；$N<30$ 时，用 t 检验)外，比较理想的统计检验方法是采用趋向分析。

在内在效度方面，这一设计的缺点是：历史的因素可能对实验结果产生干扰。要补救这一缺点,最好多增加一个控制组,成为多重纵贯时间系列设计。除了历史因素外,影响内在效度的其他因素均可被控制。在外在效度方面,测验的反作用或交互作用效果未能控制,因此,其实验结果只能推论到重复测验的群体。好在利用高职院校里的学生做实验时,学生便是常常接受重复测验的团体,而研究者所要推论的对象也正好是学生。因此,对于在校学生而言,这一缺点并非真正的缺点。

5.设计5:单组多因子实验设计

这种设计的基本模式为: $(O_1 \ X_1 \ O_2)$ $(O_3 \ X_2 \ O_4)$

这一设计的要求是,以单组作为实验对象,施加两种或两种以上的实验处理。每一种实验处理均进行前测和后测。然后比较各种实验处理的效果。例如,要对一个班级进行两种教学方法的对比实验。具体做法是,在实施甲种方法前进行一次测验(O_1),在实施甲种方法(X_1)后,再进行一次测验(O_2),对两次测验成绩比较,可求出甲种方法所产生的效果。同样,用乙种方法(X_2)实验一次,得出乙种方法所产生的效果。最后,对这两种教学方法所产生的效果进行比较,明确哪一种方法的效果比较好。

这种设计的统计分析,可采用相关样本平均数差异的显著性检验($N>30$时,用 Z 检验;$N<30$ 时,用 t 检验)。内在效度方面,这种设计的缺点是:实验结果可能受到历史、测量的工具等因素的影响。在外在效度方面,这种设计的缺点是多重实验处理的干扰即后一实验处理在实验对象中所产生的变化,可能受到前一实验处理的影响。

二、组别比较实验设计

组别比较实验设计是以两个或两个以上的组作为实验组和控制组,然后比较各个组所发生的变化。

1.设计6:静态组比较设计

这种设计的基本模式为:

X　　　O_1
....
　　　O_2

这种设计要求选择一班学生作为实验组,另一班学生作为控制组,给予实验组实验处理后,测验两班学生的成绩。统计分析可采用独立样本平均数差异的显著性检验($N>30$ 时,用 Z 检验;$N<30$ 时,用 t 检验)。这种设计由于使用控制组比较,历史因素可被控制,如果两组年龄相同,也可能控制成熟因素。因在设计中没有前测处理,测验和工具两个因素也容易控制。但由于两组实验对象条件不相等,差异的选择、选择与成熟的因素可能会影响结果。因为有两个组,

所以受试者的流失可能干扰实验效果。

2. 设计 7：等组前后测设计

这种设计的基本模式为：

R $\quad$ $\underline{O_1 \qquad X \qquad O_2}$ （实验级）

R $\quad$ $O_3 \qquad\qquad O_4$ （控制组）

这个设计的主要步骤：

① 用随机方法选择受试者，并将其随机分派到实验组和控制组（R）；

② 实验处理前，两组都接受前测（$O_1 O_3$）；

③ 实验组接受实验处理（X），而控制组则不；

④ 实验处理后，两组都接受后测（$O_3 O_4$）；

⑤ 比较两组实验结果 $[(O_2 - O_1) - (O_4 - O_3)]$。

在实际研究中，有时可能有好几种不同的实验处理，这时，可根据比较的需要采用两组或超过两组以上的实验设计。

两种实验处理的等组前、后测设计模式：

R $\quad$ $\underline{O_1 \qquad X_1 \qquad O_2}$

R $\quad$ $O_3 \qquad X_2 \qquad O_4$

实验结果 $= (O_2 - O_1) - (O_4 - O_3)$

三种实验处理的等组前、后测设计模式：

R $\quad$ $\underline{O_1 \qquad X_1 \qquad O_2}$

R $\quad$ $O_3 \qquad X_2 \qquad O_4$

R $\quad$ $O_5 \qquad X_3 \qquad O_6$

实验结果是把三种实验处理所产生的变化互相比较。如果实验因子加多，设计的组数也要相应增加。

这种设计的统计分析是对两组调节后的平均数（实验的后测值减去前测值的平均数，即各增益数之平均数）做独立样本平均数差异的显著性检验（$N > 30$ 时，用 Z 检验；$N < 30$ 时，用 t 检验）。但这种设计最适当的统计分析法，是共变量分析法（analysis of covariance），即以两组的前测分数作为共变量，进行共变量分析。

这种实验设计的内在效度是很高的，由于采用相等的控制组，而且两组都有前、后测，故在前测到后测期间影响内在效度的历史、成熟、测验、工具、统计回归等因素，两组完全一样。再者，由于采用随机方法，两组在各方面的特质相等，故可控制差异的选择、受试的流失和选择与成熟等因素交互作用等三个因素的干扰。可见，它是一种严谨控制的实验设计，在教育实验研究中常被采用。

但在外在效度方面，由于采用前测，实验结果可能受到测验的反作用或交互作用效果因素的干扰,实验安排的反作用效果因素的干扰有时也可能产生。

3.设计8:等组后测设计

这种设计的模式为:

R   X O_1 (实验级)

R O_2 (控制组)

这种设计与前述等组前、后测设计比较,不同之处是两组在实验处理前都没有测验。现以一个例子来说明这种设计的使用方法。假定要探讨教师和学校领导交换意见的机会是否有助于提高教师的工作态度。于是从学校中随机抽取一些教师参加实验,其中一部分教师随机分派为实验组,另一部分为控制组。实验开始时,实验组的教师每日均有两次机会和校长交换意见,商谈校务和教学事宜,控制组则无此机会。一年后,实验组和控制组的教师都接受一项测量"教师工作态度"的问卷,然后比较两组教师的工作态度是否有显著差异。统计分析可使用独立样本平均数差异的显著性检验($N>30$ 时,用 Z 检验;$N<30$ 时,用 t 检验)。

这是一种十分理想的实验设计,因为它对影响内在效度的八个因素均可有效控制,而且可避免因前测所产生的测验的反作用效果。

这种设计的局限性在于,它无法确定实验处理是否对不同层次的受试者有不同的效果。如果有前测时,则可据之以形成不同组别,从事进一步的分析。例如,假定要比较采用归纳法和演绎法教数学的效果。实验前,两组都没有进行数学成绩的测验(前测),仅在实验后测量数学成绩,经比较结果,发现两组没有显著差异,据此而确定实验处理没有效果。但是,如果有对数学成绩进行前测,那么人们就可根据数学成绩将学生分成高、中、低三个层次,进行 2(教学法)×3(数学成绩)的实验设计,实验结果可以发现两种教学方法的效果因学生数学前测成绩不同而异。

4.设计9:所罗门四等组设计

这一设计实际上是上述等组前、后测设计和等组后测设计的综合,是由所罗门(Solomon,1949)首创,故称为所罗门四组设计。其设计模式为:

R O_1 X_1 O_2 (实验组)

R O_3 X_2 O_4 (控制组)

R   X O_5 (实验组)

R O_6 (控制组)

这种设计包含两个实验组和两个控制组,四组受试者均由随机方法选择而来。其中,有两个组接受前测,两个组则无。实验处理后,四组均接受后测。

实验效果的测定,可用相关样本或独立样本的 Z 检验或 t 检验($N>30$ 时,用 Z 检验；$N < 30$ 时，用 t 检验）的方法，检验下列四种平均数的差异显著性：

① 第一组前测和后测平均数的差异（$O_2 - O_1$）；

② 第一组和第二组后测平均数的差异（$O_2 - O_4$）；

③ 第三组、第四组后测平均数的差异（$O_5 - O_6$）；

④ 第一组、第二组前测平均数和第三组后测平均数的分别差异（$O_5 - O_1$ 或 $O_5 - O_3$）。

如果上述四个差异的检验都获得一致性的效果，研究者将更有信心确定是实验处理产生了效果。因为这等于重复做了四次实验（若以有前测和无前测比较，则等于重复做了二次实验）。有关前测经验的单独效果之检验，可比较第二组和第四组后测平均数的差异（$O_4 - O_6$）。这种设计对影响内在效度的八个因素均可控制，而且可以控制和测量前测与实验处理间的交互作用效果（通过第一组和第三组的比较），可以测量成熟和历史的综合影响效果（根据第四组的后测平均数 O_6 和第一、二组的个别前测平均数 O_1、O_3 的比较）。可见，这种设计是最严谨控制的实验设计之一。但是由于有四个组，需要大量的样本，研究者须付出很大的代价，缺乏实用性。因此，在一般的职业教育研究中，这种设计的应用并不广泛。

5. 设计 10：不相等控制组设计

这种设计的模式为：

$$R \quad O_1 \quad X_1 \quad O_2$$
$$\overline{}$$
$$R \quad O_3 \quad X_2 \quad O_4$$

这种设计与静态比较设计相比，唯一不同之处是：这种设计两组都有前测。而与等组前、后测设计相比，区别在于：这种设计不是采取随机方法分派受试者，所以实验组与控制组的各方面条件未必相等。

运用这种设计的一般步骤如下。

① 以班级为单位，将班级随机分派为实验组和控制组。

② 对两组实施前测。

③ 实验组接受实验处理，而控制组则不。

④ 实验处理后，两组进行后测。

例如，研究者欲检验新编的高职《大学英语》课教材是否优于旧教材，可接洽一所职业院校做实验，结果这所学校不允许采用随机方法从各班级中抽取学生，并随机分派到实验组和控制组，而只能提供六个原来班级学生作为实验对象。这时，研究者只好将六个班级随机分派三个班为实验组，另三个班为控制组。（显然，这种分派方式不能看作随机分派，因为每一位学生并没有同等机会被分派到实验组或控制组。不过，在不能完全随机分派学生的情况下，以班级为单位随机分派也是一种可取的措施）接着，对两组受试者实施一项数学思维能力水平测验，然后实验组使用新教材教学，而控制组仍使用旧教材教学，一个学期后，两组再接受测验，则可比较新旧教材之优劣。统计分析同设计 7。

这种实验设计在职业教育研究中使用很普遍。在内在效度方面，这种设计可以控制历史、测验、成熟、测量的工具、受试的流失等因素。由于有前测，差异之选择因素也可控制（例如，用共变量分析法控制某些特质方面的差异）。但是，由于没有采用完全随机方式分派受试者，故选择与成熟、选择与同时事件等的交互作用会干扰实验效果。如果两组受试的选择不适当，统计回归也有可能产生。在外在效度方面，不能控制测验的反作用或交互作用效果、选择偏差的交互作用效果和实验安的反作用效果等因素。

三、循环实验或轮组实验设计

循环实验设计或轮组实验设计也叫对抗平衡设计，它是把各种实验处理（不管是几个）轮换施行于各组（各组被试人数不必均等），然后根据每种实验处理所发生变化的总和来决定实验的效果。

设计 11：循环实验设计

这种设计的模式分为甲、乙两种。甲模式：

$$
\begin{array}{c}
\text{时间} \\
\quad 1 \qquad\qquad 2 \\
\text{组别} \left|
\begin{array}{ll}
A & O_1 X_1 O_2 \qquad O_5 X_2 O_6 \\
B & O_3 X_2 O_4 \qquad O_7 X_1 O_8
\end{array}
\right.
\end{array}
$$

这种设计的实验步骤如下。

① 选取两班作为实验组（两班被试人数不必均等）。

② 两组在第一个实验时间内进行前测并分别接受两种不同实验处理中的一种。

③ 两组在第一个实验时间内，进行实验 1 处理以后的测验。

④ 在第二个实验时间内，用轮换方式，将实验处理分别呈现给各组受试者，使每组都有机会接受每一种实验处理。在每次实验处理前后，各组均接受前测和后测。

例如，研究者欲探索两种不同的强化方式对学习效果的影响。这两种不同的强化方式是：A. 固定时间强化（X_1）。不管学生的学习成绩如何，只有等待某一特定时间到来才"强化"。例如，教师固定在每个学期的中段考时，才对学生优者表扬，差者批评。B. 不定时强化（X）。教师对学生的强化没有固定的时间。例如，教师经常对学生优者表扬，差者批评。

根据上述设计模式，研究者选择两组学生（人数不必均等），在第一学期，A

组接受固定时间的强化,而 B 组则接受不固定时间的强化;在第二学期,B 组接受固定时间的强化,而 A 组则接受不固定时间的强化。在每个学期的实验前后,都分别对各组学生的学习成绩进行前测和后测。最后,把这两种不同的强化方式各自在各学期内所发生的变化的总和进行比较,即可知两种不同的强化方式对学习效果影响的优劣。

如果实验处理有三种,则实验组增至三个,每组仍对所有实验处理轮流实验一遍。各种实验处理的次序应像下面的方法排列。

时间

	1	2	3
A	$O_1 X_1 O_2$	$O_7 X_2 O_8$	$O_{13} X_3 O_{14}$
B	$O_3 X_2 O_4$	$O_9 X_3 O_{10}$	$O_{15} X_1 O_{16}$
C	$O_5 X_3 O_6$	$O_{11} X_1 O_{12}$	$O_{17} X_2 O_{18}$

组别

这样的排列方法使每一种实验处理不但在各组中循环了一遍,而且在实验次序的每一个地位上都循环了一遍。上述设计若不要前测,则变为乙模式:

时间

	1	2
A	$X_1 O_1$	$X_2 O_3$
B	$X_2 O_2$	$X_1 O_4$

组别

这种设计的统计分析,可采用拉丁方格实验的重复量数变异数分析法,其分析的模式依上面设计模式安排如表 8-1。

表 8-1

组　别	实验处理	
	X_1	X_2
A	t_1	t_2
B	t_2	t_2

t 表示实验处理时间顺序。从纵行的总和可检验"实验处理"之间的差异显著性,利用横行的总和可检验组别之间的差异显著性。

在内在效度方面,这种设计除了可能产生选择与成熟的交互作用效果之外,其他七个影响内在效度的因素均可被控制。在外在效度方面,"多重实验处理的干扰"的因素可能影响外在效度。在每种实验处理中都有前测的这类设计,测验的反作用效果因素也能影响外在效度。在实际应用中,这种设计不必要求各组被试人数均等,因而省却了均等组别的麻烦。但各种实验处理导致实验次数增加,无疑会带来更多麻烦。

上述十一种实验设计各有利弊。在选择运用时,每种设计还可以根据实验情况而加以改进。在这些设计中,第三种单组相等时间样本设计、第四种单组纵贯时间系列设计、第十种不相等控制组设计、第十一种循环实验设计这四种又被叫作准实验设计(quasi-experimental design)。准实验设计和真正实验设计的主要区别,在于真正实验设计可以使用随机分派的方法将受试者分派到不同的实验处理或情境,而准实验设计则无法如此分派受试者。准实验设计在职业教育研究中广泛应用,原因是在学校抽样中很难做到随机化,因为在实际中,人们不能也不愿打破现存的编班。而准实验设计,以原班级作为实验对象,并在可能的条件下尽可能进行控制,所以职业教育研究者常常愿意采用。

第四节　实验结果的验证

职业教育是复杂的社会现象,影响某一职业教育现象发生的因素是很多的,职业教育实验所得的结果不可能达到像自然科学实验研究结果那样准确的程度。为了有效地检验职业教育实验结果的准确程度,下面介绍几种常用的检验实验结果的方法。

一、从实验程序上检验

任何实验研究的进行都有一定的程序(包括设计、抽样、分组、控制等工作),实验程序的科学性和先进性将影响实验结果的准确性。因此,要验证实验结果,首先必须全面地考察整个实验过程,检查实验过程的各个环节是否抓好,及实验设计效度如何,无关因素控制得怎样。只有这样,才有可能对实验结果的准确性有比较全面的认识和评价。

二、用实验系数进行检验

实验处理所产生的效果如何,主要是从前后测验所得数据的比较,及对不同实验处理效果测验所得数据的比较中来看的。实验结果可靠程度的大小一般可用下列求实验系数的办法来检验:

$$实验系数 = \frac{优胜点}{2.78} \times 优胜点标准差$$

$$优胜点 = 实验因子1的平均进步数 - 实验因子2的平均进步数$$

$$优胜点标准差 = \sqrt{平均标准差1^2 + 平均标准差2^2}$$

每一实验因子的平均进步数求得后,可据以求得这个平均进步数的平均标准差，进而求得优胜点的标准差。实验系数的大小可用来表示实验可靠程度的大小。实验系数越大，就表明实验结果越可靠。一般说来，实验系数为 1 或接近 1，就表明实验结果相当可靠；如果在 0.5 以下，就不能认为是可靠的。

三、与其他有关的已确立的定理、定论对照进行检验

任何理论都不是孤立的，人们可以把实验所得结果以及由此推出的理论，拿来和已经确立的有关定理、定论对照，进行验证。如果相一致，就证明实验结果及由此产生的理论是可靠的，否则就应有疑问。不一致有两种可能：一般情况下，可能是实验结果不可靠，但有时也可能是已成定论不可靠，应予推翻。当然，后一种情况是很少的。所以，当实验结果与已成定论不一致时，问题就非常复杂了，这时往往需要把研究范围扩大，即连同所谓已成的定论也要再拿来分析研究一番，那就不属于这一实验的问题范围了。

四、用重复实验来检验

这种检验办法是另行抽样，改变实验对象，进行重复实验。重复实验的关键是：实验对象改变，实验处理不变，其他条件尽可能保持不变。重复实验的结果若与原实验结果相符或差别不大，就证明实验可靠；差别太大，还可重复实验多次，看究竟哪个实验结果比较可靠。真正的科学结论是应该经得起多次反复检验的。

不过，这种检验办法是比较麻烦的。前文是就比较具体的问题所进行的有控制的小型实验而言的，而对于牵涉面比较广的问题所进行的自然实验，就不能拿前面所讲的那些要求去硬套，特别是对于牵涉面比较广、规模比较大的实验，要想对各方面的情况严格加以控制是不可能的，而且控制过多，反而会令实验失去真实性。在这种情况下，自然实验就非常必要，它绝不是控制实验所能代替的。当然，自然实验也是一种科学实验，也一样须有假设，须有实验因子，并须有各方面应有的数据。它与控制实验的主要区别在于，它是在自然状态下，在日常正常生活、工作、学习条件下所进行的实验。它需要进行更深入的分析与检验，并不断调整其实验措施。它要求实验者站在更高的角度，具有敏锐的观察能力与更高的分析综合能力。

第五节 实验研究案例

案例1 改善大学生人际交往不良现状的团体辅导实验研究

一、问题提出

人际交往团体辅导对减轻大学生人际交往困扰,增强大学生人际适应能力具有良好的效果。

二、研究过程

(一)测试工具

本研究以《青年性格问卷》和《大学生人际关系综合诊断量表》为主要测量工具。《青年性格问卷》是前人根据《加里福尼亚心理测验表》修订而成的,《大学生人际关系综合诊断量表》是由师大郑日昌等编制的。

(二)被试选定与分组

本研究以冶金职业技术学院40名存在人际交往困难的大学生为被试。将筛选出来的40名学生随机分成甲、乙两组,每组20人。甲组为实验组,乙组为对照组。实验组又随机分为两个小组,每小组10人,接受完全相同的辅导。为了更好地引导实验组成员适时暴露自己,分析自我,特意安排10个交往正常的大学生加入实验组,一个小组5人。他们在上述心理测验中,未表现出明显的交往困扰,但研究者要求他们参加团体辅导,他们也愿意协助辅导老师开展工作,他们在前、后测中的得分不参与统计分析。乙组则未安排任何形式的辅导。

(三)前期调查

辅导前运用自编《大学生人际交往制约因素调查表》,对40名被试进行调查,以了解妨碍大学生人际交往的主要因素,为制定团体辅导方案提供依据。本调查表共列出17个不利于交往的心理因素,由被调查者选出其中5个,同时允许其予以补充。

(四)制定辅导方案

辅导分为两类,一类为主题讨论、人为情境训练,共9次,每次分为理论研讨、情境训练和行动作业三个环节。另一类为真实情境训练活动。

（五）实施团体辅导

对实验组实施 14 次团体辅导,持续 7 周。

（六）实施后测

团体辅导结束后,用《青年性格问卷》和《大学生人际关系综合诊断量表》对实验组和对照组实施后测。

（七）统计分析

运用王建中教授开发的 WJZ 心理测量和统计软件对前、后测数据进行统计分析,结合师生评价、自我评价,评估团体辅导方案及其实施的有效性。

三、结果

(1)《大学生人际交往制约因素调查表》统计结果。

(2)青年性格问卷统计结果。

(3)大学生人际关系综合诊断量表统计结果。

(4)师生评价。

(5)自我评价。

四、讨论

(1)妨碍大学生人际交往的主要因素分析。

(2)团体辅导改善大学生人际交往现状的效果分析。

① 团体辅导对于改善人际交往现状具有独特的优势。

② 本团体辅导方案针对性强,触及制约人际交往的主要因素,并且通过辅导引导成员在一定程度上消除了这些制约因素的消极影响。主要从以下四个方面加以突破。

树立主动交往意识;

认识自己,认识他人,培养"成人心态";

提高交往技能;

交往行为训练。

(3)本团体辅导实施方案特点的讨论。

① 事先调查,了解妨碍人际交往的因素,使方案的制定更有针对性。

② 综合运用行为矫正、认知辅导等各种辅导理论与方法。

③ 重视理论研讨,适当增加理论容量。

④ 安排部分交往正常的学生加入实验组。

⑤ 将人为情境训练与真实情境训练结合起来。

⑥ 设置行动作业,注意加强行动倾向。

(资料来源:菊珍、华山:《改善大学生人际交往不良现状的团体辅导实验研究》,载《教育研究与实验》,2005 年第 2 期。)

案例 2　认知行为疗法对高职学生社交焦虑的团体干预研究

【摘要】

目的:探讨对高职学生手机依赖症的运动干预效果。方法:采用重复测量方差分析法,分析干预组(32 人)和对照组(32 人)在运动干预三个时间点的手机依赖情况。

结果:

(1)重复测量方差分析:时间效应、组间效应和交互效应(时间×组间)上,因子 5APP 使用维度得分无统计学差异($P=0.901>0.05$,$P=0.396>0.05$,$P=0.095>0.05$),手机依赖总分和其他五个维度的差异均有统计学差异($P<0.05$)。

(2)组间分析:干预 7 周(T_1)后,两组因子 3 社交安抚、因子 4 消极影响和因子 5APP 使用三个维度上($P>0.05$)不存在差异;在手机依赖症总分和因子 1 戒断行为、因子 2 突显行为、因子 6 App 更新维度上均存在着显著差异性($P<0.05$);干预 14 周后(T_2),因子 5 App 使用无差异($P>0.05$),在手机依赖症总分和其他五个维度得分比较均有统计学差异($P=0.000<0.05$)。

(3)组间分析:14 周的运动干预对因子 5 App 使用效果不显著;对因子 3 社交安抚和因子 6 App 更新的干预效果前期不显著,后期显著;对运动干预手机依赖症的效果 14 周优于 7 周。

结论:运动干预对减缓高职大学生手机依赖症效果显著。

【关键词】运动锻炼;手机依赖症;运动干预

根据中国工信部统计数据显示,截止到 2019 年 11 月,我国移动电话用户总数已经达到 16.01 亿户,其中 4G 用户达到 12.76 亿户,5G 时代已到来,移动电话的普及率越来越高。随着我国互联网和手机智能化的发展,手机逐渐成为生活中不可缺少的工具,其小巧灵便、功能强大,能用来看新闻、娱乐、通信聊天、购物、打游戏、网络学习等。智能手机给生活带来了便利,但也引发出一些问题,校园里的"低头族"越来越多,对手机依赖也越来越强,手机不在身边或者无法使用时,他们常会出现情绪变化,如焦躁不安、郁郁寡欢等。对手机的依赖一旦达到难以自控的程度,实际上已经是成瘾的表现,属于心理疾病范畴,多见于年轻人群中。很多学者将其称为手机依赖症,又称为手机成瘾症、手机焦虑症、手机综合征,是指过度使用手机并导致生理、心理和社会功能损害的成瘾行为。手机依赖症作为一种心理病症,在高职学生中非常普遍,严重地影响了他们的身心健康和社会交往能力的发展,亟须一些方法进行干预和治疗。研究表明:运动干预可以有效地改善手机依赖症。目前关于运动干预手机依赖症的研究较多,但针对高职学生这一特殊群体的却很少。整理资料发现,关于高职学生手机依赖症的研究主要阐述了手机依赖症的现状、危害、影响因素,而且大多是从理论视角分析的;而对于高职学生手机依赖症的干预研究很少,且大多是从心理干预角度研究的,从运动干预角度研究的则更少,虽部分研究是实证研究,但大多只运用了 T 检验对运动干预手机依赖症的效果进行了总体评价分析,没有对干预效果进行深入分析。本研究从高职学生智能手机依赖症的表现特征为切入点,采用运动干预疗法,在前人干预实验研究的基础上,结合成瘾行为是一个随时间变化的心理学特征,增加了一个干预中期观察变量,分成干预前(T_0)、干预中期(7 周后,T_1)、干预后(14 周后,T_2)三个时间点,采用独立样本 T 检验、重复测量方差分析和事后比较,从手机依赖症整体和各个构成维度出发,具体分析运动干预在不同组别、不同时间节点的干预效果,希望能够借助体育运动,为降低高职学生手机依赖的程度提供实证依据,并为学生摆脱手机依赖和促进身心健康发展提供新的思路和视角。

1　研究对象与方法

(1) 研究对象。

选取江苏农林职业技术 625 名大学生,其中男生 328 名,女生 297 名,发放由苏双、潘婷婷、刘勤学等人编制的《大学生智能手机成瘾量表(SAS-C)》进行调查,测出手机依赖症者 147 人,手机依赖率为 23.52%,经过咨询、商议、剔除,遵循自愿参与、主动配合的原则,最后选定实验对象 64 人(男 32 人、女 32 人),平均年龄(20.13+1.02)岁,分成两个组,干预组(32 人)和对照组(32 人)。剔除标准:① 有精神障碍疾病史者;② 身体有重大疾病,不能参与体育运动者;③ 不能服从干预条件者。以《大学生智能手机成瘾量表(SAS-C)》测试的数据为准,干预组与对照组各指标实验前无显著性差异为原则,对干预组与对照组样本进行调整,保证同质比较。

(2) 研究方法。

① 文献资料法。

查阅、整理、分析相关文献资料,为研究实验提供理论支持。

② 实验法。

测量工具《大学生智能手机成瘾量表（SAS-C）》共有 22 个项目，采用 5 级计分方式，赋值由低到高分别为 1～5 分，包含戒断行为、突显行为、社交安抚、消极影响、App 使用和 App 更新，共 6 个因子，总分为 22～110 分，总分越高，表明手机依赖程度越高。该量表有良好的结构效度（$\frac{x^2}{df}=1.57$，CFI=0.92，CFI=0.93，RMSEA=0.05，SRMR<0.001）。总量表的 α 系数为 0.88，6 个维度的 α 系数为 0.44～0.85；总量表的重测信度为 0.93，6 个维度的重测信度为 0.72～0.82，可以作为测量大学生手机依赖程度的量表，将总分在 80.3 以上判定为手机依赖。

实验干预方案如下。

干预路线：干预前无显著性差异原则下分组，对干预组进行 14 周的运动干预，对对照组正常生活和学习不进行任何干预。在干预 7 周和 14 周后，分别对两组进行测试，采用独立样本 T 检验，采用重复测量方差分析和事后比较，对干预实验中指标数据进行比较、分析，判断干预效果。

干预时间和方案：干预实验从 2019 年 9 月中旬到 2019 年 12 月下旬，共 14 周，每周干预三次，时间为周一、周三和周五的下午第七、八节。根据项目特点、学生的爱好和实施条件，选择了有氧健身操、乒乓球和排球项目，周一健身操，周三乒乓球，周五排球。有氧健身操授课形式是动作套路教学、练习、小组展示；乒乓球和排球授课形式是动作教学、练习、小组比赛，乒乓球主要授课内容是球性练习、发球、推挡、攻球和乒乓球裁判法，排球主要授课内容是发球、垫球、传球和比赛规则，课程不强调成绩和对抗性，课堂以鼓励为主，主要目的是激发学生积极参与运动的兴趣。为了避免因教学实施引起实验差异，由一名教师教学，每节课为 90 分钟。运动遵循循序渐进的原则，准备活动部分 20 分钟，包括慢跑＋徒手操＋快乐小游戏，心率控制在 120 次/分左右，目的是热身，并通过快乐小游戏加强同学间的互动、交流，调整心情，激发参与运动的兴趣；课中部分 60 分钟，包括动作教学＋练习（个人、小组）＋课间休息＋小组成果展示或组间比赛，最大心率控制在 150～180 次/分，目的主要是通过小组展示或比赛，增强学生间交流，并提高学生自信心；放松部分 10 分钟，主要是放松操，心率控制在 100 次/分钟左右，目的是放松身体、放松心情。

③ 数理统计法。

所有数据采用 SPSS22.0 软件进行统计学分析，重复测量方差数据，采用重复测量方差分析，组间比较采用独立样本 T 检验，组内比较采用三个时间节点的单因素方差分析。$P<0.05$ 为差异具有统计学意义。

2　研究结果

（1）干预实验前，两组同质比较实验前对手机依赖总分和各维度得分进行比较，经 Shapiro-Wilk 正态性检验均符合正态分布（$P>0.05$），独立样本 T 检验分析显示：两组在干预前（T_0）手机依赖症总分及各维度得分比较无统计学差异（$P>0.05$），详见表 8-2，两组属于同质比较，符合实验设计要求。

（2）两组三个时间节点的重复测量方差分析。

对两组进行重复测量方差分析，组内因素为时间，包含干预前（T_0）、干预 7 周后（T_1）及干预 14 周后（T_2）三个水平；组间因素为干预因素，包含干预组和对照组两个水平；交互因素为时间×组间。整体分析结果见表 8-2：时间效应、组间效应和交互效应（时间×组间）上，除了因子 5 App 使用维度得分无统计学差异（$P=0.901>0.05$，$P=0.396>0.05$，$P=0.095>0.05$）外，手机依赖总分和其他五个维度的差异均有统计学意义（$P<0.05$），说明运动干预对两组对象在因子 5 App 使用上不随着时间和组别的变化而变化，对手机依赖总分和其他五个维度得分都有随时间和组别变化的趋势。

组间效应分析：对干预 7 周后（T_1）和 14 周后（T_2）两组研究对象的手机依赖总分及各维度得分进行独立样本 T 检验，结果见表 8-2：① 干预 7 周（T_1）后，因子 3 社交安抚、因子 4 消极影响和因子 5 App 使用三个维度上（$P>0.05$）两组不存在差异；在手机依赖症总分和其他三个维度上均存在着显著差异性（$P<0.05$）。② 干预 14 周后（T_2），两组除了因子 5 App 使用无差异外（$P>0.05$），在手机依赖症总分和其他五个维度得分比较均有统计学差异（$P=0.000<0.05$），且干预组分数低于对照组，即干预组的手机依赖程度低于对照组。

组内效应精细分析：因干预因素对因子 5 App 使用不随着时间和组别的变化而变化，所以只对两组三个时间点手机依赖总分和其他五个因子得分，对两组分别采用单因素方差分析三个时间的均值差异，结合表 8-2 和表 8-3 数据可知：随着干预时间的延长，干预组总分和各因子得分呈降低趋势，手机依赖症程度减轻；而对照组部分指标虽存在显著差异，但总分和大部分因子呈上升的趋势，手机依赖症程度加重。

表 8-2　两组在 3 个时间点的得分比较和重复测量方差分析

项 目	组 别	干预前（T₀）(M±SD)	干预后（M±SD）7 周后（T₁）	干预后（M±SD）14 周后（T₂）	时间效应 F	组间效应 F	交互效应 F
手机依赖症总分	干预组	85.97±5.07	77.25±0.18	58.81±3.54	343.20	360.40	436.93
	对照组	85.44±3.35	86.34±3.55	87.16±0.81	$P=0.000$	$P=0.000$	$P=0.000$
		$T=0.495$	$T=-9.376^{***}$	$T=-35.480^{***}$			
因子 1 戒断行为	干预组	27.72±2.54	23.38±2.27	17.56±2.27	117.91	165.48	156.16
	对照组	27.84±0.94	28.22±0.11	28.56±0.92	$P=0.000$	$P=0.000$	$P=0.000$
		$T=-0.221$	$T=-8.853^{***}$	$T=-20.940^{***}$			
因子 2 凸显行为	干预组	11.13±0.12	9.03±0.31	5.78±0.66	73.79	53.52	74.03
	对照组	10.75±1.30	10.72±1.05	10.75±1.55	$P=0.000$	$P=0.000$	$P=0.000$
		$T=0.853CC$	$T=-5.684^{***}$	$T=-12.393^{***}$			
因子 3 社交安抚	干预组	11.07±0.14	10.66±1.79	7.88±0.58	31.15	19.41	38.60
	对照组	11.38±0.70	11.28±0.22	11.50±0.52	$P=0.000$	$P=0.000$	$P=0.000$
		$T=-0.647$	$T=-1.631$	$T=-9.338^{***}$			

续表

项　目	组　别	干预前(T_0)(M±SD)	干预后(M±SD)		时间效应 F	组间效应 F	交互效应 F
			7周后(T_1)	14周后(T_2)			
因子4 消极影响	干预组	16.72±1.46	15.47±1.74	10.00±1.93	92.20	36.71	109.11
	对照组	16.09±1.67	15.69±1.93	16.22±1.60	$P=0.000$	$P=0.000$	$P=0.000$
		$T=1.590$	$T=-0.477$	$T=-14.009^{***}$			
因子5 App使用	干预组	12.31±1.75	12.00±1.37	11.84±0.44	0.11	0.73	2.40
	对照组	12.06±1.19	12.38±1.36	12.36±0.98	$P=0.901$	$P=0.396$	$P=0.095$
		$T=0.594$	$T=-1.099$	$T=-1.728$			
因子6 App更新	干预组	7.06±0.34	6.72±0.92	5.75±0.98	5.25	33.49	9.62
	对照组	7.31±0.23	8.06±0.67	7.75±0.90	$P=0.008$	$P=0.000$	$P=0.000$
		$T=-0.777$	$T=-6.663^{***}$	$T=-5.286^{***}$			

注：* 表示两组组独立样本 T 检验 $P<0.05$，** 表示 $P<0.01$，*** 表示 $P<0.001$。

具体分析干预效果,对干预组三个时间点事后比较见表 8-3。① 干预 7 周后和干预前对比(T_1 和 T_0):因子 3 社交安抚和因子 6 App 更新比较无显著性差异($P>0.05$),手机依赖症总分、因子 1 戒断行为、因子 2 突显行为和因子 4 消极影响维度比较有显著性差异($P<0.05$),说明经过 7 周的运动干预,手机依赖症总分、因子 1 戒断行为、因子 2 突显行为和因子 4 消极影响方面干预效果显著,因子 3 社交安抚和因子 6 App 更新干预效果不显著。② 干预 14 周后和干预 7 周后对比(T_2 和 T_1):手机依赖症总分和其他各维度均存在显著性差异($P<0.05$)。③ 干预 14 周后和干预前对比(T_2 和 T_0):手机依赖症总分和其他各维度均存在显著性差异($P<0.05$)。结果表明,14 周的运动干预对因子 5 App 使用效果不显著;对因子 3 社交安抚和因子 6 App 更新的干预效果前期不显著,后期效果显著;对手机依赖症总分、因子 1 戒断行为、因子 2 突显行为、因子 3 社交安抚、因子 4 消极影响和因子 6 App 更新的干预效果,14 周优于 7 周。

表 8-3　两组在三个时间节点两两比较分析

项　目	组　别	不同时间节点的均值差异		
		T_1 和 T_0	T_2 和 T_1	T_2 和 T_0
手机依赖症总分	干预组	−8.719***	−18.438***	−27.156***
	对照组	0.906	1.875**	2.781***
因子 1 戒断行为	干预组	−4.344***	−5.813***	−10.156***
	对照组	0.375	0.343	0.718
因子 2 突显行为	干预组	−2.094***	−3.250***	−5.344***
	对照组	−0.031	0.035	0.004
因子 3 社交安抚	干预组	−0.406	−2.781***	−3.188***
	对照组	−0.093	0.688	0.594
因子 4 消极影响	干预组	−1.250**	−5.469***	−6.719***
	对照组	−0.406	1.125**	0.719
因子 6 App 更新	干预组	−0.344	−0.969***	−1.313***
	对照组	0.750**	−0.313	0.438

注:1. T_0 表示干预前,T_1 表示干预 7 周后,T_2 表示干预 14 周后。

　　2. * 表示两个时间点比较 $P<0.05$,** 表示 $P<0.01$,*** 表示 $P<0.001$。

3　讨论

(1) 运动干预高职学生手机依赖症的效果。

Murphy 研究发现,体育锻炼可以提高机体温度,促进儿茶酚胺与内啡肽的分泌，降低机体的焦虑感，对治疗心理疾病或成瘾疾病具有较好的疗效。本研究对高职学生手机依赖症者运动干预实验，结果表明：经过 14 周的运动干预，高职大学生手机依赖症者的依赖成瘾情况明显改善，这一结论与前人们的研究一致，但本研究的研究过程、方法稍有不同，本干预过程中增加了一个中期观察变量，采用重复测量方差分析，分析更加深入。经深入分析发现：14 周的运动干预对因子 5 App 使用效果不显著，对手机依赖症总分、因子 1 戒断行为、因子 2 突显行为、因子 3 社交安抚、因子 4 消极影响和因子 6 App 更新维度干预效果显著，且长期干预效果优于短期。因子 5 App 使用干预效果不显著的原因：当前智能手机 App 程序使用对日常生活的渗入越来越深，早已成为大学生生活中不可或缺一部分。根据马斯洛的需求层次理论，人在满足了基本需求之后，总会有获得更高层次的需求，如生活、娱乐、教育等，App 程序几乎可以满足大学生的各种需求，这些丰富的功能正是导致手机依赖症的最大客观诱因。高职学生作为大学生，是一个特殊群体，与本科生比，自控力差，个体意志力弱，学习动力不足，学习目标不明确，业余时间多，更容易被智能手机的"魅力"所"蛊惑"，所以运动干预对 5 App 使用无效果是正常的，今后对手机依赖因子 5 App 使用干预方法还需进一步探讨。高职学生是手机依赖症的高发人群，手机依赖症严重影响了他们的身心健康和行为方式，智能手机又是生活中不可缺少的工具，对智能手机使用的正确引导和手机依赖症群体的干预是当前急需解决的难题。本研究虽证实运动干预可以有效地降低高职学生对手机的依赖程度，但运动干预只是措施之一。已有研究表明，心理干预也可以有效地改善手机依赖症。为了更有效地探讨手机依赖症的干预效果，将心理干预和运动干预相结合，运用综合干预手段，借助学校、家庭和社会力量，对手机依赖症患者进行干预，将是本研究即将深入的方向。

（2）运动干预手机依赖症的可行性。

手机依赖症的形成受客观因素（家庭环境、手机魅力和需求）和主观因素（心理特征）的影响。资料梳理：自尊心强、性格内向、人际关系敏感、易焦虑、自控力差、抑郁人群更易对手机产生依赖。国外学者 Bianchi 和 Phillips 等研究发现，人格特征与成瘾行为有较大的相关性，具有外倾性、神经质的个体容易出现手机成瘾，此外低自尊和低宜人性个体也容易手机成瘾；穆丽思认为心理素质与青少年手机依赖呈现显著负相关，认为心理素质水平越低，手机依赖越严重。高职学生就业压力大，家长和社会期望值低，自我价值感低，社会评价低等因素也易引起高职学生自卑、孤独、焦虑、抑郁、敏感等不良情绪，手机的隐私性、方便性与功能性恰好为不良情绪提供了一个虚拟的释放环境。根据 Kardefelt-Winther 的补偿性互联网使用理论假设学说，生活压力和负面情绪促使个体利用科技手段（如手机）来缓解负面情绪，对手机的使用可以看作对心理不适和未被满足的心理需求的补偿。经常参加体育锻炼不仅能增强体质,还能改变行为方式,提高心理健康水平,所以通过改善不良心理特征,降低对手机的依赖程度是可行的。当人运动时,大脑产生一种叫内啡肽的神经递质,这种物质能使人缓解焦虑、抑郁等消极情绪,释放心理压力,保持心情愉悦,从而降低个体因寻求情感满足和压力释放而陷入手机依赖状态的可能性。另外,体育锻炼不仅可以"转移"高职学生使用手机的时间,还可以使他们广交朋友,充实课余生活,在现实环境中获得更多的社交抚慰和快乐,这也降低了他们对手机的依赖程度。

（3）运动干预项目的选择。

体育干预能够有效促进大学生的心理健康,不同项目对大学生心理压力的缓解有着不同的效果,所选的项目要具有团队性、参与性、可控性、趣味性、易掌握性等。根据手机依赖者的心理表现和项目特点,本研究最后选择有氧健身操、乒乓球和排球,课程内容主要有快乐游戏、动作教学、团队展演(个人或团体的比赛),选择的教学动作都比较简单、易学,容易掌握,不强调成绩和结果,主要目的是提高运动兴趣,使他们在锻炼身体的同时,还能调整心情,释放压力,提高自信心和交流、协作能力,已有的运动干预研究也将这些项目纳入干预项目中,且效果显著,本研究也证实了其可行性和有效性。虽然干预项目有效,但具体每个运动项目的成效如何,将是今后深入研究的课题。

4　研究结论

（1）高职学生手机依赖症是一种病症,不仅影响他们的生活、学习和工作,还影响到他们的身心理健康和行为方式。

（2）运动干预有利于缓解大学生手机依赖症患者对手机的依赖程度,14 周内的运动干预对因子 5 App 使用效果不显著,对手机依赖症总分、因子 1 戒断行为、因子 2 突显行为、因子 3 社交安抚、因子 4 消极影响和因子 6 App 更新维度干预效果显著,且在 14 周内干预效果长期优于短期。

（资料来源:范影影、满明辉、陈开梅《体育科技文献通报》第 29 卷第 4 期,2021 年 4 月）

第九章　个案研究

一、个案研究的含义

个案研究强调对一个人、一件事物、一个社会团体或是一个学校进行深入、全面的研究。个案研究能够提供对职业教育问题成因的理解，对复杂的关系做全面的涵盖，对动态变化的情境条件做适当分析。个案研究是指采用各种方法，收集有效、完整的资料，对单一对象进行深入细致研究的方法，其任务是揭示研究对象形成、变化的特点和规律，以及影响个案发展变化的各种因素，并提出相应的对策。

个案研究不只是一种研究方法，更是一门复杂的认知课程，是帮助个人解决现实问题的理论。个案研究也称麻雀解剖法或个案历史研究法。

二、个案研究的特征

个案研究常被看成是自然主义的、描述性的、质化的研究，与实证主义的、验证性的、量化的研究相对应。事实上，个案研究不是以质化研究与量化研究来划分的，而是以研究对象的单一性来界定的。个案研究是所有研究方法中最生动、最有趣的，在学校教育教学、心理咨询、行为矫正等工作中具有重要意义。一般说来，个案研究主要有以下特征。

1. 研究对象的个别性与典型性

个案研究的对象是个别的，但不是完全孤立的个别，而是与其他个体相联系的，是某一个整体中的个别，因而对这些个别对象的研究必然在一定程度上反映其他个体和整体的某些特征和规律。个案研究的目的固然是了解、把握某个个体的具体情况,但也要通过一个个案的研究,揭示出一般规律。个案研究取样较少,其研究的结论代表性也就较小,因此不宜机械地推广到一般中去,需要谨慎地思考和分析,以免犯以个别代替一般的错误。

一般来说,作为个案研究对象的个别应该具有以下三个显著特征:① 在某方面是否有显著的行为表现;② 与这方面有关的某些测量评价指标是否与众不同;③ 教师、家长等主要关系人是否都有类似的印象和评价。

比如对某职业院校学生创造能力发展的个案研究,可以看一下研究对象是否经常有些小发明、小创造、小制作;在创造力测验上的得分是否高于常人;教师及家长等对该研究对象在这方面的表现诸如脑子灵活、常提怪问题等是否有较深的印象,能否举出一些事例等。

2.研究内容的深入性和全面性

个案研究既可以研究个案的现在,又可以研究个案的过去,还可以追踪个案的未来发展。个案研究可以做静态的分析诊断,也可以做动态的研究或跟踪。由于个案研究的对象不多,所以研究时就有较为充裕的时间,进行透彻深入、全面系统的分析与研究。

例如,对一个职业院校学困生的研究,往往需要从多方面加以考察,诸如学生学习的智力因素和非智力因素、原有的知识基础和学习方法,以及教师的教学和家长的辅导情况,还要进行前后左右的对照和比较,这样就可以对该生进行比较全面、深入的了解和认识。

3.研究方法的多样性和综合性

个案研究有自己的研究方法,如追踪法、追因法、临床法、活动产品分析法、教育会诊法等。但是,个案研究又不是完全独立的研究方法。为了收集到更多的个案资料,从多角度把握研究对象的发展变化,就必须结合教育观察、教育调查、教育实验、教育测量等多种研究方法,综合运用各种研究手段。

4.研究过程的客观性和真实性

个案研究最显著的特征是描述客观世界的真实故事,而且大多是以纯粹客观的态度,运用归纳的方法,所以个案研究法所得的材料比较科学准确,具有较高的文献价值。对教育的研究在很大程度上是一个不能复制的过程,所以对这一过程中所发生的一个个典型个案进行深入细致的分析研究,其中包括收集有关个案的背景、具体材料、调查访问结果及有关人员做出的评定和反映,如实地描述这一过程中发生的"故事",这本身所具有的文献价值就很大,而众多的个案汇集在一起便构成了进行职业教育科学研究的一个取之不尽的宝贵源泉。但个案研究的意义并不局限于描述客观世界,它还力图解释、预测或控制客观世界的发展变化。因而,个案研究不属于缺乏理论深度的收集事实的经验主义方法论范畴,它的价值在于通过解剖"麻雀",从中总结或提取普遍性原理,即把个案一般化。

三、个案研究的适用范围

个案研究应用范围很广,在职业教育研究中往往适用于对不良问题的研究或对某些难以重复、难以预测和控制的事例进行研究,如学生辍学、学业失败、家庭破裂、道德不良、青少年犯罪等,也适用于对学生的心理问题和人格偏差的诊断研究和矫正研究。

四、个案研究的类型

个案研究在职业教育研究中有两种不同的取向:一种是逐渐脱离主观分析,与科学客观的量化典范连接,如个案实验法;另一种则是承续精神医学的传统,强调质的分析,与解释学、现象学及批评理论相结合,试图减少主观研究所形成的缺失。在应用中,个案研究法逐渐形成三种类型。

1.理论探求、理论验证的个案研究

理论探求、理论验证的个案研究主要研究一般论点,目的在于弄清楚那些模糊的问题,并使读者产生兴趣。

2.故事讲述、图画描绘的个案研究

故事讲述、图画描绘的个案研究,叙述和描绘那些有趣的、值得仔细分析的教育事件、方案、计划、章程和制度。

3.评价型个案研究

评价型个案研究需要研究者对教育事件、方案、计划、章程和制度进行分析,判断其价值,使读者确信。

不管是哪一类型的个案研究,其主要目的都在于描述、解释和评价三个方面:对某一事物或现象加以清晰的刻画和描述,提供一系列用来再创情境和内容的陈述,给读者一种对情境中内在意义的感受;对于某些特殊现象的解释,研究者在现象中寻找模式;在教育评价中运用个案,以便为教育决策者和实践者提供信息,帮助他们判断政策和决策的优点和价值。

五、个案研究的意义及局限性

(一) 个案研究的意义

1.特别适合职业院校教师使用

个案研究是特别适合职业院校教师使用的一种方法。在一定意义上,每个职业院校教师都应该是一名教育研究者。但由于教师的时间和精力主要放在教学和教育工作上，所以开展大规模的教育调查和严格控制实验，往往有一定的困难。而个案研究的对象少，研究规模也较小，同时个案研究一般都是在没有控制的自然状态中进行的，也不需要在一段时间内突击完成，所以个案研究就特别适合职业院校教师。教师可以抓住一两个典型的学生，结合教学、教育工作实践进行研究。对于每一个职业院校教育实践工作者来说，总可以在班上找到研究对象，而且也不需要什么特殊的处理，不影响正常的教育活动。

2.有利于因材施教

个案研究是因材施教的基础，具有实践意义。个案涉及的人与事较少，职业院校教师有条件对个案的方方面面进行细致的研究，便于全面掌握个案的情况。同时，个案研究可以对少数个案进行几年甚至更长时间的追踪研究，便于掌握个案的动态发展。我们只有在对个案全貌了解和研究的基础上，提出针对性的教育措施，才能真正做到因材施教。例如，对于基础较好、学习能力较强的学生进行个别辅导，提出更高、更难的要求；对于基础不好的学生就要采取措施，补缺补漏。

3.有利于职业院校教师的成长

个案研究可以帮助职业院校教师及时了解整个班级或年级的情况，及时收集到关于自己教育措施的反馈信息。通过对个案的辅导，教师还可以不断总结和评价一些积极的教育措施的实施经验与效果，从而得出对以后教育工作有益的启示。

4.促进职业教育科学的发展

个案研究所提供的典型材料为心理学、教育学理论观点提供具有说服力的具体佐证，能够丰富相关的教育学、心理学理论成果。现代心理学、教育学的研究，常常要借助于个案研究材料来丰富一般研究的基本结论。此外，个案研究通过典型材料，以个案举例的方式来说明某种抽象的教育理论和观点，使理论既有概括性，又有实用性，既抽象，又生动，有助于推动职业院校教育研究成果的广泛应用，从而促进职业院校教育科学的发展。

（二）个案研究的局限性

个案研究适用于具有典型意义的人和事的研究，如对职业院校班级中的优、差两头学生的研究，对个别品德不良学生的研究，对某个学生采取特殊教育的追踪研究，对某个学生的心理问题和人格偏差的诊断研究等。此外，个案研究还适用于对那些不能预测、控制，或由于道德原因不能人为重复进行的事例的研究，如对职业院校某个学生犯罪过程与原因的研究。但是个案研究也具有局限性，表现在以下几个方面。

1. 样本小

由于个案研究的对象数量少，其代表性有限，难以从个案研究中得出具有普遍性的规律和结论，因而推广应用的可能性受到限制，故依据个案研究得出的研究结果的适用性常常被人怀疑。

2. 结论主观性较强

个案研究一般只能揭示研究对象的典型特征，常常是定性的分析，其分析的结果难以量化、标准化，研究者受自身的知识结构、能力等因素的影响，容易做出主观的、不精确的结论。

3. 费时费力

个案研究往往需要采用不同的方法收集各方面的资料，对职业院校学生进行一定的训练或矫正，有时甚至需要追踪研究几年或几十年，因而耗时较多，投入的人力物力也较多。

第二节　个案研究的基本程序、原则与方法

一、个案研究的基本程序

（一）确定个案

个案研究重在探讨事物怎样发生和为什么发生，是在对事件深入理解的基础上，通过对事件的精细描述和分析而获得整体的认识。在职业教育个案研究中，如何选定个案是关键。适用个案研究的条件是：用小样本去说明总体；在对一个事物有了一定研究后，通过分析个案来剖析事物；有的事物并不普遍，不具有代表性，但值得关注，也可以成为个案；在对某种理论、方法的应用中，采用个案加以反馈，在实践中验证；为了满足不断积累材料的需要，以个案为素材，为今后研究打下基础。如研究学困生教育问题，一定要选择智力滞后、改变教学方案与教学方法后仍然不能适应教学的学生。

确立研究对象一般要把握这样几条标准：① 根据已掌握的情况所形成的主观印象，看研究对象的行为是否有显著性特征。② 向教师、家长以及有关人员进行调查了解，看是否也有类似的评价和印象。③ 通过有关检测，看测量结果是否达到评价指标。

为了选取具有能完成研究任务的特性及功能的样本，个案研究往往采用有目的抽样。如代表性个案抽样、关键个案抽样、极端型个案抽样、配额抽样、声望

个案抽样、滚雪球式抽样、效标抽样、证实和证伪个案抽样、综合抽样等。不管是哪种抽样,都体现了目的性原则。有目的抽样与随机抽样的逻辑基础不同。随机抽样的逻辑基础是所选择的样本对总体要有代表性,以便推广到整个总体;而有目的抽样的逻辑基础是样本个体对所深入研究的情况信息掌握得多且丰富,确信那些被选的样本个体本身就是丰富信息的提供者。

(二)个案现状评定

个案评定要全面,除了对突出方面要有专门的测量与评定,以便正确认识个案在这些方面的特点、所处的水平,以及与一般情况的判别外,对个案的一般情况也应有一个全面的了解与评定,因为某一方面的突出不是偶然的,往往与个案所处的现状有关。例如,学生的学习成绩,不仅与教师、集体、个人兴趣等有关,还与他的家庭、朋友以及其他环境有关。

(三)收集个案资料

个案研究依赖于详尽的相关资料,否则难以得出准确的结论。

1. 个案资料的内容

个案资料涉及的内容十分丰富。就个体个案研究来说,其内容主要包括:① 研究对象的基本情况,如个人的姓名、年龄、性别、民族、所在学校和班级、所在班级同学的总体情况(年龄分本、性别比例等)。② 个体身体健康资料,如既往病史、药物过敏史等。③ 个体成长及心理发展资料,如母亲妊娠、生产情况,出生后的发展情况,个性心理特征,行为习惯等。如果个案是一名学生,那么要收集学生的历次品德评语、升学考试成绩、专业测验成绩,以及近几年的作业本、日记、周记等。④ 个体家庭背景资料,如父母的姓名、年龄、职业、文化程度、健康状况,家庭经济状况及居住环境,父母的教养方式,亲子关系,家庭中的重大生活事件,家庭病史等。⑤ 个体当前问题资料,如目前的主要症状、表现等等。

2. 个案资料的来源与收集方式

收集个案资料时,必须注意个案资料的来源是十分广泛的。可以来自对研究对象本身的观察、调查,或由研究对象自己提供,也可以来自与研究对象相关的一些人或机构。如对超常学生的个案研究,可以向研究对象本人收集相关资料;也可以通过对研究对象相应的观察、调查谈话等获得资料,如让研究对象回忆自己的发展历程,介绍一些对自己影响较大的事情和人物,然后重点调查;还可以向与研究对象相关的一些人或机构索取材料,如可以到学校收集研究对象的有关资料,也可以让家长、任课教师、同学好友谈他的发展情况等。所收集的这些个案资料可概括为两类,即主体和客体资料。前者指研究对象的自传日记、写给别人的信件、著作等;后者指个人档案,社团或学校、机关的记录、照片、录音、登记表格，以及同学、同事等人提供的证明材料。收集资料的方式很多，如观察、测量、问卷、访谈、查阅个案的一切文字记录等。

3.收集个案资料的要求

收集个案资料要做到客观、公正、全面、深刻。

（四）整理分析资料

对收集到的各种个案资料，要进行细心的整理和分析，做出合理判断，探究某一特殊行为的原因，揭示出个案的外在现象与内在本质间存在的必然的因果联系。在教育或心理现象中，有些行为的原因易于发现，有些行为的原因则不易察觉；有些行为的原因很单纯，有些行为的原因却很复杂；有些行为的原因可能源于童年时代的生活经历，有些行为的原因可能是青少年时期生活中的重大事件的影响；有些行为的原因可能曲折变化。如此等等，都需要研究者对个案资料进行全方位的谨慎而深入的分析。

1.个案资料的记录整理

个案研究资料的记录和整理一定要分门别类，简便清晰，一般可采用表格来处理。如个人谈话记录表和个案研究资料袋都是记载和整理个案资料的简便形式。

2.个案资料的分析

面对收集到的丰富而详细的资料，如何进行分析，从哪些方面分析，直接影响研究的质量。一般而言，分析个案资料主要从以下两个维度进行。

（1）主观—客观维度。

从研究对象的主观上分析，主要是探究隐藏在个案外在行为背后的内在动力，如动机、态度、情感、世界观、人生观、价值观等；从客观上分析，主要是了解教育、家庭、社会环境等与青少年的生理、心理特点以及学生的成长、发展存在哪些相适应或不适应的地方，并找出它们的矛盾关键所在。

（2）现状—过程—背景维度。

现状—过程—背景维度分析，主要是从个案当前的发展现状和水平来分析个案行为或现象的形成和发展过程与现有水平的动态关系，进一步分析个案行为或现象发生的背景因素，以此来了解个案发展变化的基本特点和规律以及影响个案发展变化的各种因素。在对所收集的历史资料与现代资料进行比较分析的基础上，理清个案发展变化的脉络，找出哪几个因素对个案在某些方面的突出发展有较明显的意义，形成初步的认识，再进行深入分析。

（五）个案的补救矫正与发展指导

个案的补救、矫正与发展指导就是根据对个案资料的分析、诊断，提出恰当的教育措施，进行矫正或发展指导教育，或对学生如何发扬成绩克服缺点，设计一套因材施教的方案并加以实施。

个案的补救矫正、发展指导涉及两个方面的具体内容：① 改善和疏导那些不利于个案发展的外在条件，加强创设那些有利于促进发展的外在条件，使之更好地适应、满足学生发展的需要，如家庭氛围、父母的教养态度、学校的教育措施、学生人际关系、社会文化环境等因素对其发展的影响。② 激励或引导学生内在因素的健康积极发展，如通过心理咨询和治疗，提高学生的心理健康水平，改善和发展学生的良好情绪、情感和人格倾向及性格特征，克服过度焦虑和一些不良性格等。

对个案进行补救矫正和发展指导的具体方法视问题的性质而定，如矫正学生的问题行为，其矫正方法就要根据问题行为的性质而定，处理有偷窃行为的学生的方法与处理学习行为异常学生、情绪障碍学生的方法就不同。一般来说，教师要矫正学生的不良行为，需要根据生理学、心理学、教育学、社会学的原理，针对病源综合运用，有针对性地加以矫正。

（六）追踪研究

教育是一种长期活动，有时要在一段时间以后才能比较全面、准确地看清某一教育措施的效果。因此，对于个案研究，特别是施以发展指导的个案研究，有必要有一段较长时间的追踪观察，以测定与评价其指导措施。

（七）撰写研究报告或论文

个案研究报告最好是按着以上六个步骤来写，把它们当作六个组成部分。

二、个案研究的基本原则

1. 综合性原则

个案研究的综合性原则是指在研究方法的运用上需要运用调查法、测量法、文献研究法等多种方法，进行综合性研究。

2. 灵活性原则

灵活性原则是指研究者要灵活处理研究中出现的各种变化，尤其是在对研究对象进行个别访谈时出现的各种变化。对于不同的问题、不同研究阶段以及不同的研究对象，应根据需要和进展，调整研究进程和研究内容，选择或变换更为恰当的研究方法。

3. 谨慎性原则

由于个案研究针对具体的研究对象，涉及研究对象的各方面内容，因此，研究时必须注意材料的报道是否经研究对象同意，是否涉及研究对象的一些隐私和秘密,是否触及个人情绪。

三、个案研究的方法

个案研究可以根据研究目的、研究对象、研究内容的不同,采用追踪法、追因法、临床法、活动作品分析法、教育会诊法等具体的个案研究方法。

(一) 追踪法(追踪研究法)

个案追踪法就是在较长的时间内连续跟踪研究单个的人或事,搜集各种资料,揭示其发展变化的情况和趋势的一种研究方法。

追踪法的运用有这样几个步骤:① 确定课题。要明确追踪研究的对象是个人还是团体或机构,目的是什么,要追踪研究对象的哪些方面。② 实施追踪研究。③ 整理和分析资料。④ 提出改进建议。

(二) 追因法

实验法是先确立原因,然后根据原因去探究产生的结果。追因法则是先有结果,然后根据发现的结果去追究发生的原因。

实施个案追因研究有这样几个步骤:① 确定结果和要研究的问题。② 追因假设。③ 设置比较对象。④ 查阅资料,进行对比。⑤ 检验结果。找出原因尚待进一步检验。最后的检验办法是看有同样原因存在的其他许多事例中是否有同样的结果发生。

(三) 临床法

临床法也叫作临床谈话法,往往通过谈话的形式进行。这一方法既适用于对陷于困境学生的研究,又适用于对正常学生的研究。前者旨在解决个案的问题,后者旨在通过研究特殊个案发现学生发展的一般规律。

临床法应用的一般过程如下。

(1)由教师、父母或学生本人提出需要帮助的具体的行为问题或学习问题,然后观察他的行为。

(2)根据学生的学习成绩、教育测量情况、同伴评价、家庭情况以及该生在各种环境中的表现,明确当前的情况。

(3)根据学生的发展史、学校记录和家庭历史等资料,了解其过去的历史。包括:① 找出行为的一贯性。如学生的问题行为是在所有情境中发生,还是只在一定的情境中发生。② 找出行为的模式,即使行为前后有不一致,也可能是一种有意义的模式。③ 找出可能的动机。

(4)根据可能的假设设计处理方案。

(5)根据初步处理的结果判别假设是否正确,是否需要修改或者必须完全推翻。

（6）为了提高研究的科学性，一般宜用实验法加以检验。

（四）活动产品分析法

通过对研究对象的活动产品如作业、书稿、日志、教案、总结、自传、绘画、工艺作品等的分析，了解研究对象的能力、倾向、技能、熟练程度、情感状态和知识范围，从而对个案状况做出准确判断。

（五）教育会诊法

教育会诊法是指召集有关教育专家学者（尤其是教师集体）通过讨论，就个案（学生的行为）做出鉴定，做出对研究对象比较客观、公正的结论的一种研究方法。其特点是集体性、公正性、简便性。

巴班斯基认为教育会诊通常包括六个环节：① 明确会诊目的。② 确定会诊参加者。③ 由班主任和任课教师详细说明对某一学生的看法，并列举理由。④ 组织集体讨论，广泛交换意见。⑤ 为该生（个案）做出鉴定，提出有针对性的教育措施。⑥ 根据学生的鉴定材料，教师对集体或个人的教育工作进行自我反省，加强自身修养，提高教育教学水平。

三、个案研究模式及其实施步骤与方法

个案研究可以由问题切入，亦可以从研究对象着手，通常有两种研究模式。

（一）问题解决模式的实施步骤与方法

学校中多数个案研究着重对问题的解决，即帮助个案解决其行为或人格上的特殊问题。从实际操作程序上可分为六个步骤。

1.确定问题性质

在实施个案研究时应先察觉问题行为或人格上的特殊表现是什么并加以确认及界定。有时候问题性质并不像问题表面所显示的那么明显易察，因此确认问题性质时，研究者应该先确认偏差行为的存在，并依据该行为出现的频率及严重程度来确定问题性质。

2.把握问题关键

问题的关键是什么？必须从问题的性质中收集相关资料，再加以核对、评估、分析，确定问题的关键。

3.了解问题背景

个案问题的发生有其独特的背景和缘由，实际问题的状况与理论上或理想上的普遍情况不尽相同。研究者必须通过各种渠道了解问题发生的过程、条件、

个案的内在动机和社会环境等外在因素。

4. 提出解决方案

为了解决问题,研究者可以根据过去处理类似问题的经验及方法提出处理意见,也可以用独特的创新方式提出解决问题的方案。

5. 付诸行动,检验结果

解决问题的方法有许多,但哪些方法具有实效则要在行动过程中加以检验。当解决问题的方法无效或出现新问题时,可以回到前一步骤,重新探究解决问题的方法。就这样不断地循环,直至问题最终解决。

6. 形成最佳决策

研究者在比较、评价各种结果的基础上,选择解决问题效果最好的方法,形成最佳研究决策。

(二) 对象跟踪模式的实施步骤与方法

如果个案研究的对象是某位学生,那么可参照下列基本步骤进行。

1. 确定研究对象

研究者应根据个案研究的目的和内容以及对个案问题行为的界定,选择典型的人或事为研究对象。例如,研究的目的是了解超常学生的特点,探索超常学生的成长规律,那么就应该选择智商高的、学习成绩出众的学生作为研究对象。在职业教育教学研究中,个案研究的对象通常是有生理障碍的学生、学习成绩差的学生、行为偏差学生、情绪异常学生、资质优秀学生等。

2. 收集个案资料

全面地收集个案资料是个案研究有效性的重要保证。全面、系统的个案资料有助于研究者对个案形成完整的认识。

(1) 个案资料的来源。

① 个案的个人资料。包括身份资料,如姓名、性别、年龄、出生年月、籍贯等;个人发展史,如胎儿史、出生及新生儿期的情况、发育情况、学习情况、人际关系情况等;文档资料,如个案历年来的学习手册、考试成绩、作业、日记、周记、书信、照片、绘画作品等;身体心理特征,如身高、体重、生长发育情形、健康情况以及能力、兴趣、人格、智商、态度、习惯、情绪等。

② 学校有关记录。个案的学校记录资料比较规范,又有延续性,容易做前后对比。资料包括各种情况登记表、成绩记录、操行评语、奖惩情况、师生及同学关系、教师和学生的评价等。

③ 家庭和社会背景。家庭和社会背景涉及个案的个人生活史,是个案研究的重要信息源。这方面的资料往往涉及父母的姓名、年龄、健康状况、教育程度、

职业、社会经济地位，家庭成员间的关系情况，个案在家庭中的地位，家庭中有无重大挫折和意外遭遇，所在社区的文化状况，交往的同辈群体等。

（2）收集资料的方式。

① 观察。暗中观察记录或请同学代为观察以收集个案的人际关系、师生关系及同伴互动和其他行为（尤其是问题行为）。

② 心理测量。收集个案的智力、性格、成就、人格等测验分数，以了解个案的心理特征。

③ 文件分析。收集个案的自传、日记、周记、信函、历年成绩记录或奖惩记录；收集个案的健康检查记录，了解其发育情况。

④ 口头访问。个别约谈，在与个案谈话之前，必须取得个案的信任，使个案愿意将感受倾诉，以了解问题行为的动机、前因后果等。家庭访问，可以了解家长的教育态度及管教方式，父母婚姻状况，个案的家庭生活与兄弟姐妹的关系，了解个案的问题行为是否与家庭因素有关系；旁观者调查，调查与个案接近的人，如老师、同学、朋友，以了解个案的问题行为。

3. 诊断与假设

在广泛收集个案资料的基础上，常常还需要对相关问题做进一步的测试，以诊断问题的症结所在，推论原因——主因、次因、远因、近因等，形成初步的假设。诊断最好能有标准化的测验量表。诊断的类别包括：

（1）动力性诊断。对影响学生问题的各种动力的诊断研究，了解学生烦恼的生理、心理、社会原因。

（2）临床诊断。在现场操作进程中的诊断。

（3）病源性诊断。旨在了解问题的原因及形成过程。

因此，个案研究的诊断不只是对问题症状和现象的探究，更重要的是掌握问题的本质及原因。

4. 个案分析

个案研究收集到的资料往往比较粗糙、琐碎，需要用逻辑思维的方式进行理性的加工。通常内容分析法在综合个案资料上用处较大，它可以系统、客观地辨识信息，提供推论的依据。分析的首要步骤是选择与界定所分析的类别，如前面所提，一般有两种维度：① 主观—客观维度；② 现状—过程—背景维度。

5. 个案指导

个案研究不仅仅要提出研究的问题，还需要提出解决问题的策略和指导性意见，通过跟踪、观察、记录等方式验证先前的诊断和假设。在个案研究的诊断与假设、分析与指导过程中难免会有错误的判断和推论，因此需要在实际的个案实施过程中，通过多方面的信息和资料来检验先前主观推断的合理性。

6.形成结论

对个案研究结果进行讨论和评估，提出建议，得出结论，撰写个案研究报告。个案研究除了收集个案相关资料外，还需与个案进行沟通，以达到辅导、咨询、解决问题的目的。沟通方式可以是一对一的，也可以是多对一的。沟通形式可以是正式场合，也可以是非正式场合。在沟通过程中，研究人员要特别关注个案的非语言信息，如动作、表情等，以全面、真实地了解个案。

四、教育个案研究报告的撰写

个案研究报告是个案研究的表现方式，是个案研究过程中必不可少的一环。通过个案研究报告，可以了解个案的基本情况及处理的过程，正如医生写的病历一样，可以为以后的诊断、治疗提供依据。撰写报告的词句应该具体、明确，不可笼统、模糊不清；陈述事情应客观，不可过于做主观解释、说明，以免造成误导。

（一）个案研究报告的类型

个案研究报告的表达方式多种多样，大致可分为以下几类。

1.描述性报告

描述性报告比较详细地叙述个案资料，直接而精细，可以将这些片段并列或串联，不可以转述，而要用原话，尽可能用客观描述来呈现对个案的解释。但整理报告的时间较长，重心难以把握，较为繁复。

2.简介性报告

简介性报告像是一幅个案的速写，着重反映个案的主要特征，比较简洁。报告整理时间较短，较能显出问题的重心，不过往往难以详细获知有关个案的一些细节部分资料。

3.分析性报告

分析性报告通常对论点进行直接的论述，对论点均需提供论据，并需说明个案的各种可能现象及推理历程。分析性报告是一种企图利用客观的方式呈现个案资料，但又无法全然放弃主观判断的呈现方式。

（二）个案研究报告的基本组成

教育个案研究报告的内容和格式要对应于教育个案研究的基本程序，教育个案研究报告的结构由以下部分构成：① 确定个案。② 个案现状评定。③ 个案资料的收集。④ 个案资料的整理与分析。⑤ 个案的补救矫正与发展指导。⑥ 追踪研究结果与总结。

第三节　个案研究案例

案例　高职院校女大学生心理适应问题个案研究

一、研究主题

当下高校的大学生，多出生于 1998、1999 年前后，在网络与各种媒体高度发达的时代，学生的思想较开阔，社会实践活动参与程度比较高。他们头脑灵活，勇于面对，敢于挑战，对于辅导员老师来说，这种良好的势头为开展学生工作打下了基础。笔者作为该高职院校的新生辅导员，工作中发现，高职学生在近一学期的环境适应后，他们中的一部分也开始暴露出生活中的恶习，一些不良的学习与行为习惯随之产生。尤其是高职院校的女生，学业成绩较差，随着入学环境的变化、集体生活的演进、学生交际的复杂化以及远离家乡的困扰，部分女生的心理问题若隐若现，需要引起辅导员与教育工作者的重视。

二、研究概述

杨××(化名)，女，园林园艺系 2017 级学生。杨同学入学初期态度积极，表现良好，并担任了军训期间的女生军训联络员。军训结束后，班级内部进行公开选拔班干部，但是，杨××由于票数不高，没有被选为班干部。经过半个月的观察与了解，我得知她平常偶有上课迟到、开小差的行为，便与她谈心，了解她的学习情况，此后一段时间杨××情况略有好转。大一上学期的某个下午，4 号女生宿舍楼楼管向系部反映有女生有酗酒行为。得到此消息后，我马上赶到学生宿舍，第一时间了解情况，多方查探后得知酗酒学生为杨××。

三、个案分析

在接到宿管老师的消息后，我马上赶到了 4 号学生宿舍楼。由于宿管老师不知道酗酒学生的姓名，于是我与女学生干部对全系的女生宿舍进行有选择的查访。下午 5:00 左右，杨××的室友，也就是园林技术班的学习委员，给我打了个电话，承认了错误。原来，喝酒的女生便是她们宿舍的 5 名女生。走到 525 宿舍，只见杨××捂着被子睡着了，其他 4 名女生对我讲了事情的经过，并纷纷表示她们没多喝，只是想到家人伤心喝了两杯。杨××可能不胜酒力，抑或是不敢面对我,怎么叫也叫不起来,佯装熟睡。我在她宿舍陪了她两个小时,给她喂水并盖好被子,见她呼吸平稳后,叮嘱室友照顾好她,才离开宿舍。我知道酒后的谈心是没用的,于是第二天又找到杨××,通过聊天,得知了她的一些心事。

(一)班级性别差异

杨××所在的专业为理工科专业,班里共 29 名同学,其中男生 24 人,女生 5 人,男同学偏多,5 名女同学住在一个宿舍,关系较好。但是这也造成了男女生之间权利关系的不均衡,他们之间的沟通较少。

(二)班级定位不清,目标不明确

入学之初,杨××表现积极,担任班级军训联络员。但是由于经过一轮班干部竞选,她没有入选班委,这对她造成了一定的心理打击,致使她开始否定自己,表现出消极听课、作业拖沓的行为。

(三)专业不明晰,自卑心强

通过谈心,我了解到,杨××有一位姐姐已经大学毕业,有一份体面的工作,而杨××对自己的专业并不了解,甚至有转专业的想法。而且,杨××的男友(高中同学,本校建工系大一学生)取得学院职业技能大赛二等奖,这个骄人的成绩令杨××望而却步,强烈的自尊心令她隐隐自卑,不敢面对,导致她更加放纵自己。

(四)心理适应因素

杨××想到自己自 9 月份开学以来已有两个多月没有回过家。以前从未离乡的孩子看到别人可以每周回家,于是感到伤心难过。她叫上宿舍的姐妹一起去小饭馆里聚餐,并有了喝点酒的冲动。据其他 4 名女生回忆,她们 5 名女生都不会喝酒,但是杨××想体验一下喝酒的感觉。其他几位极力阻止杨××,最终,杨××一人喝了 2 瓶啤酒,其他 4 名女生一共喝了 1 瓶啤酒。谈起自己的家庭,她们纷纷落泪,是的,离家在外两个多月,她们想家了。由于杨××不会喝酒,几杯下来就不省人事,室友急忙送她回宿舍,正巧被宿管老师碰到。

大部分大一新生是第一次离开家门来到学校,开始一段集体生活。看起来,他们年龄相仿,志趣相投,有着说不完的话题。但是,当他们忽然回忆起家的味道,想起父母的唠叨声,想起他们的艰辛与年迈,每一位大学生都会眷恋家,也更加想家。于是,这几位女同学想着通过喝酒这种单纯的方式排解心里的苦闷。

四、解决方案

杨××的行为在入学之初便展现端倪,作为辅导员,我及时掌握情况并找她谈话,情况好转了几个月。随着时间的推移与身边亲人朋友的变化,自卑、对专业模糊、目标不清等问题又出现。仅仅谈心已经不能解决根本问题,于是,我引导她关注多方面的问题,提升自己的综合能力。

(一)丰富课余生活,鼓励她参加社团活动

我告诉她,虽然没有竞选上班干部,但是学校同样有展示自己的平台,她可以在许多活动中历练自己。鼓励她多参加学校的社团活动,选择做一件有意义的事情,使自己忙碌起来,丰富课余生活的同时,也收获大学的果实。于是,她报了两个社团,并且积极参与其中的活动。有一次,她还给我发了他们参加青年志愿者活动的照片,看到她劳动后满面汗水的笑容,我很为她感到高兴。其实有些活动的意义不在于活动本身,而是重在参与。

(二)组织专业讲座,培养自己的专业兴趣

关于学习,我并不是十分精通他们的专业。面对他们班同学的迷茫,我组织了几期小的专业展示讲座,即由学生以小组形式向大家介绍一下中外著名的建筑。通过查资料、集思广益,大家热情地介绍建筑的历史、功能、构造、影响等,并邀请系里的专业老师进行点评。这些讲座在锻炼学生的同时,也加深了他们对专业的了解。出乎意料地,杨××还喜欢上了画画。园林专业本来就有"园林美术"课程,通过对专业的初步了解,杨××坚持每天练习画画,培养了自己的专业兴趣。据她讲,画画的时候心很静,可以什么都不想,只是安静地体验,她很享受这种感觉。

(三)完善自身,恰当处理人际关系

1. 与同学的关系

在参加了社团活动后,我发现她经常来找我聊天,并谈到自己和室友、同学的相处渐渐多起来。本班男生也反映她活泼了许多,热衷于与大家一起参加活动。

2. 与家人的关系

杨××每周往家里打电话报平安,与家人的联系与沟通多了起来,并与家人分享自己的经历和感悟。

3. 与男友的关系

我知道,杨××的男友取得了学院职业技能大赛的好成绩,但是,杨××作为朋友,不应该自暴自弃,而应与他并驾齐驱。我们一起观看了她男友参加技能大赛的视频,在喝彩的同时,我也告诉她要提升自己,与男友共同进步。

（四）树立积极、自信的人生态度

发生酗酒事件后，我并没有当场批评杨××，班里的同学也少有人知晓。毕竟，一个女生的恶习被传出去只会越放越大。但是，杨××主动给我写了一份约2 000字的检讨，承认了自己的错误，并承诺以后不再发生此类事件。我收起了她的检讨，告诉她，我不会告诉班里同学，也不会告诉她的朋友和家人，但是，我希望能看到一个蜕变的女生，希望她能够积极、自信地上大学。这是我们两个的秘密。短短几个月，她发生了可喜的变化，还被学校社团联合会推荐参加了党校培训。看着她在活动现场忙碌的身影，我很为她感到高兴。

五、经验与启示

作为一名女同学，杨××虽然有一点小恶习，但不是致命的。辅导员作为高校的教师兼管理者，具有双重身份。在处理女生的行为问题时，不应该采取直截了当的批评方式，而是应该委婉地说服与鼓励，不应冷漠地鞭策，而应规范地引导。相较于男生，女生的想法可能要多些，处理问题时要结合班级环境与学生的人际圈综合考虑。事情的发生总是相互联系的，在总体考虑与分析的前提下对学生加以引导与鼓励，才会取得积极的效果。

作为高校教育工作者，我们面对的女大学生具有学情特殊、学习动力不足、心思敏感、更富有个性等特点。在今后的工作中，更应走进学生、融入学生、了解学生，不断提升自己的教育引导与心理疏导能力，用学生喜欢的方式把教育工作融入学生管理、教育、服务中去。要建立新时代教师的"新磁场"，不断发现问题，采取正确适当方法解决问题，教育引导学生建立健康和谐的人际关系。

（资料来源：《山东青年》2018年第06期。作者：冯鲁红）

第十章　职业教育科学研究成果的表述

第一节　教育科学研究成果的主要表现形式

教育科学研究成果是在进行教育类科学研究的基础上,采用科学的方法,经过智力加工而产生的具有一定学术价值、社会价值或经济价值,并被同行专家认可的知识体系、方案或产品。

教育科学研究成果水平的高低,不仅取决于研究项目的理论或实践价值、研究工作本身的广度和深度、研究过程的科学性和规范性,还取决于研究者的专业基础、理论功底、分析综合能力,以及语言表达能力。成果的表述对于教育科学研究最终成果的形成和升华,起着重要的作用。

一、教育科学研究成果的分类

1. 教育科学研究项目的级别

教育科学研究项目一般分为国家级、部(省)级、司(厅局、市)级,以及地(市)级、县(区)级、校(中小学)级等级别。

全国教育科学规划领导小组负责审批国家级和部级教育科学研究项目,各省教育科学规划领导小组负责审批省级和厅局级教育科学研究项目。

教育科学研究成果通过相应级别专家组的鉴定验收后,可以取得与项目同级别的成果证书。

2. 教育科学研究项目的性质

教育科学研究项目按其研究领域性质的不同,可以分为基础理论研究、应用研究和发展研究三种类型。

（1）基础理论研究。

基础理论研究是针对教育领域中的现象、问题所进行的理论探索，其任务是总结、发现、提出相关的特征、规律和理论依据。基础理论研究的成果是在总结前人或他人研究成果的基础上，提出的新思想、新理论、新发现、新方法，主要解决"是什么"和"为什么"的问题。基础理论研究成果主要表现在创新性，强调对教育实践的指导意义。

（2）应用研究。

应用研究是以相关的理论为指导，针对教育领域中的实际问题进行深入探讨，取得具有实际价值的成果。应用研究的成果主要解决"怎么做"的问题，密切联系教育教学实际，能够解决当前教育改革和发展中迫切需要解决的问题。

（3）发展研究。

发展研究主要运用基础理论研究和应用研究的成果，为促进教育改革和发展，创造性地提出和制订方案、计划、对策和建议等。发展研究的成果不在于添加新知识，而在于解决实际问题的可操作性。

3. 教育科学研究成果的表现形式

教育科学研究成果的表现形式有文本、方案和产品等几种类型。

（1）文本类研究成果。

文本类的研究成果主要有报告、论文、著作等几种形式。

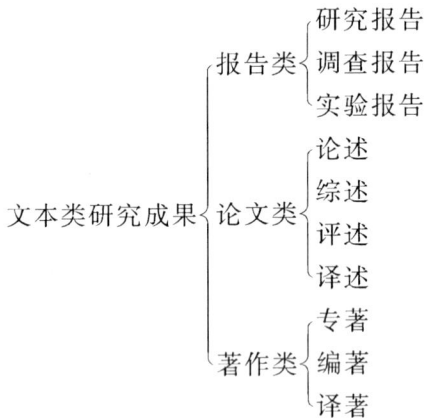

$$
\text{文本类研究成果}
\begin{cases}
\text{报告类}
\begin{cases}
\text{研究报告} \\
\text{调查报告} \\
\text{实验报告}
\end{cases} \\
\text{论文类}
\begin{cases}
\text{论述} \\
\text{综述} \\
\text{评述} \\
\text{译述}
\end{cases} \\
\text{著作类}
\begin{cases}
\text{专著} \\
\text{编著} \\
\text{译著}
\end{cases}
\end{cases}
$$

（2）方案类研究成果。

方案类研究成果包括改革方案、政策法规、咨询报告，以及发展规划和实施建议等。

（3）产品类研究成果。

产品类研究成果包括改善教育教学环境的硬件类产品、软件类产品，以及教学资源产品。如教学网络环境，学习平台，网络课程，多媒体课件、素材，仿真教学系统，教学管理软件等。

二、教育科学研究成果的表述

教育科学研究成果的表述一般包含下面几个方面的内容。

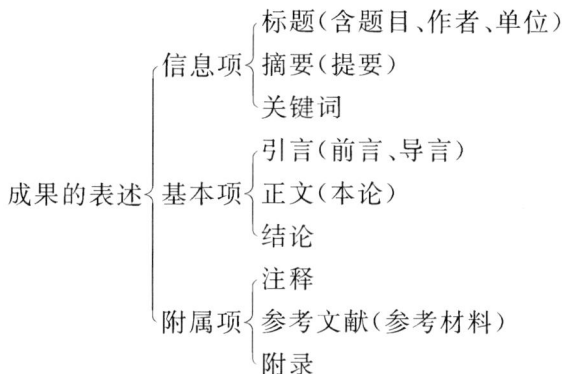

$$
\text{成果的表述}
\begin{cases}
\text{信息项}
\begin{cases}
\text{标题（含题目、作者、单位）} \\
\text{摘要（提要）} \\
\text{关键词}
\end{cases} \\
\text{基本项}
\begin{cases}
\text{引言（前言、导言）} \\
\text{正文（本论）} \\
\text{结论}
\end{cases} \\
\text{附属项}
\begin{cases}
\text{注释} \\
\text{参考文献（参考材料）} \\
\text{附录}
\end{cases}
\end{cases}
$$

（一）信息项

信息项包括标题、摘要和关键词三部分，要求以精练的语言概括研究成果的主要内容，给人以提纲挈领的感受，从而可以获得对研究成果的基本了解，并为文献检索提供基本的信息。

1. 标题

标题包括题目、作者署名和所属单位等内容。

题目是研究成果内容的高度概括和集中，是文章的核心和灵魂，同时也反映了科学研究的深度和广度。题目的表达要做到严谨、准确、规范、醒目、得体，最好能够反映文章所属学科领域及研究方向，恰如其分地反映研究的范围和达到的深度。字数一般不超过 20 个汉字，必要时可以加副标题做进一步注解。

在科学研究成果中，作者要署真实姓名和隶属机构的名称。这样做的目的一方面是对科学研究成果负责，另一方面是对知识产权的维护。有的成果篇幅较大，在这里应该列出文章的目录或文中各级标题的层次。在科学研究中，如果得到别人的指导和帮助，那么应在这里表示感谢。

2. 摘要

摘要又称为提要，是对成果内容准确的概括。摘要写作的要求是精练、明确，用简明扼要的文字对成果的主要观点、内容加以介绍。其作用是帮助读者在没有阅读全文之前，看了摘要就可以掌握研究成果的要点，也可以为文摘、索引、出版物转载提供便利。

摘要一般不超过三百字，用第三人称表达，不要加评价性的语句。

3.关键词

关键词属于主题词，由反映研究成果主要内容的名词术语组成，一般列出3～5个，必要时可以增加，但最多不要超过8个。

关键词的作用是方便读者检索有关资料，尤其是方便从电子计算机系统中进行检索工作。

关键词的排列顺序应该是先大后小，即内涵较大的词放在前面，内涵较小的词放在后面。这样在检索时，可逐渐缩小范围，逼近目标。

（二）基本项

基本项是研究成果的主体，包括引言、正文和结论三部分。

1.引言

引言又称为前言、导言、绪论等，要求用简明扼要的文字叙述研究的背景，问题的提出，本项研究的目的、意义、理论假设，研究成果的价值等内容。有的研究成果还要求在引言中做出文献综述、现状分析的具体阐述。

在一般论文中，引言部分不使用任何标题，只放在文章的开始部位；而在报告类的成果中则单独成章，分段阐述。

2.正文

正文又称为本论，是研究成果的核心内容，需要精心组织材料，安排文章结构，通过对材料的分析、综合、判断、推理的逻辑组织，最后得出正确的结论。在写作时，观点要贯穿全文，并以观点为轴心，用材料说明观点，做到材料与观点的统一。用材料说明观点，即用论据证明论点时，一般采用的形式如下。

（1）并列式。

各论据之间的关系是并列的，可以围绕一个中心论点，把若干论据分类排列，逐一论述。

（2）顺序式。

各论据之间的关系是递进的，论证时步步逼近，直到得出结论。

（3）综合式。

各论据综合运用，其中既有并列式，又有顺序式，依据证论的需要，灵活组织各论据之间的先后关系。

在论证过程中，要密切注意各层次之间的过渡衔接，以达到融会贯通、承上启下的效果。如果在论证过程中有难于理解之处，那么需要加以解释说明。

当正文内容较多时，为了层次分明，一般使用不同的序码，有时还需要加上小标题。正文部分通常还采用多种图、表来集中反映数据处理的结果，在成文时需要仔细安排，与文章融为一体。正文的层次可依据繁简不同做如下安排。

一、×××××	一、××××××	1.××××
(一)××××	1.××××××	1.1 ××××
1.×××××	(1)××××	1.1.1 ××××
(1)××××	① ×××××	1.1.1.1 ××××
① ×××××		

3.结论

结论是整个研究过程的结晶,是全篇研究成果的精髓,也是作者独到见解之所在。

结论部分的作用是总结全文,深化主题,揭示规律,阐明观点。它不是正文内容的简单重复,更不是谈体会和感受。结论的写作要求用词严谨、逻辑严密、文字简练、直扣主题。

除了总结性的论述以外,在结论部分还往往提出需要进一步探讨的问题和今后展望等内容。

(三)附属项

附属项包括注释、参考文献和附录等三部分。

1.注释

在研究成果中,引用相关文献或他人的研究成果、观点,都需要采用注释的方法加以说明,以示对别人劳动成果的尊重。引用原文,要用引号注明;引用原意,则在引文前面加冒号注明。注意要把自己的话和引用别人的原意明确分开,不要混为一谈。引文注释一般有三种方式。

(1)夹注。又称为文中注、段中注,即在引文后面用括号将其出处和转引处注明。

(2)脚注。又称为页下注,将引文出处置于当页正文下方,用序号排列,并用细线与正文隔开。

(3)尾注。又称为文尾注,将引文出处按序号统一编排于基本项后面。

引文注释按国家标准执行。各种参考文献的类型以字母标识:M代表专著,C代表论文集,N代表报纸文章,J代表期刊文章,D代表学位论文,R代表研究报告,S代表标准,A代表从专著、论文集中析出的文献,Z代表未定型文献,EB/OL代表网上电子公告等等。

中文引文注释的格式如下:

·参考专著、论文集、学位论文、报告类的格式——[序号]主要责任者.文献题名[文献类型标识].出版地:出版者,出版年:起止页码.

示例:

[1] 谢新观.远程教育概论[M].北京:中央广播电视大学出版社,2001:49-53.

·参考期刊文章的格式——[序号]主要责任者.文献题名[J].刊名,年,卷

（期）：起止页码.

示例：

[2] 吴中福,等.基于 Web 的远程教育管理及其实现[J].计算机应用,1998,18(8):6-8.

· 参考论文集的析出文献的格式——[序号]析出文献主要责任者.析出文献题名[A].原文献主要责任者,原文献题名[C].出版地:出版者,出版年:析出文献起止页码.

示例：

[3] 瞿秋白.现代文明的问题与社会主义[A].罗荣渠.从西化到现代化[C].北京:北京大学出版社,1990:121-1330.

· 参考报纸文章的格式——[序号]主要责任者.文献题名[N].报纸名,出版日期(版次).

示例：

[4] 谢希德.创造学习的新思路[N].人民日报,1998-12-25(10).

· 参考国际标准,国家标准的格式——[序号]标准编号,标准名称[S].

示例：

[5] GB/T 16159—1996,汉语拼音正词法基本规则[S].

· 参考电子文献的格式——[序号]主要责任者.电子文献题名[电子文献及载体类型标识].电子文献的出处或可获得地址,发表或更新日期/引用日期.

示例：

[6] 王明亮.关于中国学术期刊标准化数据库系统工程的进展[EB/OL].http://www.cajcd.cn/pub/wml.txt/9808/10-2.html,1998-10-04.

· 参考各种未定型的文献的格式——[序号]主要责任者.文献题名[Z].出版地:出版者,出版年.

示例：

[7] 张永禄.唐代长安词典[Z].西安:陕西人民出版社,1980.

外文引文注释的格式如下。

· 专著

[8] Butler,C. Computers in Linguistics [M]. Oxford & New York:Basil Blackwell,1985:80-84.

· 论文集文章

[9] Joshi,A. Mutual beliefs in question－answer systems[A]. In N. Smith(ed.),Mutual Beliefs[C]. New York:Academic Press,1982:181-197.

· 期刊文章

[10] Kass,R. & T. Finin. Modeling the user in natural language systems[J]. Computational Linguistics,1988(3):5-22.

2.参考文献

在基本项或注释的后面,一般应列出研究过程中和形成研究成果的过程中主要参考过的著作和文献。从这些列表中可以反映出该项目研究起点的高低和水平,也是对别人知识产权的尊重。参考文献的格式与注释的格式相同。文献的排列顺序以对项目研究所起到作用的大小和主次而定。

3.附录

对阅读、了解研究成果有重要意义的原始资料、数据、方案、评价材料,以及相关的材料等。此项只在有必要时才列出,一般可省略。

三、各类研究成果的基本结构

1.研究成果的模板

研究成果的题目[*](不超过 20 个汉字)

作者署名
(单位名称 地址 邮编)

[摘要]

[关键词]××××;××;×××

引言

正文

结论

[注释]

[参考文献]
[1]
[2]
[附录]

---

*[基金项目]项目级别《项目名称》,批准号: ,批准单位: 。

2.研究报告的基本结构

(1)题目。研究报告的题目一般都采用研究项目(课题)的名称。

(2)摘要。同前。

(3)关键词。同前。

(4)引言。内容包括课题的提出、研究的意义、目前国内外研究的现状、成果、问题及发展趋势、该研究所要解决的问题。

(5)正文。正文部分主要论述研究的对象、方法、过程,以及研究的结果和分析。

研究的对象主要介绍课题要解决什么问题,以及为什么要解决这个问题,特别要阐明课题中的主要概念和术语。研究的方法和过程主要介绍课题研究的设计、研究对象的取样、研究因素的实施与控制、研究资料的收集与处理方法,目的是让读者了解研究的全过程,以便评价整个研究的科学性、正确性,并就此决定是否认可该项研究课题所得到的结论。

研究的结果与分析是研究报告的核心部分,一般用文字、表格、图形来描述研究的结果,将定量与定性分析结合起来,对假设的结果进行描述和检验,并进一步对当前教育理论或实践的发展提出新的认识、建议和设想。

(6)结论。结论部分是研究成果的总论点,是全篇文章的核心。在结论中要明确指出解决了哪些问题,还有哪些问题尚待研究。

(7)注释。同前。

(8)参考文献。同前。

3.实验报告的基本结构

研究报告是非常结构化的文件,它由若干部分组成,每一部分的内容都有特殊的、明确的规定,需要根据每一部分的要求介绍研究的过程和结果。

(1)标题、作者和机构。

标题是对文章内容的精练表述,它应当明确地表达被考察的变量、理论及关系,尽可能完整、准确地概括出研究的内容,又要避免使用多余词语。论文标题中使用的语词将成为他人查阅和检索论文的关键线索,而且人们往往从对论文标题的第一印象来决定是否还要继续阅读这篇文章的其余部分。论文题目长度应尽量控制在 20 个汉字以内。

紧挨着标题的是作者姓名,然后是作者供职的机构或研究实施的机构,并附带给出其所在的城市和邮编,如"(东营职业学院,东营 257091)"。当有多名作者时,排序通常是重要的,排在第一位的作者一般是对研究做出主要贡献的人,然后按贡献大小依次排列其他作者的姓名。

(2)摘要和关键词。

摘要要用非常简练的语句表述研究的目的、研究的手段和方法、研究的主要结果或发现。摘要通常都是在论文的其他部分全部写完以后才写的,是写作中应特别重视的部分。除标题外,摘要是研究者在搜索文献时首先阅读的部分,而且他们会根据摘要提供的内容来决定是否进一步查找和阅读全文。

一篇实证研究报告的摘要不是论文写作的引导段落、补充说明或评价,而是具有相对的独立性,其长度应控制在 200 个汉字或 500 个英语单词以内。它一般由以下各项内容组成:对研究问题或目的的一句话概述;对研究被试的简单说明(要明确说明被试数量和相关特征);对研究方法和步骤的简单描述;主要结果的报告;结论或意义的精练陈述。这些内容不一定按照固定顺序来写,也未必面面俱到,但通常都要写到研究问题或目的、研究方法或手段、研究结果和发现等内容。在行文方式上,要尽量使用第三人称,比如采用"对……进行了研究""报告了……的现状""进行了……的调查"等记述方式,不必使用"本文""作者"等作为主语。另外,需提醒的是,不少初写论文者常常会把摘要写成引言或前言的性质,这一点要避免。摘要之后,给出 3~5 个关键词。关键词是对描述研究范围或领域、研究核心内容、采用的方法等起重要作用的词汇,或者其在文中出现的频率较高。关键词在文献搜索中的作用很大,因此撰写研究报告时,要重视关键词的选用。

(3)引言。

研究报告主体或正文的第一部分是引言,也叫作序言、前言或问题提出、研究目的等。引言主要是向读者介绍研究的背景和方向,以及提出此项研究的理由。具体要说明:本研究要解决什么样的问题或疑惑?如何想到要解决这一问题或疑惑的?这样做有什么意义或重要性?这一研究的提出和结果与该领域现有的知识有什么样的联系?等。通常作者还会在此部分的最后以假设的形式明确实验的目的。

第一,引题。用较少文字说明研究什么问题,以及研究的必要性、重要性或意义。

第二,文献回顾。文献回顾的目的在于说明提出研究问题的背景、理由和论据,一般的逻辑路线是:在相关领域中,前人做了哪些主要研究,这些研究给予我们什么样的认识,这些研究还有哪些空白区、哪些疑惑或相互矛盾的地方,这里的某一空白区或矛盾需要解决,为此需要进行什么样的研究……实际上就是将读者的思路带入研究主题。文献回顾中切忌两点:一是不加选择地论及该领域的全部或大部分研究,二是不加整合地罗列文献。

第三,界定关键词或变量。文献回顾后,研究问题就越来越明晰了,这时对涉及的主要概念或变量进行界定,就可以将研究的问题限定在某一具体范围。

第四,研究思路或方法的介绍。简单介绍研究的方法论和基本思路,描绘出研究中准备使用的方法的大致轮廓。

第五,提出明确的假设。在引言部分的最后,一般都要提出关于研究变量关系的假设，这既是对结果的预期，又是研究方向与目标的再一次重申。

第六，方法。

第七，研究报告正文。

第二部分是研究的方法。方法部分就研究实施过程进行相对详细的介绍，以使其他研究人员能够清楚作者的研究方法，从中获得的信息足以使他能够复制作者的研究过程。方法部分一般包括四方面内容：研究被试、仪器设备与材料、研究设计类型、实验操作程序与主要步骤。

被试部分一般要说明：① 被试数量；② 如何抽样和分组；③ 被试基本的人口统计学特征，包括年龄、性别、种族等；④ 与研究相关的其他特征（例如 IQ 或精神病理学特征）。对于动物被试来说，提供的信息与人类被试类似，如：① 使用的动物数；② 它们的种群、种类和血统；③ 提供者；④ 这些动物是如何居住和饲养的；⑤ 具体特征，包括性别、重量、年龄等。

仪器设备与材料一般要说明研究中使用的器材（例如设备）或材料（例如调查问卷、实验用词单等）。有时这两个部分同时包括在研究报告中。在器材部分，普通的项目如椅子、桌子、秒表等不需要介绍得太详细，越是特殊的器材，越是要给予详细说明。对于定制的设备，还要求有图形或图片。如果器材只需简单提及，那么有时干脆忽略或与方法中的其他部分混在一起。对于使用调查问卷的研究，这一部分就叫作材料。在研究中用到的每份调查问卷都要有相应的介绍，并且要对它的作用进行说明（例如用什么来进行测量）。对于那些新编制的调查问卷，还必须将其放在附录里。

研究设计类型，主要是说明采用了什么样的实验设计模式，例如"研究采用 2×3×2 混合实验设计""研究采用 2×3 完全随机区组设计"。

实验操作程序与主要步骤是要对研究中变量的操控方法与研究实施步骤做较为详细的说明，包括被试分组方法、给予被试的指示语、较特殊的测评步骤等。对于实验研究来说，还要详细说明为了避免变量混淆而进行的操作和控制措施。

（4）结果与分析。

结果与分析部分要对研究中得到的资料进行概括，并进行统计分析。结果的展示顺序通常是：陈述主要的研究成果、给出基本的描述性统计结果（如平均数和标准差）、给出推断性分析结果（一般是指假设检验的结果）、给出效应量的测量结果。结果的呈现最好使用图表的形式。图表对信息的呈现直观、易读、易懂，辅以简单的文字说明更佳。如果研究本身很简单，能很容易地用文字说明，也可以不使用图表。在结果与分析部分，要注意两点：一是客观说明得到的结果，这里的分析不是讨论之意，而是统计分析之意，在此部分切忌夹叙夹议，防止将研究者的主观认识与研究中得到的客观结果混淆在一起；二是结果的呈现不能随意罗列，要结合前文提出的研究目标和研究假设的顺序与层次，进行结构上的组织和编排。要报告统计学意义上的显著性,其陈述的内容要给出以下信息:① 使用的检验类型;② 自由度;③ 检验结果;④ 显著性水平。当报告显著性水平时,鼓励使用精确的概率值(其大多是由计算机程序提供的),或者使用传统的 α 水平(如 $p<0.05$、$p<0.01$、$p<0.001$ 等)作为参考点。例如,使用精确概率,可以这样报告结果:结果显示,两组之间的差异显著,$F(2,36)=4.37,p=0.006$。使用传统的 α 水平,则可以这样报告结果:结果显示,两组之间的差异显著,$F(2,36)=4.37,p<0.01$。

(5)讨论。

研究报告正文的第四部分是讨论部分。在讨论部分,要对研究发现的意义进行解释、评价和讨论。讨论应从假设的重述开始,接着简要重述主要结果,指出它们是否支持假设。然后,将研究结果与其他研究者的结果联系起来,说明研究结果在多大程度上符合该领域现有知识结构。通常,还要辨析研究的所有缺陷,特别是影响结果普遍性的因素。初写研究报告者,往往不知如何展开讨论,这时可将结果与前文提出的研究假设、与该领域其他研究进行比较,这会帮助作者意识到哪些问题需要解释:① 研究结果验证假设了吗? 如果验证了假设,则意味着什么? 如果只是部分验证或全部未能验证,则意味着什么? 为什么会如此? ② 研究结果与该领域有关理论和相关研究吻合吗? 吻合意味着什么? 不吻合意味着什么? 为什么不吻合? ③ 研究存在什么问题? 为什么未加以控制或克服? 这可能带来什么样的后果? ④ 研究有无引出新的矛盾? 随后需要进一步探讨的问题是什么? 讨论并不复杂,它就是对结果中隐含的意义做进一步的发掘和说明,帮助阅读者理解实验研究的结果,也是在为结论做准备。在讨论部分,要注意回应引言,切忌抛开研究假设和目的,不着要领、离题太远。

(6)结论(与建议)。

研究报告正文的最后部分是结论,有时叫作结论与建议。这一部分就是将本研究中确实得到的、可以肯定的部分概括性地呈现出来,它是前述结果与分析、讨论后的一个自然总结。这里也需要注意两点:一是不能将前人已有的认识和他人研究的结果作为结论,二是不能将研究者的假想、未能肯定的推测、未来研究设想等作为结论。结论要简短、肯定。在一些应用性研究的报告中,研究者往往根据研究的结论针对某一实践领域提出建议。

(7)参考文献和附录。

参考文献和附录不属于研究报告的正文部分,但同样是重要的。参考文献至少有四方面的作用:① 为自己的研究及讨论提供支持,并证明研究者本人对该研究领域的了解程度;② 向被引用文献的原作者表示谢意,并给予应有的声誉;③ 承认引用,避免抄袭、剽窃之嫌;④ 为阅读者提供进一步查阅相关文献的线索。所以,参考文献要为报告中每一个引用项提供完整信息,而且要注意,参考文献里列举的项和论文里引用的项必须一一对应，即每个引用项都必须出现在参考文献列表里，而参考文献列表里的每一项又必须是被引用的。一般来说，参考文献按第一作者姓氏的字母顺序排列。第一作者姓氏字母相同时，独著类的先列，其他的则依照时间先后顺序列。也有的是按照引用的先后顺序排列。不过，就国内学术刊物来说，参考文献的编写方式各有不同。投稿前需要查阅相关刊物最新的版式和最新的征稿启事。附录部分一般是对有关的仪器设备、实验材料做详细说明或列举，有时研究者也会把实验的相关数据信息列举于此。（资料来源：邓铸《应用实验心理学》，2006）

4.调查报告的基本结构

（1）题目。调查报告的题目一般采用研究项目（课题）的名称。

（2）摘要。同前。

（3）关键词。同前。

（4）引言。阐述调查问题的原因、背景，调查研究的目的、意义，以及国内外研究的动态及现状等。

（5）正文。包括调查研究工作的组织、时间、地点、范围以及抽样方法，调查的内容、方式和结果。

在此基础上，把调查所获得的大量材料、数据，用科学方法和手段进行处理后，分别用文字、图表进行明确的描述，要求做到数据确凿、事件典型、材料可靠。

（6）结论。在对整个调查内容进行科学的定量和定性分析的基础上，概括出事物的本质、内在联系和规律，找出问题的症结和关键原因，提出解决问题的新思路、新方法和建议。

（7）注释。同前。

（8）参考文献。同前。

（9）附录。调查报告应将原始资料，如调查问卷、原始数据、访谈记录等附在文后，便于读者和专家鉴定调查材料的真实性、科学性，也可供研究人员参考。

5.研究论文的基本结构

（1）题目。研究论文题目的格式主要有以下几种。

① 命题式。以准确的判断或假设反映文章研究的问题，例如：运用信息技术促进高职学生创造性思维的发展。

② 对称式。用两个词性和结构相对称的短句组成题目，例如：发展职业教育技术，促进职业教育改革。

③ 主辅式。由一个主句和一个辅句（从句）组成题目，例如：寓教于乐，全面提高职业教育质量。

④ 正副式。由一个正标题和一个副标题构成题目，例如：网上适应性学习资源的重复利用——介绍一个可以描述适应性学习对象的扩展元数据规范。

⑤ 连接式。用破折号或冒号将题目前后两部分连接起来,例如:信息化教育——教育技术发展的新阶段。

(2) 摘要。同前。

(3) 关键词。同前。

(4) 引言。阐明论文的目的、意义、背景、原因、方法等内容,其中提出问题是引言部分的核心,是论文的价值所在。

由于论文篇幅不大,引言要直奔主题,直截了当地阐明自己的观点,点出本文的主题思想。具体写作时可以用以下几种方法。

① 用提问质疑的方法,揭示课题研究的理论和实践背景,提出要探讨解决的问题和存在的疑问。

② 用陈述交代的方法,说明该课题研究的重要性、必要性及其价值,以及目前国内外研究进展状况和存在的问题,作者研究本课题的宗旨、方法和手段。

③ 用商榷立论的方法,指出别人论点或论据中存在的错误和值得商榷的问题,以批驳的方式引出作者的观点。

(5) 正文。正文是论文的主体部分,旨在展开课题、提出论点、表达研究成果,进行系统论述。在写作中应把握好以下几点。

① 理论观点的确立在篇幅上应占全文的大部分。可采用总论、再分论、后总结的方式,也可采用先总论、后分论的方式构建论文体系框架,形成一个由中心论点、分论点、小论点组成的相互贯通的理论观点体系。

② 每一级论述都应包括论点、论据、论证。中心论点的论证与陈述过程应涉及分论点的呈现方式和整个正文部分的逻辑结构,从而使正文成为一个由中心论点统帅和涵盖的有机整体。在论述中,各论点都要有充分的论证和严密的论据。

③ 正文的写作要注意层次、段落的划分,叙述中要分清主次,结构合理。

(6) 结论。结论是对全文的综合,是从论证得出的基本结果或课题要解决的答案,是对研究成果进行更高层次的精确概括与提炼,因此应写得简明扼要,精炼得当。撰写结论的基本方法有以下几种。

① 总结式。综合、归纳全文后得出的结论,而这个结论往往就是全文的中心论点。

② 评论式。在全文论证的基础上,写出作者对成果的评价。特别是一些鉴定性的论文、填补某学科空白的论文或纠正了某项错误的论文,都要在结尾前对前人的成果做重要的补充。

③ 问题式。有的研究课题的最终目的就是要提出问题,在结尾时要用概括性的语言把问题集中提出来。

④ 建议式。论证式、调查式的课题成果是为了向有关机构提供决策咨询,因

此在结尾时要提出一个切实可行的建议与对策。

（7）注释。同前。

（8）参考文献。同前。

研究论文从结构上可以分为论述、综述、评述和译述，在具体写作时可根据任务的不同，把握不同的重点。

第二节　职业教育研究成果举例

案例　高职学生科学素养情况调查与分析

林仁琅

（广东岭南职业技术学院，广东 广州，510663）

摘要：科学素养已成为大学生总体素质的重要内涵。本调查通过问卷对大学生科学信息来源、科学知识水平、对科学原理和方法的了解以及科学技术对社会的影响等四个方面进行测试，了解、研究当代大学生的科学素养现状，考察其中存在的问题，提出进一步提高大学生科学素养的对策。

关键词：高职学生；科学素养；培育

中图分类号：G715　　**文献标识码**：A　　**文章编号**：

在当今这样一个高科技时代，科学素养已成为大学生总体素质的重要内涵，是各类人才所需要的共同素质。了解、研究当代大学生的科学素养现状，考察其中存在的问题，提出进一步提高大学生科学素养的对策，是一项值得研究的课题。本调查的目的在于了解当前在校大学生的科学素养状况及他们对科学技术的态度，为高校教学改革和大学生素质的提高提供参考依据。

一、研究方法

（一）研究对象

本次调查以广东岭南职业技术学院大一、大二、大三三个年级的学生为研究对象，采用无记名方式、借助专业问卷调查平台问卷星进行，总计发放问卷671份，收回有效问卷671份，有效回收率为100％。研究对象的男女比例是2.19:1，由于是网络随机调查，存在着年级、专业比例分布不均的情况，特别是专业方面，大部分是理工科类学生(占 74.63％);年级间专业的比例,大一的相对均衡,大三的比例过于悬殊;学生来源地间的分布,城市、镇、农村相对集中,城乡交界地区较少。具体如图 10-1、图 10-2、图 10-3、图 10-4 所示。

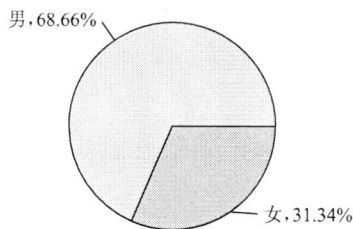

图 10-1　男女比例

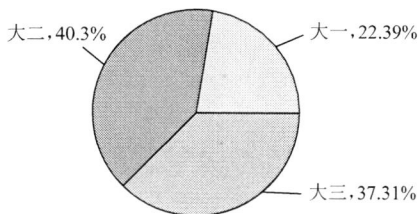

图 10-2　年级比例

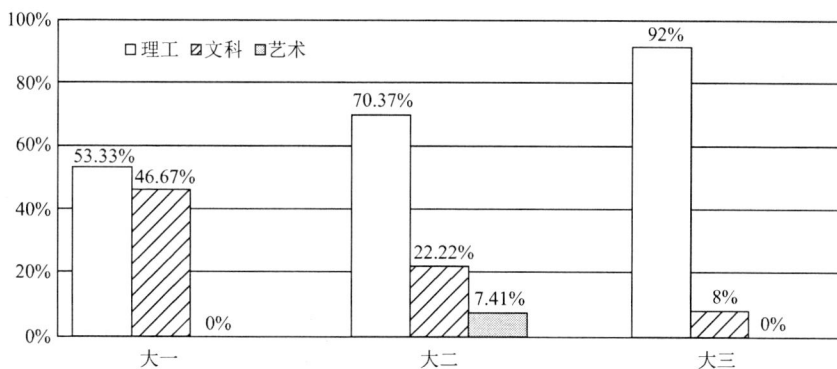

图 10-3　年级间专业比例

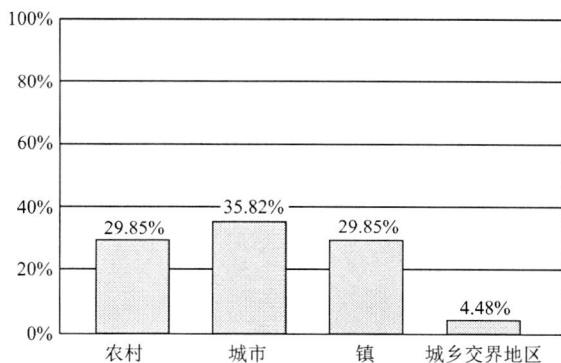

图 10-4　学生生源地分布比例

(二) 研究工具

在编制问卷的过程中,课题组成员参阅了部分科学教育评价问卷、中国公众科学素养问卷及其相关的科普类期刊,以有关文献中关于科学素养的定义为基础,设计了大学生基本科学素养问卷。问卷内容分为基本信息、科学知识来源、科学知识、对科学研究方法的基本理解、对科学与社会间的认识五个部分,共15道题目,分别用于测试学生的科学信息来源、科学知识水平、对科技利弊的认识、对高新科技领域的了解、对科学原理和方法的了解等,以求能从不同的侧面、不同的角度全面了解大学生的科学素养现状。

二、调查结果与分析

(一)科学信息的来源

1.获取科学信息的主要渠道(多选项目1~3项)

在新媒体技术的迅猛发展下,当代大学生获取科学信息的主要渠道首先是互联网,占98.51%,其次是广播电视,占55.22%,再次是图书,占40.3%;现代科技课程的学习仅为1/3,即31.34%。可见,课堂教学已经不是大学生获取科技信息的主要和唯一渠道,利用报刊、网络、广播已经成为大学生获取科技信息的主要途径。如图10-5所示。

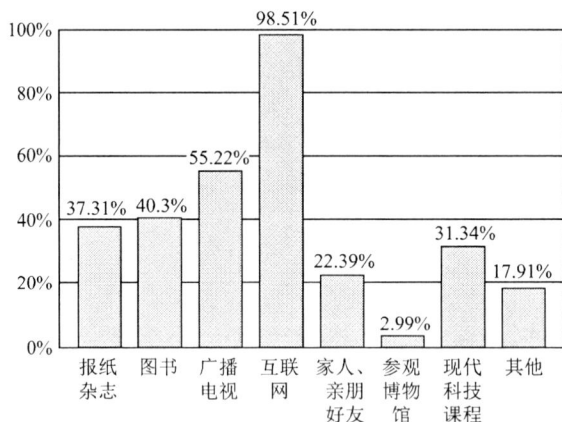

图 10-5 学生获取科技信息的渠道

2.参加科普活动情况

数据显示,调查对象中过去一年参加科普活动的次数,各项科普活动中所占比例最高的是"听说过但没有参加",都是38%以上,其次是"没听说过",参加过的比例不足50%。如图10-6所示。可见,加强科学素养的培育,高校要营造科学素养培育的环境,同时大学生要加强参加科普活动的主动性与积极性。较之科技咨询、科普培训,大学生参加科技展览、科普讲座活动相对多一些。

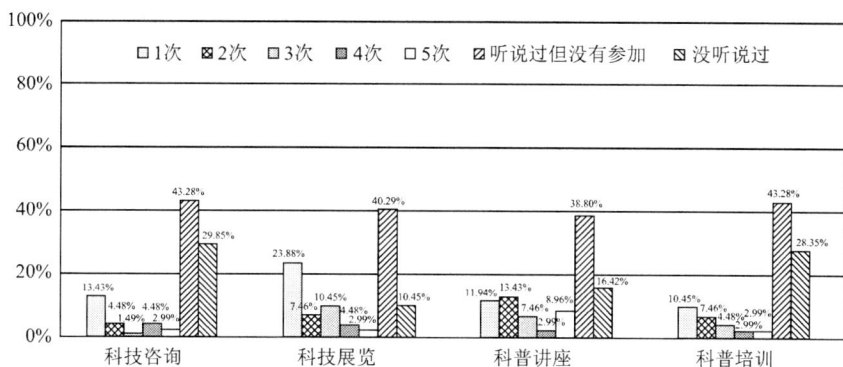

图 10-6 学生参加科普活动情况

（二）对科学知识的了解程度

科学知识是人类对于客观规律的认识和总结，是人类心智征服物质世界、发现客观真理的记录。科学知识是科学素养的基础，也是科普调查的重要内容。本次调查内容涉及物理、化学、生物、地理等自然科学的相关知识。能够基本理解这些知识，是我们能够读懂报纸、看懂电视、获取科技信息、提高自身素质和生活质量的先决条件，是当代大学生都应该具备的科学素养。

从调查结果看，大学生对各类概念题的理解趋势为：各类基本科学观点题答对的比例参差不齐，绝大多数大学生能理解第一类肤浅、日常、传统的概念，90%以上的学生认同"我们生活的陆地几百万年来一直在缓慢漂移"和"光速比声速快"的观点，分别有 88.06％和 89.55％的学生能正确理解"地球围绕太阳转"和"人类是从早期动物进化而来的"这些基本的科学观点。见表 10-1。

表 10-1 学生对科学知识的了解情况

题　　　目	正确率
地心的温度非常高	79.1%
地球围绕太阳转	88.06％
我们呼吸的氧气来源于植物	79.1%
父亲的基因决定孩子的性别	62.69％
激光是由声波汇聚在一起产生的	46.27％
电子比原子小	50.75％
抗生素既能杀死细菌，又能杀死病毒	56.72％
宇宙产生于大爆炸	67.16％
数百万年来，我们生活的大陆一直在缓慢地漂移并将继续漂移	91.04％

续表

题　目	正确率
就我们目前所知,人类是从早期动物进化而来的	89.55%
吸烟会导致肺癌	86.57%
最早期的人类与恐龙生活在同一个年代	71.64%
含有放射性物质的牛奶经过煮沸后对人体无害	73.13%
光速比声速快	94.03%
所有的放射性现象都是人为造成的	89.55%
地球围绕太阳转一圈的时间为一天	61.19%

同时,对于与现代高科技相关、需要阅读较多书籍才能了解的第二类问题,大学生能答对的比例就比较低了。只有 46.27% 的人对"激光是由声波汇聚在一起产生的(错)"这个深奥的概念做出正确判断;有 67.16% 的学生不知道"宇宙产生于大爆炸";对于"抗生素能杀死病毒(错)",能正确判断的比例就更低了,仅占 56.72%。如图 10-7。

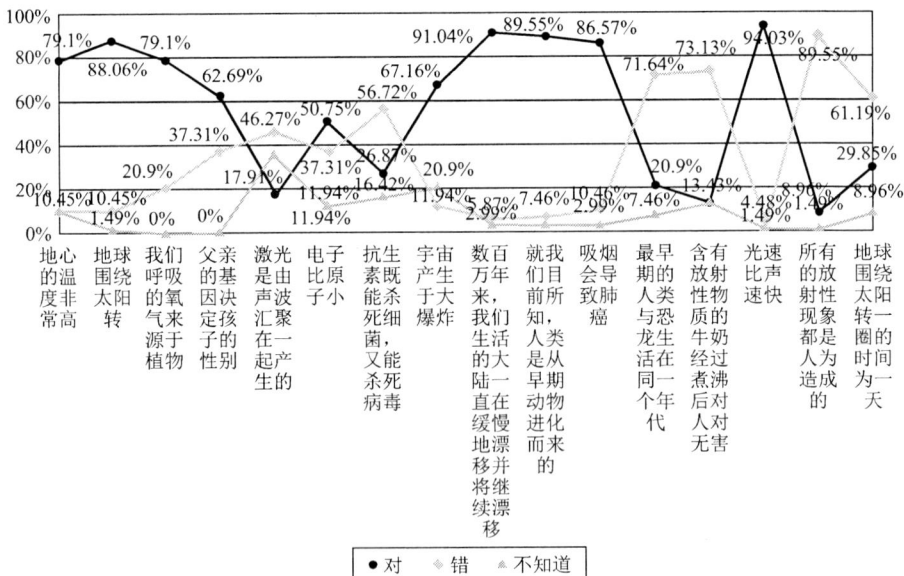

图 10-7　对科学知识的认识情况

(三) 科学方法的理解

对科学本质,即科学研究过程与方法的理解,国际上科普理论学者认为是科学素养中最重要的内容。不了解科学研究的本质,不了解科学研究的过程与方法,就不可能用科学的思维去处理我们日常工作、生活中碰到的问题,就不可能防止伪科学和迷信,我们的科技素养也不可能得到真正提高。那么,我们的大学生对这一部分了解掌握得如何呢?

(1)对于"科学研究"这个术语,有 79.10% 的大学生表示了解,表明大学生对科学研究的本质有较好的理解和掌握,知道科学研究过程中必须经过观察、推理和实验等步骤,有利于他们参加课外科研活动。如图 10-8。

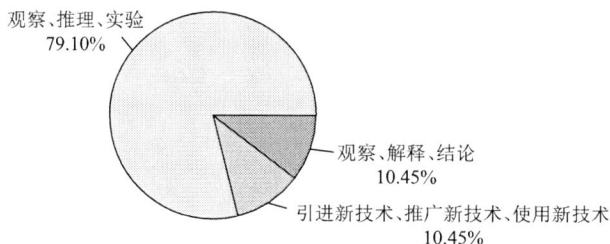

图 10-8　对科学研究的理解情况

(2)科学方法的调查分为对比实验方法和概率方法两个方面。对比实验方法采用的测试题目为"如果要确认一种治疗高血压药物的疗效,最好的方法是",能够做出正确判断(选择 B)的只有 37.31%,而选择 C 的比例反而更高,说明学生了解需要进行对比实验,但在处理较深层次的科学问题时有分歧,如在选测验药效方法时,对是否用安慰剂有不同看法。概率方法采用的测试题目为"医生为一对准备结婚的青年男女进行身体检查后,告诉他们,如果他们结婚生育孩子的话,孩子患遗传病的可能性为四分之一。医生的话意味着",能够做出正确判断(选择 C)的有 74.63%。如图 10-9、图 10-10。

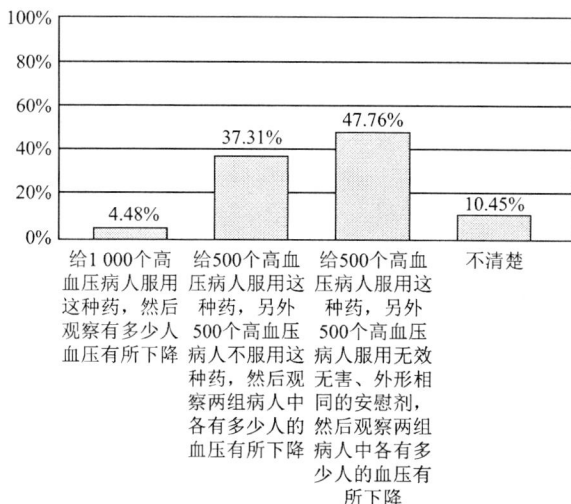

图 10-9　对比实验方法理解情况

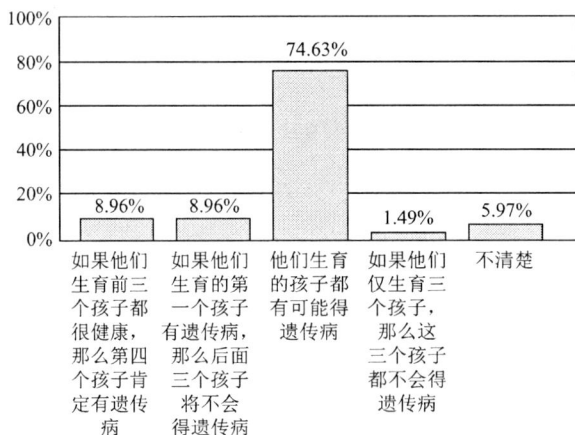

图 10-10　概率方法理解情况

（四）对科技的社会影响的理解

1.关于封建迷信方面

大学生对迷信和伪科学是否具有分辨能力，是衡量大学生科学素养的一个重要标准。如果不具备此方面的判断能力，没有掌握科学的本质，就很容易成为伪科学、迷信活动的热衷者。调查结果显示，52.24％的大学生选择"不相信"，不过也有较大比例(40.3％)的大学生表示"有点相信"。当问及"如果以上任何一种预测方法告诉您，您最近将有大灾难，您将如何处理？"时，仍有 47.76％的学生表示咨询亲友或按照提供的方法避免或不知道如何做。这从侧面反映出还有相当多的当代大学生缺乏对伪科学、封建迷信活动、现代迷信的辨别和判断能力，表现出对科学精神和科学方法的缺失。如图 10-11、图 10-12。

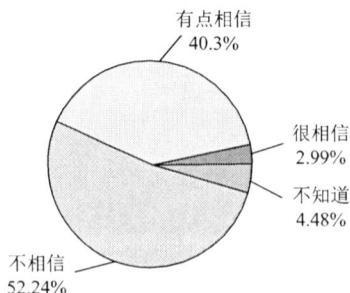

图 10-11　对伪科学或迷信的认识

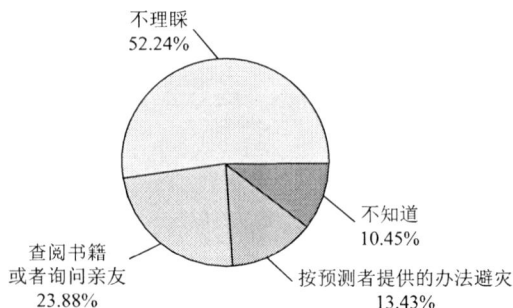

图 10-12　对伪科学或迷信的看法

2.对科学技术的态度

对科学技术利弊的看法是一个复杂的问题,也是科学技术发展中的大问题。科学技术的发展需要得到公众的理解和支持,但是,科学的发展受到经济、文化等各种因素的影响,呈现出科学在某个阶段的局限性。科学技术在发展的过程中,受到政府、政策、公众的认知程度等各种因素的影响,在某个阶段还可能产生负面效应。从科学技术发展的历史长河来看,科学技术无疑给人类带来的主要是正面、积极、促进和发展的影响。我们需要当代大学生对科学技术有一个正确的认识。调查显示,有80.6%的大学生认为"科学技术的发展利大于弊,应当用政策法规控制好";对于"克隆技术"的看法,有83.58%的大学生表示"应当受到控制",说明当代大学生基本树立了正确的科学技术辩证观。如图 10-13、图 10-14。

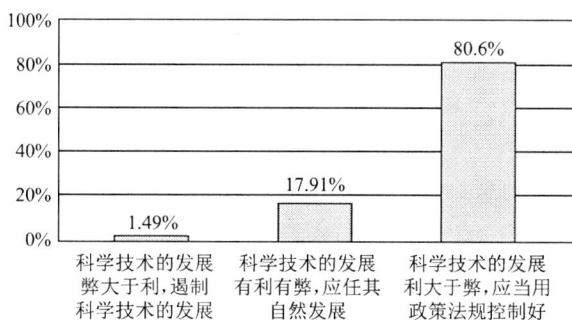

图 10-13　对科学技术的认识

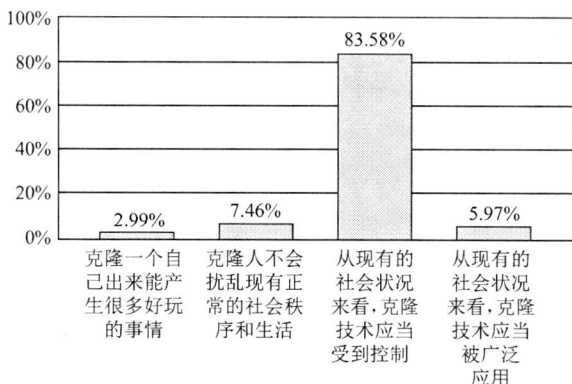

图 10-14　对克隆技术的看法

3.对科学素养培育的理解

关于对科学素养培育的理解,只有55.22%的学生做对这道相关题目,有

17.9％的学生认为加强科学素养培育不是重要的事情。大学生是高层知识分子的重要组成部分，不但要精通自己本专业的知识，而且要对相关专业知识有所掌握，了解最新的国内、国际科技发展动态；不但要具备高水平的人文素质，而且要具备高水平的科学素质和信息素质。可见，加强大学生科学素养的培育这个问题急需解决。如图 10-15。

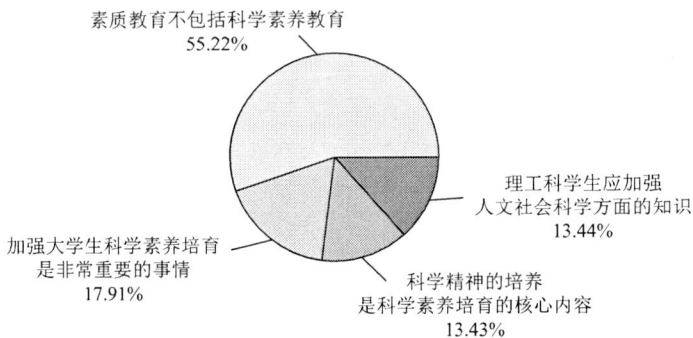

图 10-15　对科学素养培育的看法

三、结论与建议

在本次调查中，我们获得一些积极的信息：大学生获取科学技术信息的渠道日益多样化；对科学技术持积极的肯定态度，能认识到科学技术的"双刃剑"作用，树立了科学技术辩证观，清醒地认识到科学技术的作用及局限。但我们也可以看到一些不良信息：大学生对高新科学技术知识的了解较少，对高新科技领域的科学术语与原理理解较差，对促进社会发展的信息技术方面的知识了解较少，对科学精神的理解和科学方法的掌握不足，对伪科学及封建迷信活动的分析判断能力不强，需要提高对伪科学、迷信活动的判断与分辨能力。调查表明，青年大学生在科学知识、科学方法方面存在缺失。

根据调查结果，提出以下建议。

（一）把提高大学生科学素养培育纳入人才培养方案

培育高职学生科学素养，不仅是当前我国经济建设和社会发展转型升级的需要，更是高职教育内涵式发展的迫切需要。作为培养技术技能人才的高职院校，应该加强对发展型、复合型、创新型人才的追求，把科学素养培育纳入人才培育方案中。高职院校要高度重视科学素养教育，组织力量加强对科学素养的反思和研讨，制定大学生科学素质培养规划，在课程建设、教材、教学方法、环境营造等方面采取有力措施保证规划的具体实施。目前，博雅教育中心已经在开展科学素养方面的讲座或活动,建议加大力度与深度,加强培育。

(二) 改革课程设置,加强科学方法教育

高职院校要建构起科学的课程体系,实现文理渗透,面向学生增设科学史、科学社会学、科学哲学等综合课程,可以设置必修课、选修课和限选课等多种形式的课程,不断充实科学教育内容,把最新的科学发展动态、科学研究成果、科技应用,基本的科研方法、实验方法和测试方法等及时地介绍给学生,开阔学生的科学视野。同时,重视第二课堂,加大学生科研项目的鼓励与支持,提供大学生科学创新实践的平台,并为大学生科学素养培育开设各种讲座。

(三) 鼓励引导大学生自主参加校内外科技实践活动

在国家与学校创新环境的熏陶下,大学生要自主结合自己的专业和学科特点积极参加科技创新活动与社会实践活动,增强科技意识,提高科学素养。特别是校外社会实践是加强大学生科学素质的重要载体,社会实践应提高科技含量,增加科技服务的力量,这样既有利于提高大学生为社会做贡献的责任感,又有利于提高学生的科技开发和科技创新的能力,是培养大学生科学精神的极好的途径和形式。

(四) 营造良好的科学教育环境

高职院校可以通过营造良好的科学教育环境,即营造生动活泼、勤奋学习、崇尚科学、学术自由的校园文化氛围。优良的学风和校风可以为大学生提供良好的科学教育环境,有利于大学生科学素养的发展。高职院校可以通过组织系列科普讲座和人文讲坛,举办校园科技节、文化节等活动,丰富大学生的学习生活,活跃校园科学文化氛围。同时,高校要充分发挥信息化技术的重要作用,高度重视和利用网络多媒体手段,建设数字化网络平台,抢占科学文化传播的网络阵地,进一步拓宽大学生科学素养培育的工作领域。

参考文献

[1]　中国科普研究所.2008 中国科普报告[M].北京:科学普及出版社,2008.

[2]　国家中长期教育改革和发展规划纲要(2010—2020 年)(公开征求意见稿)[EB/OL].http://www.edu.cn/html/e/jiaoyuguihuagangyao.htm,2010-02-28.

[3]　中华人民共和国国务院.全民科学素质行动计划纲要(2006—2010—2020 年)[EB/OL].http://www.gov.cn/jrzg/2006-03/20.

[4]　邱志海.大学生科学素养调查折射出的科学教育问题与思考[D].安徽医科大学,2014(05).

Investigation and Analysis on The Scientific Literacy of College Students

LIN Renlang

(Guangdong Lingnan Institute of Technology，Guangzhou 510663)

Abstract：Scientific literacy has become an important content of the overall quality of college students. Through questionnaire survey of students' scientific information sources，scientific knowledge level，understanding of scientific principles and methods，and the influence of science and technology on the society，this paper investigates the existing problems and puts forward countermeasures to improve the scientific literacy of college students.

Key words：Higher vocational students；Scientific literacy；Cultivation

收稿日期：2015-12-10

作者简介：林仁琅(1984—)，女，广东省湛江市人，讲师。研究方向：高校德育管理。

（资料来源：www. doczj. com/doc/2712688590-12. html）

参 考 文 献

[1] 中华人民共和国工业和信息化部.2019 年 11 月电话用户分省情况[EB/OL].
http://www.miit.gov.cn/n1146312/n1146904/n1648372/c7572409/content.
html,2019-12-18.

[2] 陈彦君.手机依赖的研究进程与构想[J].社会心理科学,2013,28(7):
22-25.

[3] 葛仁锴,等.运动干预对大学生手机依赖影响的研究[J].现代预防医学,
2015.42(21):3919-3921.

[4] 卜彦丽.体育锻炼对大学生手机依赖症患者的影响[J].现代预防医学,
2014,41(7):1242-1248.

[5] 周丽蓉.有氧运动对大学生手机依赖的干预实验研究[J].中州体育·少林
与太极,2015(7):47-50.

[6] 苏双,潘婷婷,等.大学生智能手机成瘾量表的初步编制[J].中国心理卫生
杂志,2014,28(5):392-396.

[7] 陈嘉豪.大学生孤独感、自我控制与手机依赖的关系及干预研究[D].广西
师范大学,2019.

[8] Murphy,Arnsten,Jentsch,etal. Dopamine and spatial working memory in
ratsand monkeys:pharma cological reversal of stress-induced impairment
[J]. The Journal of Neuroscience,1996,16(23):7768-7775.

[9] 王睿,等.积极心理干预对大学生手机成瘾的影响效果研究[J].现代预防
医学,2018,45(9):1653-1656.1666.

[10] 李南杰,等.高职生手机依赖的干预效果研究——基于大学生心理健康教
育课程教学改革的实验[J].高教论坛,2016,12(12):106-107.

[11] 姜振.青少年手机成瘾与运动干预研究[J].搏击(体育论坛),2015,7
(12):88-90,96.

[12] 陈晓雯,等.大学生手机依赖及其与抑郁、焦虑的关联性研究[J].现代预

防医学,2019,46(14):2602-2606.

[13] 穆丽思.心理素质对青少年手机依赖的影响研究[D].湖南师范大学,2018.

[14] 杨汉麟.外国教育实验史[M].北京:人民教育出版社,2005:2.

[15] 旷习模,等.教育实验[M].长沙:湖南教育出版社,1990:31.

[16] A S Hornby.牛津高阶英汉双解词典[K].第六版.北京:商务印书馆,2004:598.

[17] 叶澜.教育研究及其艺术[M].北京:中国科技出版社,1990:133.

[18] 张定璋.教育实验的历史考察和本质探讨[J].华东师范大学学报(教育科学版),1991(4).

[19] 朗文现代英语词典(New Edition)[K].北京:商务印书馆,2000:1271.

[20] [德]沃尔夫冈·布列钦卡.教育知识的哲学[M].杨明全,宋时春,译.上海:华东师范大学出版社,2006.

[21] [德]W.A.拉伊.实验教育学[M].沈剑平,瞿葆奎,译.北京:人民教育出版社,2005.

[22] 裴娣娜.论现代中国教育实验观的根本转变[J].教育研究,1999(7).

[23] 李秉德.教育科学研究方法[M].北京:人民教育出版社,1986:62.

[24] 杨小微.教育研究的原理与方法[M].上海:华东师范大学出版社,2002:133.

[25] 丁晓,程江平.教育实验法在教育研究中运用状况的初步统计[J].教育研究与实验,1995(1).

[26] 顾明远.教育大辞典(增订合编本)[K].上海:上海教育出版社,1997:773.

[27] [德]沃尔夫冈·布列钦卡.教育科学的基本概念——分析、批判和建议[M].胡劲松,译.上海:华东师范大学出版社,2001.

[28] 裴娣娜.教育研究方法导论[M].合肥:安徽教育出版社,2000.

[29] 新牛津英语词典[K].上海:上海外语教育出版社,2001:1577.

[30] [俄]赞科夫.论教学论研究的对象和方法[M].第四章.教学论中的实验(俄文版),1992.

[31] [俄]斯卡特金.教育研究的方法论和方法[M].1986年俄文版.

[32] Kulbir Singh Sidhu. Methodology of Research Education[M]. India:Sterling Publishers,1986:201.

[33] Bunge M. Scientific Research,(1):The Search for System. 1976:65 (Springer).

[34] YANG X W. The reinterpretation of experiment methodology in education[J]. Higher Education Press and Springer,2007,2(3):349-365.

[35] 张民生,金宝成.现代教师:走近教育科研[M].北京:教育科学出版社, 2002:62.

[36] [美]威廉·维尔斯曼著,袁振国主译.教育研究方法导论[M].北京:教育 科学出版社,2001.

[37] 李克信,陈琦.计算机辅助教学实验研究初探[J].教育研究与实验,1990 (2).

[38] 袁振国.教育研究方法[M].北京:高等教育出版社,2000.

[39] 钟以俊,龙文祥.教育科学研究方法[M].合肥:安徽大学出版社,1997.

[40] 叶澜.教育研究方法初探[M].上海:上海教育出版社,1999.

[41] 张福建,牟树勋.教育科学研究方法[M].济南:山东人民出版社,1998.

[42] 王守恒.教育科学研究方法基础[M].合肥:安徽大学出版社,2002.

[43] 周家骥.教育科研方法[M].上海:上海教育出版社,1999.

[44] 郭思乐.现代教育科学研究导引[M].广州:广东教育出版社,1997.

[45] 吴新武,等.教育科学研究方法导论[M].香港:香港教育出版社,2003.

[46] 邵永良,等.现代教育科研方法与应用[M].宁波:宁波出版社,1999.

[47] 杨章宏.教育实验研究[M].杭州:浙江教育出版社,1998.

[48] 陈向明.质的研究方法与社会科学研究[M].北京:教育科学出版社, 2000.

[49] 陈向明.教师如何作质的研究[M].北京:教育科学出版社,2001.

[50] 李伟胜.实验研究指导[M].北京:教育科学出版社,2002.

[51] 陈瑶.课堂观察指导[M].北京:教育科学出版社,2002.

[52] 陈向明.在行动中学作质的研究[M].北京:教育科学出版社,2003.

[53] 白芸.质的研究指导[M].北京:教育科学出版社,2002.

[54] 蔡清田.教育行动研究[M].台北:五南图书出版公司,2000.

[55] 王策三.教学实验论[M].济南:山东教育出版社,2000.

[56] 李晶.社会调查方法[M].北京:中国人民大学出版社,2003.

[57] 佟庆伟.教育科研中的量化方法[M].北京:中国科学技术出版社,1997.

[58] 欧阳周.实用学术论文写作[M].北京:中国水利水电出版社,1998.

[59] 王孝玲.教育统计学[M].上海:华东师范大学出版社,1992.

[60] 张厚粲.现代心理与教育统计学[M].北京:北京师范大学出版社,2003.

[61] 袁振国.教育研究方法[M].北京:高等教育出版社,2003.